डॉ. सूर्यनारायण रणसुभे

डॉ. सूर्यनारायण रणसुभे का जन्म 7 अगस्त, 1942 को कर्नाटक में हुआ। उन्होंने हिन्दी में एम.ए., पी-एच.डी. किया। लम्बे समय तक अध्यापन से जुड़े रहे।

उनकी प्रमुख प्रकाशित कृतियाँ हैं—'आधुनिक मराठी साहित्य का प्रवृत्तिमूलक इतिहास', 'कहानीकार कमलेश्वर : सन्दर्भ और प्रकृति', 'देश-विभाजन और हिन्दी कथा-साहित्य', 'दलित साहित्य : स्वरूप और संवेदना', 'अनुवाद का समाजशास्त्र', 'पत्रकारिता के युगनिर्माता : भीमराव आंबेडकर' (विचार-आलोचना); 'डॉ. बाबासाहेब आंबेडकर' (जीवनी); 'यादों के पंछी', 'अक्करमाशी', 'साक्षीपुरम', 'उठाईगीर', 'डॉ. आंबेडकर और उनका धम्म' (अनुवाद); 'दलित चेतना की पहचान' (सम्पादन), 'युद्धरत आम आदमी' शरण कुमार लिंबाले विशेषांक (अतिथि सम्पादक)।

उन्हें साहित्य अकादेमी के 'अनुवाद पुरस्कार', महाराष्ट्र राज्य हिन्दी साहित्य अकादमी के 'गजानन माधव मुक्तिबोध पुरस्कार', उत्तर प्रदेश हिन्दी संस्थान के 'सौहार्द पुरस्कार' समेत अन्य कई सम्मानों से सम्मानित किया जा चुका है।

विद्रोह और क्रान्ति की उस चिंगारी को,
जो दलितों, शोषितों और पीड़ितों के भीतर,
डॉ. बाबासाहेब आंबेडकर के विचारों
के कारण सुलग रही है।

क्रम

भूमिका

डॉ. बाबासाहेब आंबेडकर जी की जन्मशती के अवसर पर महाराष्ट्र राज्य हिन्दी साहित्य अकादमी की ओर से डॉ. आंबेडकर जी के व्यक्तित्व एवं कृतित्व पर एक पुस्तक प्रकाशित की जाए—ऐसा निर्णय लिया गया। अकादमी के एक सदस्य आदरणीय डॉ. चन्द्रकान्त बांदिवडेकरजी ने यह कार्य मुझे सौंपा। इस कारण मैं महाराष्ट्र हिन्दी साहित्य अकादमी का तथा डॉ. चन्द्रकान्त बांदिवडेकरजी का हृदय से आभारी हूँ। डॉ. आंबेडकर जी का चिन्तन विषमता के दलदल में फँसे मनुष्य की मुक्ति से जुड़ा हुआ है। वे एक समतावादी समाज का सपना देख रहे थे। उनके विचारों से तथा उनके संघर्षपूर्ण व्यक्तित्व से हिन्दीभाषियों को जोड़ने की दिशा में उठाया गया यह महत्त्वपूर्ण कदम है।

हिन्दी में आज डॉ. आंबेडकर जी पर पचास से अधिक पुस्तकें उपलब्ध हैं। इनमें से कुछ ग्रन्थ रूप में हैं, और कुछ छोटी पुस्तिकाओं के रूप में। जो ग्रन्थ हैं, वे आम व्यक्ति को दुर्लभ हैं और जो छोटी पुस्तिकाएँ हैं उनमें व्यक्तिपूजा की भावना अधिक उभरी है। इन सभी ग्रन्थों ने मूल अंग्रेजी पुस्तकों का आधार ग्रहण किया है। डॉ. आंबेडकर जी पर सर्वाधिक पुस्तकें मराठी में मिलती हैं, यह स्वाभाविक भी है। उनका व्यक्तित्व महाराष्ट्र की इसी भूमि पर विकसित हुआ है, उनके आन्दोलन इसी मिट्टी की देन हैं। उनके साथ सक्रिय कार्यकर्ताओं की एक फौज महाराष्ट्र में कल तक जीवित थी, आज भी उनमें से अधिकतर व्यक्ति जीवित हैं। इन कार्यकर्ताओं ने जो लिखा है, वह मराठी में उपलब्ध है, इसके अलावा उनके चिन्तन का सूक्ष्म विश्लेषण यहाँ के विद्वानों ने मराठी में कर रखा है। मराठी में उपलब्ध इस सामग्री का उपयोग कर हिन्दी में कम ही लिखा गया है। उस दिशा में किया गया यह प्रयास है।

दलित-साहित्य के अध्ययन और अनुवाद में मेरी रुचि पहले से रही है। दलित-साहित्य की आक्रामकता और मनुष्य के प्रति उसकी निष्ठा से प्रेरित, प्रभावित होकर मैंने दलित-साहित्य की कुछ कृतियों का हिन्दी में अनुवाद प्रस्तुत किया है। एक कहानी-संकलन का सम्पादन भी किया है। दलित-साहित्य के प्रेरणास्त्रोत डॉ. आंबेडकर जी रहे हैं। इस कारण उनका व्यक्तित्व और उनका लेखन मेरी जिज्ञासा का केन्द्र रहा है। उनके विचारों से मैं प्रतिबद्ध रहा हूँ। इस कारण उन पर स्वतंत्र पुस्तक लिखने की जिम्मेदारी जब मुझ पर सौंपी गई तब मैं सार्थकता का अनुभव करने लगा। बहुत ही कम अवधि में पुस्तक पूरी करनी थी। वास्तव में इस पुस्तक में मेरा अपना कुछ नहीं है। महाराष्ट्र के विचारकों और चिन्तकों ने उनके सम्बन्ध में जो कुछ भी सोचा-समझा है उसे आप तक पहुँचाने का काम मैं कर रहा हूँ।

इस लेखन-कार्य में मेरे विद्यार्थी श्री शेख रब्बानी तथा श्री महादेव करे जी का सहयोग अत्यन्त महत्त्वपूर्ण रहा है, मेरे एक और छात्र श्री कलशेट्टी ने टंकलेखन का काम किया है। इन तीनों के सहयोग के बिना इतनी कम अवधि में कार्य पूर्ण करना असम्भव ही था। इतिहास विभाग के मेरे सहयोगी डॉ. भगवान देशमुखजी ने सन्दर्भ ग्रन्थ ढूँढ़ने में मेरी अत्यधिक सहायता की है। इन सबके प्रति आभार।

महाराष्ट्र राज्य हिन्दी साहित्य अकादमी के कार्याध्यक्ष डॉ. राममनोहर त्रिपाठी, डॉ. हनुमंत नायडू तथा जिनके कारण लेखन का यह कार्य मेरी ओर आया उन डॉ. चन्द्रकान्तजी बांदिवडेकर के प्रति आभार व्यक्त करते हुए मैं यह उम्मीद करता हूँ कि हिन्दी-भाषी पाठक इस पुस्तक का स्वागत करेंगे।

—डॉ. सूर्यनारायण रणसुभे

'शब्दच्छाया'

लक्ष्मी कॉलोनी, लातूर-413 531

डॉ. बाबासाहेब आंबेडकर

डॉ. आंबेडकर पूर्व महाराष्ट्र

किसी असाधारण व्यक्ति के क्रान्तिकारी कार्यों का विवेचन करने के लिए तीन पद्धतियों का प्राय: उपयोग किया जाता है :

(अ) उस व्यक्ति के जन्म के पूर्व जो भी सामाजिक, राजनीतिक, आर्थिक और धार्मिक परिस्थितियाँ रही हों, उनका विवेचन और उसके आधार पर उस व्यक्ति के कार्यों का मूल्यांकन;

(आ) उस व्यक्ति की जीवितावस्था में स्थित सामाजिक, राजनीतिक, आर्थिक और धार्मिक परिस्थितियाँ, क्रान्तिकारी कार्य के विरोध में सक्रिय शक्तियाँ तथा उनसे टकराने की उस व्यक्ति की क्षमता; और

(इ) उस व्यक्ति की मृत्यु के उपरान्त उसके कार्यों का बाद के समाज पर होनेवाला प्रभाव, उत्पन्न स्थितियाँ, परिवर्तन की प्रक्रिया को गति देने की उस व्यक्ति के विचारों की क्षमता।

इन तीन स्तरों पर डॉ. बाबासाहब आंबेडकर जी के व्यक्तित्व और कृतित्व की विवेचना न्यायसंगत होगी। इस दृष्टि से जब हम डॉ. आम्बेडकर पूर्व भारत पर सोचने बैठते हैं तो हमें काफी पीछे जाना पड़ता है; क्योंकि डॉ. बाबासाहब जिस वर्णव्यवस्था के विरोध में अपनी पूरी बौद्धिक ताकत के साथ खड़े थे, उसकी जड़ें इस देश की प्राचीनतम सभ्यता में फँसी हुई थीं। डॉ. बाबासाहब का जन्म 14 अप्रैल, 1891 में हुआ। वे जिस प्रदेश में जन्मे उस प्रदेश के सांस्कृतिक और सामाजिक इतिहास को जानने के साथ, सम्पूर्ण देश की सामाजिक और सांस्कृतिक बुनावट को समझ लेना जरूरी हो जाता है; क्योंकि इस देश के प्रत्येक प्रदेश को जो सामाजिक, सांस्कृतिक और धार्मिक ढाँचा मिला है, वह सभी ओर एक जैसा है।

इसी कारण डॉ. बाबासाहब के संघर्ष को, उनके क्रान्तिकारी कार्य को समझ लेने के लिए सम्पूर्ण देश के केनवस का ही उपयोग करना पड़ता है। उनके ग्रन्थों को पढ़ते समय बार-बार इस बात का एहसास होता है कि वे किसी प्रदेश विशेष के दलितों की बात नहीं कर रहे थे, अपितु इस देश के सभी शूद्रों, अछूतों, शोषितों, श्रमिकों के लिए संघर्षरत थे। उनका संघर्ष केवल इन तक ही सीमित नहीं था, वास्तव में वे एक शोषणरहित और जातिरहित विशुद्ध मानवीय मूल्यों से सम्पन्न राष्ट्र का स्वप्न देख रहे थे। इन दिनों उनके व्यक्तित्व और उनके विचारों को एक खास तबके तक सीमित रखकर ही प्रस्तुत किया जा रहा है। वास्तव में यह उस तबके के लिए भी खतरनाक है और सम्पूर्ण भारतीय चिन्तन की दृष्टि से भी यह घातक है। उनका चिन्तन अनेक आयामों को लेकर चलता है। 'जाति, वर्ण और शोषण से मनुष्य की मुक्ति' उनका लक्ष्य था। इसी मुक्ति के लिए वे जीवनपर्यंत संघर्षरत रहे। उनके इस संघर्ष के लिए कारणीभूत व्यवस्था का विश्लेषण जरूरी हो जाता है।

इस देश में वर्ण और जातिव्यवस्था कब से प्रचलित रही है, इसे लेकर विद्वानों में अनेक मतभेद रहे हैं। मतभेद केवल काल के सन्दर्भ में ही हैं। एक तबका ऐसा मानता है कि आर्य जब भारत में आए तब भारत में जातिप्रथा नहीं थी। परन्तु व्यवसाय के आधार पर समूह का वर्गीकरण करने की पद्धति यहाँ थी। "भारतीय साहित्य में वर्ण शब्द का उल्लेख पहले और जाति शब्द का बहुत बाद में मिलता है।"[1] 'वर्ण शब्द का प्रयोग भी यहाँ रंग के अर्थ में कभी नहीं हुआ है। धर्मशास्त्रों में जाति और वर्ण का प्रयोग समानार्थक है और उसका आधार बीजक्षेत्र ही ठहरता है। मूल वैदिक काल में आर्य, ब्राह्मण, क्षत्रिय और वैश्यों में वर्गीकरण नहीं हुआ था। "ऋग्वेद काल में शूद्र तिरस्कृत भी नहीं थे। वास्तव में ऋग्वेद में तीन ही वर्ण थे—ब्राह्मण, क्षत्रिय और वैश्य"[2] उपनिषद काल से धीरे-धीरे चौथे वर्ण की तथा बाद के कालखंडों में अछूत वर्ग की निर्मिति की गई। "उपनिषदों का काल साधारणतया ईस्वी पूर्व 1200 से 600 माना जाता है।"[3] स्पष्ट है कि वर्ण और जातिव्यवस्था के नाम पर मनुष्य का तिरस्कार, ज्ञान तथा अन्य स्पर्धात्मक क्षेत्रों के अधिकारों से इस मनुष्य को वंचित करने की परम्परा यहाँ बड़ी प्राचीन रही है। गुण पर आधारित वर्णव्यवस्था का रूपान्तरण जन्माधिष्ठित कब, कैसे और किस सन् में हुआ, इसके निश्चित प्रमाण देना आज किसी को भी सम्भव नहीं है। परन्तु यह सारी प्रक्रिया बहुत धीरे-धीरे हुई है, यह निश्चित है। ज्ञान तथा अन्य क्षेत्रों से

एक बहुत बड़े तबके को बहिष्कृत करने से अपने फायदे ही फायदे हैं, इस बात का एहसास जब कभी ऊपर के तबकों को हुआ होगा, उसी समय से जन्माधिष्ठित वर्णव्यवस्था की नींव डाली जाने लगी होगी। भारत के अधिकांश समाज-सुधारक 'मनुस्मृति' से इस नवीन समाज-व्यवस्था का (ब्राह्मणों को श्रेष्ठत्व प्रदान कर, प्रत्येक तबके के कार्यों को जन्मानुसार वर्गीकृत करनेवाली समाज-व्यवस्था, शूद्र और अछूत के वर्ग से मानवीय अधिकार छीन लेनेवाली व्यवस्था) आरम्भ मानते हैं। पर वास्तव में मनु के बहुत पूर्व ही शूद्रों और अछूतों के अधिकार छीन लिये गए थे। मनु ने तो समाज में जो भी प्रचलित था, उसे क्रमबद्ध रूप से लिखकर उसका शास्त्र बना दिया। "मनुस्मृति का काल ईसापूर्व 200 वर्ष होगा, ऐसा विद्वानों का अंदाज है। आरम्भ में मनुस्मृति में अनेक स्तर रहे होंगे। इस समग्र ग्रन्थ की रचना एक विशिष्ट समय में न होकर ईसापूर्व 200 से ईस्वी 200 तक हुई होगी।"[4] महात्मा गौतम बुद्ध का जन्म ईसापूर्व 500 से 600 माना जाता है। म. बुद्ध ने वर्ण तथा यज्ञ-व्यवस्था का कड़ा विरोध कर मनुष्य मात्र को केन्द्र में रखकर अपना दर्शन प्रस्तुत किया था। इससे स्पष्ट है कि वर्ण तथा जाति की क्रूरता से यहाँ का पददलित मनुष्य करीब तीन हजार वर्षों से रौंदा जा रहा था। बुद्ध ने वर्ण व्यवस्था को चुनौती दे, एक नई 'समतावादी व्यवस्था' स्थापित करने की कोशिश की है। परन्तु यह स्थिति सौ से अधिक वर्षों तक टिक नहीं पाई। वर्णव्यवस्था में जिनके हित सुरक्षित थे, वे बौद्ध धर्म को स्वीकार कैसे करते? बौद्ध धर्म इतना तर्क शुद्ध और मानवीय था कि उसका विरोध भी सम्भव नहीं था। इसी कारण बौद्ध धर्म के श्रेष्ठ मूल्यों को स्वीकार कर उसे अपने अनुकूल ढालने का प्रयत्न यहाँ हुआ। जब यह सम्भव नहीं हुआ तब हिन्दू धर्म को ही बौद्ध धर्म के अनुकूल बनाने का प्रयत्न हुआ। इसी कारण तो शंकराचार्य जी को 'प्रच्छन्न बुद्ध'[5] कहा जाता है।

तीन हजार वर्ष की इस परम्परा में ब्राह्मण, क्षत्रिय और वैश्य इन तीनों को ही ज्ञान, सत्ता और सम्पत्ति प्राप्त करने के अधिकार मान्य किए गए थे। ज्ञान के कारण सत्ता पर अंकुश रखना सम्भव था। सत्ता के कारण सम्पत्ति प्राप्त हो जाना स्वाभाविक था। तीनों वर्णों में संघर्ष के उदाहरण भी प्राप्त होते हैं। सत्ता, सम्पत्ति या ज्ञान के लिए किए गए इन संघर्ष-कथाओं में एक भी ऐसी कथा नहीं मिलती, जिसमें शूद्र या अछूत के अधिकारों की बात कही गई हो। उनके जिम्मे केवल कर्तव्य ही कर्तव्य था। इस चौथे वर्ण और इस वर्ण से बाहर जीनेवाले समाज को लेकर किसी भी प्रकार की सहानुभूति या दया ऊपर के वर्णवालों में दिखलाई नहीं

देती। किसी बुद्धिमान शूद्र को लेकर कहीं कोई प्रशंसा के स्वर मिलते भी हों[6] तो भी उन्हें अपवाद ही मानना होगा। कभी-कभार तीन वर्षों के और कभी अपवादात्मक रूप में चौथे वर्ण के स्त्री-पुरुषों का सम्बन्ध अन्य वर्णों के स्त्री-पुरुषों से आ जाता था। इन सम्बन्धों से जन्मी सन्तति के वर्ण को निश्चित करने के लिए कुछ मानदंड बनाए गए। इससे प्रत्येक वर्ण में जाति-उपजातियाँ बढ़ने लगीं। रोटी-बेटी का व्यवहार तथा खानपान में प्रयुक्त वस्तुओं (शाकाहारी और मांसाहारी) को प्रमाण मानकर चार वर्णों में कई जातियाँ-उपजातियाँ बनीं। और मध्यकाल तक आते-आते इस देश का समाज इतनी इकाइयों और इतनी उपइकाइयों में बँट गया कि इसकी अपनी असली पहचान लुप्त-सी हो गई। आश्चर्य केवल इसी बात का था कि प्रत्येक को अपने वर्ण का अभिमान था और प्रत्येक वर्ण की सैकड़ों जातियाँ अपने-अपने अहंकार को लेकर जी रही थीं। बात केवल यहीं तक सीमित होती तो भयकर नहीं थी। अपने वर्ण और जाति का अहंकार जतलाते-जतलाते अन्य वर्णों और जातियों के प्रति तिरस्कार की भावना भी बढ़ने लगी। ऊपर का वर्ण नीचे के वर्ण को छोटा समझता, उसके नीचे का वर्ण अपने नीचे को छोटा समझता। वर्ण व्यवस्था के अन्तिम छोर पर स्थित शूद्र और उससे भी अन्त में स्थित अछूत सबकी निंदा, अपमान और उपेक्षा का शिकार हो गया। समाज के सभी तबकों ने इन्हें नकारना शुरू किया। धर्माज्ञा के नाम पर यह सब चल रहा था। दुनिया के किसी भी देश में धर्म या ईश्वर की आज्ञा के नाम पर एक सम्पूर्ण तबके की इतनी घोर उपेक्षा नहीं हुई है, पर यहाँ यह हुआ। जब किसी समूह को, वर्ण या जाति का नाम देकर, समाज-व्यवस्था के ढाँचे से ही बहिष्कृत किया जाता है, सहज मानवीय अधिकारों से जब उन्हें वंचित किया जाता है, तब धीरे-धीरे उस समूह का परिवर्तन गुलामों के समूह में हो जाता है। गुलामी की उस व्यवस्था को स्वीकार कर वह समूह चुपचाप जीने लगता है। मनुष्य की संवेदनशीलता विकसित होती है ज्ञान के कारण। इस ज्ञान के अधिकारी वे थे ही नहीं। इस कारण उनमें संवेदनशून्यता आ जाना स्वाभाविक था। पर कभी-कभार उपर्युक्त तीन वर्णों में से किसी संवेदनशील व्यक्ति का ध्यान इस तबके की ओर जाता। इनकी असहाय्य, दरिद्री, अज्ञानी अवस्था से वह बेचैन हो जाता तथा जाति और वर्ण के विरोध में अपनी आवाज उठाता। विशेषत: 10वीं से 17वीं शती तक के कालखंड में भारत की प्रत्येक भाषा में इस व्यवस्था की क्रूरता के विरोध में आवाज उठाई गई है। हिन्दी प्रदेश में कबीर तथा सभी निर्गुण कवि, बंगाल में चैतन्य महाप्रभु, कर्नाटक में म. बसवेश्वर, महाराष्ट्र में नामदेव, एकनाथ

और तुकाराम, तमिलनाडु में आलावर सन्त, गुजरात में नरसी मेहता आदि के नाम गिनाए जा सकते हैं। वर्ण और जाति के विरोध में तथा विशुद्ध मानवीयता के हक में बोलनेवाले इन सन्तों के प्रति अपार श्रद्धा रखते हुए भी यह ईमानदारी से मान्य करना होगा कि उनके इस विरोध का तत्कालीन समाज-व्यवस्था पर कोई गहरा प्रभाव नहीं हुआ। खासकर राजसत्ता पर। व्यवस्था का विरोध करना अलग बात है तथा व्यवस्था-परिवर्तन के लिए सत्ता को विवश करना अलग बात है। सन्तों का यह कार्य जनता के बीच, जनता को साथ लेकर चल रहा था। पर पूरे प्रश्न की ओर देखने का उनका दृष्टिकोण भावुक और आध्यात्मिक स्तर पर का था। दलित और अछूत तबके के कुछ व्यक्ति इस भक्ति-आन्दोलन से लाभान्वित हुए अथवा यूँ कहें कि उनकी प्रतिभा को विकसित होने के अवसर प्राप्त हुए। पर सम्पूर्ण तबका गुलामी की जिन्दगी जी रहा था। सन्तों को लोकाश्रय प्राप्त था। परन्तु राजाश्रय के अभाव में सामाजिक परिवर्तन की यह प्रक्रिया एक-दो पीढ़ी तक ही सीमित रह सकी।

इस देश में जो बाहरी शक्तियाँ आईं, उन्होंने कभी इस वर्ण या जाति-व्यवस्था के विरोध में जेहाद नहीं छेड़ा। कारण स्पष्ट था। जो विदेशी थे या जो सत्ता हथियाने या शोषण करने आए थे, उनका लक्ष्य व्यवस्था-परिवर्तन का नहीं था। वे तो पूरी सुरक्षितता और शान्ति के साथ अपनी सत्ता स्थिर रखना चाह रहे थे अथवा शोषण की प्रक्रिया बनाए रखना चाहते थे। जिस देश का सामाजिक ढाँचा शोषण के बहुत अनुकूल हो उसे बदलने का खतरा वे क्यों मोल लेना चाहते? जाति और वर्णव्यवस्था के कारण समाज अनेक स्तरों पर बँटा हुआ था और ऐसे बँटे हुए मनुष्य-समूह पर शान्ति और सुरक्षितता के साथ शासन करना आसान होता है। उलटे इस वर्ण और जाति-व्यवस्था को उन्होंने और अधिक मजबूत करने का प्रयत्न किया। ऊँच-नीच और छुआछूत की यह बीमारी इस्लाम को मान्य नहीं थी। परन्तु "हिन्दुओं ने मुसलमानों को जातिवाद का जहर पिलाया, बदले में, मुसलमानों ने हिन्दुओं को पर्दे का शाप दिया। हिन्दुओं की देखादेखी, मुसलमानों में भी ऊँच-नीच का भेद चलने लगा।"[7] जाति-व्यवस्था और इस्लामी संस्कृति के प्रभाव के कारण भारतीय स्त्री और शूद्र इन दोनों की स्थिति और बदतर होती गई। जाति-व्यवस्था की क्रूरता के कारण इस काल में धर्म-परिवर्तन भी काफी संख्या में हुए। सम्भवत: इसी धर्म-परिवर्तन के कारण सन्तों ने भक्ति की धारा को प्रवाहित किया। भक्ति की इस धारा ने दलितों को भावनिक आधार जरूर पहुँचाया हो परन्तु उनकी सामाजिक स्थिति में इससे कोई मौलिक परिवर्तन नहीं हुआ।

ईसापूर्व 500 वर्ष पूर्व से लेकर अंग्रेजों की सत्ता आने तक इस तबके में किसी भी प्रकार का आत्मविश्वास उभर नहीं सका। जब वहाँ अंग्रेज आए तब भी यही स्थिति थी। ईस्ट इंडिया कम्पनी की स्थापना से लेकर (सन् 1600) 1857 के सिपाही विद्रोह तक, करीब 257 वर्षों तक इस देश के सामाजिक ढाँचे में किसी भी प्रकार के मूलभूत परिवर्तन की बात न कही गई है और न इसके लिए कोई आन्दोलन शुरू हुए हैं। वैचारिक स्तर पर चर्चाएँ हो रही थीं। सन् 1772 में जन्मे राजा राममोहन राय ने ब्राह्मो-समाज (1828) की स्थापना की। ब्राह्मो-समाज पर ईसाई धर्म का प्रभाव था। ईसाई धर्म के सम्पर्क के कारण हिन्दू धर्म की सीमाएँ स्पष्ट हो रही थीं। परन्तु इनका हिन्दू धर्म केवल तीन वर्णों तक सीमित था। हिन्दू धर्म की शुद्धि की बात की जा रही थी। परन्तु चौथे वर्ण तथा उसके बाहर स्थित अछूतों की समस्याओं को लेकर गम्भीर चर्चा का अभाव इस समय था। सती-प्रथा-विरोध तथा विधवा-विवाह की बात अपने में क्रान्तिकारी थी। राजा राममोहन राय के अनवरत प्रयत्न के कारण चार वर्णों में बंदिस्त हिन्दू समाज आत्मपरीक्षण के लिए तैयार था। हजारों वर्षों की जड़ता को तोड़ने का काम ब्राह्मो-समाज ने किया। इस काम को आर्य समाज ने और आगे बढ़ाया। "स्वामी दयानन्द ने पहली बार वर्णव्यवस्था पर कठोर प्रहार किए। राममोहन राय और केशवचन्द्र सेन से भिन्न स्वामी दयानन्द की यह विशेषता रही कि उन्होंने धीरे-धीरे पपड़ियाँ तोड़ने का काम न करके, उन्हें एक ही चोट से साफ कर देने का निश्चय किया। दयानन्द के अन्य समकालीन सुधारक केवल सुधारक मात्र थे, किन्तु, दयानन्द क्रान्ति के वेग से आए।"[8] दयानन्द ने जन्माधिष्ठित वर्णव्यवस्था को नकार कर कर्माधिष्ठित वर्णव्यवस्था की स्थापना की। इसके लिए उन्होंने वेदों को प्रमाण माना। इसमें कोई सन्देह नहीं कि हिन्दी-भाषी प्रदेशों में आर्यसमाज के कारण वर्णव्यवस्था के प्रति जो धारणाएँ थीं, उनमें दरारें पड़ने लगीं। आर्यसमाज के प्रचारकों ने दलितों में आत्मसम्मान की प्रतिष्ठा करवा दी। उन्हें सामाजिक प्रतिष्ठा भी दिलवा देने का प्रयत्न किया। आर्य समाज का यह आन्दोलन मध्यवर्गियों तक अर्थात समाज के दो-तीन प्रतिशत तक ही सीमित रहा। हिन्दू समाज के परम्परागत ढाँचे में कोई विशेष परिवर्तन इससे हो नहीं सका। उलटे आर्यसमाज भी एक वर्ग विशेष तक सीमित होने लगा।

सामाजिक ढाँचे में परिवर्तन की प्रक्रिया 1857 के बाद ही तेजी से शुरू हो गई। 1857 के सिपाही विद्रोह से अंग्रेज इस बात को भाँप गए कि उनकी सत्ता को विशेष खतरा समाज के उच्चवर्णियों से ही अधिक है। 1857 के उस विद्रोह में मुसलमानों

का ऊँचा तबका (अशरफ) तथा हिन्दुओं का सवर्ण वर्ग अधिक सक्रिय था। ईस्ट इंडिया कम्पनी की सेना में इसी वर्ग के लोग अधिक थे। इस वर्ग से उत्पन्न बढ़ते खतरे को रोकने के लिए उन्होंने अपनी नीति में परिवर्तन कर दिया। तब से लेकर 1947 तक धूर्त अंग्रेज कभी पिछड़े वर्ग को तो कभी सवर्णों को निकट लेकर अपनी सत्ता को सुरक्षित रखने लगे। अंग्रेजों ने अछूतों, दलितों को सेना में प्रवेश देना शुरू किया। "कम्पनी सरकार ने छावनियों में स्कूलों की सुविधाएँ भी उपलब्ध करा दीं। इन स्कूलों में सैनिकों के लड़के-लड़कियों को अनिवार्य रूप से प्रवेश दिया जाने लगा। परिणामत: इस तबके के लड़के-लड़कियों को पहली बार आधुनिक शिक्षा मिलने लगी।"[9] शिक्षा की इस सुविधा के परिणामस्वरूप इस तबके में स्वतंत्र चिन्तन-शक्ति का विकास होने लगा। अपनी स्थिति को लेकर वे सोचने लगे।

प्राचीन काल से लेकर 1857 तक इस देश में जो सुधार-आन्दोलन थे, वे सवर्णों के द्वारा चलाए गए थे, इस कारण उनकी सीमाएँ स्पष्ट थीं। दलितों के प्रति उनमें 'दया' की भावना ही थी। जिनको लेकर वे सोच रहे थे, उनके लिए वे शिक्षा तथा अन्य सुविधाएँ उपलब्ध कराके दे नहीं रहे थे। ये उन्हें सम्भव भी नहीं था। राजसत्ता जब तक इस प्रकार की सुविधाएँ उपलब्ध नहीं कराती, तब तक ये सारा सुधार कुछ व्यक्तियों तक ही सीमित रह जाता है। अंग्रेजों की बदलती नीति के परिणामस्वरूप शिक्षा की सुविधाएँ देश के अनेक शहरों में उपलब्ध होने लगीं। 1857 में ईस्ट इंडिया कम्पनी का कारोबार समाप्त हुआ और ब्रिटिश संसद ने इसे अपने हाथों में ले लिया। परिणामस्वरूप समाज के सभी तबकों में बहुत धीमे परिमाण में क्यों न हो, शिक्षा का प्रचार-प्रसार होने लगा। आर्य समाज ने भी यह काम शुरू किया था। परन्तु आर्य समाज का आन्दोलन दलितों को संघटित कर नहीं पा रहा था।

1857 में मुम्बई, मद्रास और कलकत्ता में विश्वविद्यालयों की स्थापना की गई। इन विश्वविद्यालयों की स्थापना के पूर्व देश के अनेक प्रमुख शहरों में स्कूल और कॉलेज खुलने लगे। एक ओर अंग्रेज इस देश की पारम्परिक अर्थव्यवस्था को ध्वस्त कर रहे थे तो दूसरी और वे पश्चिमी ज्ञान-विज्ञान को यहाँ प्रचारित भी कर रहे थे। 1853 के अपने एक लेख में कार्ल मार्क्स और फ्रेडरिक एंगेल्स ने लिखा है—"इंग्लैंड को हिन्दुस्थान में दो स्तरों पर कार्य करना है, एक विध्वंस के स्तर पर और दूसरा पुनर्निर्माण के स्तर पर। पुरानी एशियाई समाजपद्धति को नष्ट करना तथा एशिया में पश्चिमी समाजपद्धति में स्थित भौतिकता की नींव डालना उसका लक्ष्य है।"[10] अंग्रेजी शिक्षा के प्रचार-प्रसार के कारण व्यक्ति अपने

परिवेश के प्रति अधिक सजग हो रहा था। ईसाई धर्म प्रचार के आक्रमण के कारण पारम्परिक हिन्दू धर्म की ओर उसे नई दृष्टि से देखना जरूरी हो गया था। अपने व्यापार-उद्योगों को फैलाने के लिए, इस देश का कच्चा माल इंग्लैंड ले जाने के लिए तथा वहाँ से उत्पादित वस्तुओं को ग्राहकों तक पहुँचाने के लिए यातायात के साधनों को बढ़ाना अंग्रेजों को जरूरी हो गया था। देश-भर में रेलों का जाल बिछाया जाने लगा। इससे लोगों के बीच सम्पर्क बढ़ने लगा। "देहातों की स्वयंपूर्ण उदासीनता रेलों के कारण टूटने लगी।"[11] वास्तव में इंग्लैंड परिवर्तन की इच्छा से यह सब नहीं कर रहा था। अपने स्वार्थों को पूर्ण करने के लिए वह जिन पद्धतियों का उपयोग कर रहा था, उसके अप्रत्यक्ष प्रभाव पारम्परिक सामाजिक ढाँचे पर होने लगे। "हिन्दुस्थान में सामाजिक क्रान्ति लाने के लिए प्रतिबद्ध इंग्लैंड नीच स्वार्थी हेतु से प्रेरित था।...इंग्लैंड ने चाहे जितने अपराध किए हों तो भी हिन्दुस्थान में सामाजिक क्रान्ति लाने की प्रक्रिया में वह अनजाने में इतिहास के हाथों का एक हथियार बना यह निश्चित है।"[12]

उपर्युक्त उद्धरणों से स्पष्ट है कि अंग्रेजों के आगमन के पश्चात् ही यहाँ सामाजिक ढाँचे को लेकर गम्भीरता से सोचा जाने लगा। उसके पूर्व की स्थिति जड़वत् थी। "सन्तों की सामाजिक दृष्टि का हम बार-बार उल्लेख करते हैं, उनके प्रति अभिमान भी व्यक्त करते हैं, उन्होंने अपने तरीके से वर्ण और जाति-व्यवस्था के विरोध में आवाज बुलन्द की भी है। परन्तु चातुर्वण्य व्यवस्था से निर्मित सामाजिक चौकट के विरोध में सन्तों ने कोई विद्रोह नहीं किया है। स्त्रियों के प्रति अनुदारता और उनकी गुलामी हजारों वर्षों से यहाँ कम-अधिक मात्रा में थी ही।"[13] इस क्रूर व्यवस्था के प्रति परम्परा के पास अभिमान है, अहंकार है और इसका शास्त्रशुद्ध समर्थन भी है। 1814 में इस देश में एक जर्मन ईसाई धर्मप्रचारक आया था। रे. सी. टी. ई. इंनियस नामक इस व्यक्ति की डायरी प्रकाशित हुई है। वह लिखता है, "जातिसंस्था के कारण जाति-जातियों में जो भेद उत्पन्न हुए हैं, वे हिन्दुओं को अपमानास्पद नहीं लगते। वास्तविकता यह है कि जाति और वर्ण को वे अपना हक मानते हैं, बड़ी शान से उसका उल्लेख करते हैं। अत्यन्त निकृष्ट और पशुवत् जीनेवाले अन्त्यजों में भी जाति-उपजातियाँ होती हैं। जो जाति जितनी हीन, वह उतनी अधिक मजबूत है। अछूतों में जाति से चिपक बैठने की वृत्ति अधिक है।"[14] छत्रपति शिवाजी की मृत्यु के बाद कुछ ही वर्षों में महाराष्ट्र का सारा प्रशासन पेशवाओं के हाथों में गया। पेशवा ब्राह्मण थे। धीरे-धीरे उन्होंने राजसत्ता के सभी सूत्र अपने हाथों

में लिए। परिणामस्वरूप वर्ण और जातिप्रथा के बन्धन अधिक कठोरता से पाले जाने लगे। केवल रणभूमि में ये बन्धन पाले नहीं जाते थे। पेशवाओं की राजधानी पुणे में थी। "इस पुणे दरबार ने जातीयता के जहर को अधिक फैलाया। केवल अछूतों को ही लेकर नहीं, ब्राह्मणों के देशस्थ और चित्पावनों में भी यह जहर फैलने लगा।"[15] अछूतों की स्थिति तो अधिक अमानवीय और पशुवत् हो गई। ऐसी स्थिति में अंग्रेजों ने जब अछूतों को सेना में प्रवेश दिया, विद्यालयों में उन्हें प्रवेश देना शुरू किया, तब उनमें धीरे-धीरे अपनी अस्मिता का एहसास उभरने लगा। अंग्रेजी शिक्षा के परिणामस्वरूप सवर्णों में भी नई दृष्टि विकसित होने लगी। "18वीं शती तक देश में सामाजिक सुधार आन्दोलन शुरू नहीं हुए थे। उलटे इस शती में विद्वेष की भावना चरमोत्कर्ष पर पहुँच चुकी थी। जाति-व्यवस्था की सख्ती कठोरतम अवस्था तक चली गई थी। 19वीं शती के आरम्भ तक यह स्थिति थी।"[16] 19वीं शती के आरम्भ से इस स्थिति में परिवर्तन शुरू हुए। "सन् 1840 के बाद महाराष्ट्र में धार्मिक और सामाजिक सुधारों के प्रति सजगता दिखलाई देने लगती है। गोपाल हरि देशमुख—लोकहितवादी (1823-92) अंग्रेजी शिक्षा से अभिभूत थे। उनके मराठी लेखों (शतपत्रे) से स्पष्ट है कि वे सामाजिक विषमता और परम्परावादी, रूढ़िग्रस्त समाज के विरुद्ध कठोर टीका कर रहे थे। जातिप्रथा का विरोध व स्त्रियों की दयनीय स्थिति पर उन्होंने अधिक लिखा है।"[17]

श्री जोतिराव गोविन्दराव फुले (1827-1890) महाराष्ट्र के समाज-सुधारकों में सर्वाधिक आक्रामक, प्रतिभासम्पन्न और विद्रोही व्यक्तित्व के थे। पिछड़ी जमात में जन्म लेने के कारण शिक्षा ग्रहण करते समय उन्हें भी कई बार अपमानित होना पड़ा। अंग्रेजी शिक्षा के कारण हिन्दू समाज की विषम समाज-रचना के प्रति उनके मन में चिढ़ पैदा हो गई। प्राचीन ग्रन्थों का उन्होंने परिश्रमपूर्वक अध्ययन किया। इस अध्ययन से उन्हें यह स्पष्ट हुआ कि इस समाज-व्यवस्था में दलितों, श्रमिकों और स्त्रियों को सर्वाधिक दबाया गया है। इस समाज-रचना के विरोध में सक्रिय होने हेतु उन्होंने तीन मार्गों का अवलम्बन किया : (अ) बौद्धिक स्तर पर विषम समाज-रचना का विरोध, (आ) पिछड़ी जातियों और दलितों का संघटन, (इ) प्रत्यक्ष संघर्ष। उनका सबसे बड़ा कार्य 'ब्राह्मणी संस्कृति' का पर्दाफाश करना रहा है। उनके अथक परिश्रम के कारण ही आगे के प्रगतिशील आन्दोलनों को वैचारिक पृष्ठभूमि प्राप्त हुई। "किसी भी आन्दोलन को अगर सैद्धान्तिक नींव प्राप्त न हो, आन्दोलनकर्ता को अगर समाज में स्थित विविध अन्त:प्रवाहों का एहसास न हो,

तो ऐसा आन्दोलन जाति के कोश से बाहर नहीं निकल सकता। आन्दोलन कितना भी विद्रोही क्यों न रहा हो, उसे कितनी भी वैज्ञानिक दृष्टि प्राप्त हुई हो, उसका महत्त्व और उसका बड़प्पन जाति के कोश से बाहर निकलने की क्षमता पर ही अवलम्बित होता है।"[18] श्री जोतिराव फुले के पास ऐसी दृष्टि थी।

श्री फुले शिवाजी महाराज की जाति-निरपेक्ष दृष्टि से अत्यधिक प्रभावित थे। 1869 में उन्होंने 'छत्रपति शिवाजी राजे यांचा पोवाड़ा' नामक एक वीर काव्य की रचना की। 1873 में उनकी पुस्तक 'ब्रह्मणांचे कसब' नाम से छपी। इस पुस्तक में उन्होंने सनातनी ब्राह्मणी व्यवस्था की पोल खोल दी है। उन्होंने ब्राह्मणेतर समाज को पौराहित्यशाही के खतरों से परिचित कराया। पुस्तक की भूमिका में उन्होंने स्पष्ट किया कि "धर्म के नाम पर इस देश में कितना अत्याचार होता है, सामान्यों का कितना शोषण होता है, इसकी जानकारी आम आदमी को देकर, उन्हें ब्राह्मण्य के बन्धनों से छुड़ाने हेतु इस पुस्तक को मैंने लिखा है।"[19] प्रस्तुत पुस्तक में उन्होंने प्रमाणों सहित हिन्दू धर्म की विषमता को स्पष्ट किया है। यह धर्म एक विशिष्ट वर्ग के फायदे के लिए ही बना है—इसे वे सिद्ध करते हैं। इन दिनों पुणे और महाराष्ट्र में वर्ण-व्यवस्था अपने चरम उत्कर्ष पर पहुँच चुकी थी। सभी क्षेत्रों में ब्राह्मण जाति का वर्चस्व था। ऐसे समय श्री जोतिराव फुले पूरी हिम्मत के साथ उस व्यवस्था को चुनौती दे रहे थे। 1873 में ही उनकी एक और पुस्तक 'गुलामगिरी' छपी है। प्रस्तुत पुस्तक उन्होंने अमरीका के नीग्रो लोगों के मुक्तिसंग्राम को तथा उन नीग्रों को गुलामी से मुक्त करने हेतु प्रयत्नशील सदाचारी लोगों को समर्पित की है। वे यह अनुभव कर रहे थे कि नीग्रो तथा दलितों की स्थिति समाज है। वहाँ रंग के आधार पर भेद नीति अपनाई गई और यहाँ वर्ण या जाति के आधार पर। इस कारण हमारी इस लड़ाई में और नोग्रो की लड़ाई में समानता है—ऐसी उनकी स्थापना थी। 1873 में इस देश के एक आन्दोलन को विश्व के किसी दूसरे देश में चलनेवाले आन्दोलन से जोड़ने की उनकी यह दृष्टि मौलिक तो है ही, इसके साथ ही विश्वभर के उपेक्षित लोगों के प्रति उनकी प्रतिबद्धता को भी सूचित करती है। 'गुलामगिरी' साठ पृष्ठों में लिखी गई एक पुस्तिका है। साठ पृष्ठ सोलह भागों में विभाजित हैं। सम्पूर्ण पुस्तिका में जोतिबा तथा उनके एक मित्र के संवाद दिये गए हैं। विश्व की उत्पत्ति से लेकर आज तक के हिन्दू धर्म के संक्षिप्त इतिहास की, उसकी विसंगतियों की इसमें चर्चा है। अंग्रेजी शासन के कारण आम आदमी के ज्ञान के दरवाजे कैसे खुल गए हैं—इसे भी इससे स्पष्ट किया गया है। वे लिखते हैं—"इस देश में

अंग्रेजों की सरकार आने के कारण शूद्रादि शूद्र, ब्राह्मणों की शारीरिक गुलामी से मुक्त हो रहे हैं, परन्तु हमें यह कहते हुए दुःख होता है कि अभी भी हमारी दयालु सरकार शूद्र अतिशूद्रों को ज्ञान-शिक्षा देने के प्रति गम्भीरतापूर्वक जिम्मेदारी महसूस नहीं कर रही है।"[20] 1883 में उनकी एक और पुस्तिका 'शेतक-यांचा आसूड' प्रकाशित हुई। सम्भवत: जोतिबा देश के पहले व्यक्ति थे जिन्होंने उपेक्षित भारतीय किसानों का ध्यान बुद्धिवादियों तथा अंग्रेज सरकार की ओर खींचा। किसानों की आर्थिक परवशता से वे बहुत दुःखी थे। उन दिनों उन्होंने किसानों के अनाज की दरें निश्चित करने का आग्रह सरकार से किया था। भारतीय किसानों की दुर्दशा के लिए अज्ञान, अन्धश्रद्धा और धर्मान्धता ये तीन प्रमुख कारण हैं—ऐसा वे मानते थे। 1885 में प्रकाशित 'इशारा' नामक पुस्तिका में उन्होंने शूद्रातिशूद्रों की असहाय्य स्थिति का विश्लेषण किया है।

केवल ब्राह्मणी धर्म पर टूट पड़ना यही जोतिबा का लक्ष्य नहीं था। वे एक ऐसी व्यवस्था के लिए छटपटा रहे थे जिसमें शोषण और अवहेलना न हो। जाति और वर्ण के परे जाकर मनुष्य सत्यधर्म ही अपनाए ऐसी उनकी धारणा थी। इसी कारण मृत्यु के कुछ वर्ष पूर्व 'सार्वजनिक सत्यधर्म' नामक पुस्तक की उन्होंने रचना की। यह पुस्तक उनकी मृत्यु के बाद प्रकाशित हुई। इस पुस्तक की रचना के बहुत पूर्व ही उन्होंने पुणे में 13 सितम्बर, 1863 को 'सत्यशोधक समाज' की स्थापना की थी। 'ब्राह्मोसमाज', 'आर्यसमाज' की परम्परा में 'सत्यशोधक समाज' नहीं है। हालाँकि आर्यसमाज की स्थापना स. स. की स्थापना के बाद हुई है। 'सत्यशोधक समाज' हिन्दू धर्म को नकारता है। क्योंकि हिन्दू धर्म का अर्थ ही ब्राह्मणी धर्म है—ऐसी उसकी मान्यता है। सत्यशोधक समाज का ईश्वर पर अखंड विश्वास है। वर्ण, जाति के परे जाकर "मनुष्य मात्र को वह धर्म का केन्द्र बिन्दु मानता है। जाति या वर्ण को नकराने वालों से उन्होंने मैत्री का नाता स्थापित किया। इसी कारण 11 सितम्बर, 1875 को पुणे में जब ऋषि दयानन्द आए तब जोतिबा जी ने उनकी शोभायात्रा निकाली। पुणे जैसे सनातनियों के गढ़ में 1875 में ऐसा साहस जोतिबा की निष्ठा और प्रतिबद्धता को स्पष्ट करता है। केवल शूद्रादिशूद्रों के लिए ही वे प्रतिबद्ध नहीं थे, अपितु सवर्णों में जो घृणित रूढ़ियाँ थीं, उसके खिलाफ भी सक्रिय थे। 'विधवा विवाह' का उन्होंने समर्थन किया। विधवा हो जाने के बाद सवर्ण स्त्रियों का 'केशवपन' (सम्पूर्ण बाल उतार देना और उसे कुरूप बना देना) किया जाता था। फुले ने इसके विरोध में आन्दोलन किए। कुमारी माताएँ अथवा विधवा होने

के बाद की माताएँ, इनकी सन्ततियों को पालने के लिए उन्होंने विशेष व्यवस्था की। स्त्रियों की शिक्षा के लिए स्कूल्स चलाए। किसानों पर होने वाले अन्यायों के विरोध में उनका संघटन बनाना शुरू किया। वास्तव में दलित, पीड़ित, श्रमिक और उपेक्षित स्त्री-पुरुष को उनके न्यायिक अधिकार दिला देने के लिए वे कृतसंकल्प थे। इसी कारण श्री रावसाहेब कसबे जी ने निष्कर्ष निकाला है कि "19वीं शती का महात्मा फुले का आन्दोलन मूलतः वर्गीय आन्दोलन था।"[21]

न्यायमूर्ति गोविन्द रानडे तथा गोपाळ गणेश आगरकर (1856-1895) महाराष्ट्र के ये दो और प्रमुख समाज चिन्तक रहे हैं। इन दोनों के प्रति डॉ. बाबासाहब के मन में अतीव श्रद्धा थी। ये दोनों अंग्रेजी सत्ता को समाज-सुधार के लिए अनुकूल स्थिति के रूप में देखते थे। स्वतंत्रता प्राप्ति के बाद सुधार की सम्भावना कम होती है, इस कारण पहले 'समाज-सुधार' हो और बाद में 'स्वतंत्रता' की माँग हो—ऐसा इनका कहना था। डॉ. आंबेडकर जी भी आरम्भिक वर्षों में इसी विचार से प्रभावित थे।

महात्मा जोतिबा फुले के लेखन और कर्तृत्व से महाराष्ट्र में सामाजिक सुधार आन्दोलन की एक परम्परा शुरू हो जाती है। जोतिबा के लेखन के आलोक में और उनके द्वारा स्थापित संस्थाओं से धीरे-धीरे अस्पृश्यों की एक पीढ़ी तैयार होने लगी। ब्रिटिशों की सैनिक नीति के कारण महाराष्ट्र में स्थित दलितों की महार नामक जाति को सेना में अधिकाधिक प्रवेश मिलने लगा। 'सैनिकी जीवन का अनुभव', 'उच्च कोटि के जीवनस्तर का परिचय' तथा 'अपनी भीतरी शक्ति एहसास'—ब्रिटिश साम्राज्य द्वारा महार जाति को प्राप्त ये तीन महत्त्वपूर्ण बातें हैं। 1857 के बाद 'महार वटालियन' विकसित की जाने लगी। हजारों वर्षों से उपेक्षित समाज को जीवन का एक नया क्षेत्र प्राप्त हुआ। राष्ट्रीय कांग्रेस की स्थापना के ठीक एक वर्ष बाद 1886 में 'गोपालबुवा वलंगकर' नामक एक व्यक्ति सेना से निवृत्त हो गए। अपनी बाद की सारी जिन्दगी उन्होंने समाज-कार्य के लिए समर्पित की। इन्होंने 'अनार्य दोष संहार' नामक संस्था की स्थापना की। आज देशभर के दलितों में जो नई चेतना दिखलाई दे रही है, उसकी नींव गोपालबुवा ने रक्खी है—इसे नई पीढ़ी को भुलाना नहीं चाहिए। 'अस्पृश्यता विध्वंसन' (विटाळ विध्वंसन) गोपाळबाबा की एक और पुस्तिका है। गोपाळबाबा दलितों को उनके मानवीय हक दिलाने के लिए मृत्यु तक संघर्षरत रहे। इसी परम्परा में शिवराम जानबा कांबळे का नाम भी आता है। श्री कांबळे दक्षिण महार परिषद के सचिव थे। 1893 में अंग्रेजों ने फिर अपनी नीति बदली। सवर्णों के दबाव के कारण उन्होंने सेना में अस्पृश्यों की भरती बन्द करवा

दी। गोपाळबाबा तथा शिवराम कांबले ने इसके विरोध में आवाज बुलन्द की। इस सम्बन्ध में अंग्रेज सरकार को प्रार्थनापत्र भेजते हुए उन्होंने लिखा—"ब्राह्मणों और मुसलमानों को ब्रिटिश नागरिकता के सम्पूर्ण अधिकार अगर आपने दिये हैं, तो हमें क्यों नहीं दिए जाते। हमें भी वे सारे अधिकार मिलने चाहिए।"[22]

1 जुलाई, 1908 को श्री कांबलेजी ने 'सोमवंशीय मित्र' नामक मासिक पत्रिका का प्रकाशन शुरू किया। अस्पृश्य वर्ग की शैक्षणिक, धार्मिक, सामाजिक और आर्थिक प्रगति हेतु उन्होंने इसमें अनेक लेख लिखे। अनेक रूढ़ियों के खिलाफ वे जनजागरण करते रहे। उनके 'सूचीपत्र' पुस्तक में अस्पृश्य जाति पर होनेवाले अन्यायों की सूची दी गई है। श्री कांबले का यह विश्वास था कि वर्णव्यवस्था का नाश तथा अस्पृश्यता का सम्पूर्ण निर्मूलन किए बगैर प्राप्त स्वतंत्रता बेमतलब की ही होगी।

अस्पृश्यों में सुधार-कार्य के लिए कृतसंकल्प एक और व्यक्ति थे—किसन भागूजी बनसोडे (1879-1946)। आगरकरजी के एक शिष्य के कारण इनकी पढ़ाई हुई। बाद में इन्होंने अपना मुद्रणालय खोला। अस्पृश्यों की जागृति हेतु सैकड़ों पुस्तिकाएँ, पत्रक आपने तैयार किए तथा छापे। 1918-1922 तक इन्होंने 'मजदूर-पत्रिका' भी चलाई। 'सन्मार्ग बोधक निराश्रित समाज' नामक एक संस्था की स्थापना भी आपने की। अज्ञान-निर्मूलन और अस्पृश्यता-निवारण ये इस संस्था के दो प्रमुख कार्यक्रम थे। दलितों को सम्बोधित कर वे कहते "ईसाई मत बनो, मृत जानवरों का मांस मत खाओ, मद्यपान बन्द करो, पढ़ो। अच्छे नागरिक हो जाओ, अपनी आर्थिक स्थिति सुधारो, संघटित हो जाओ।"[23]

गोपालबुवा वलंगकर, शिवराम जानबा कांबले, किसन फागुजी बनसोडे तथा और अन्य अनेक अनाम-अज्ञात व्यक्ति दलित आन्दोलन के नींव के पत्थर हैं। अन्याय तथा जुल्म सहते हुए जीनेवाले दलित समाज की जाति-उपजातियों में 'अस्मिता', 'स्वाभिमान' और 'विद्रोह' की चिंगारी इन कार्यकर्ताओं ने डाल दी। संवेदनशून्य तथा मृत मनों को उन्होंने संवेदनक्षम तथा जीवंत बना दिया। प्रा. गंगाधर पानतावणे इनका गौरव 'तूफान के वंशज' कहकर करते हैं, जो पूर्णत: सार्थक है।

महात्मा जोतिबा फुले के लेखों और पुस्तिकाओं के कारण, उनके द्वारा स्थापित 'सत्यशोधक समाज' के प्रयत्न के कारण मूल दलित जनता में एक नई चेतना विकसित होने लगी। कार्यकर्ताओं की एक पीढ़ी तैयार होने लगी। 'सत्यशोधक समाज' का कार्य तेजी से महाराष्ट्र में फैलने लगा। ब्राह्मणेतर जनता को अभिव्यक्ति

के लिए एक नया मंच प्राप्त हुआ। महात्मा फुले के विचारों से कोल्हापुर के महाराजा, शिवाजी के वंशज राजर्षि शाहू महाराज अत्यधिक प्रभावित थे। वर्ण और जाति व्यवस्था के विरोध में आक्रामक भूमिका धारण करनेवाला इस देश का यह पहला शासक था। परिवर्तनवादी आन्दोलनों को राजाश्रय देनेवाला यह पहला विवेकसम्पन्न राजा था। 'सत्यशोधक समाज' को केवल राजाश्रय देकर ही वे रुके नहीं, अपने प्रशासन में दलितों तथा पिछड़े समाज को अधिकाधिक हिस्सेदारी देना भी उन्होंने शुरू किया। इस सम्बन्ध में उनके द्वारा जारी आदेश महत्त्वपूर्ण थे। 1894 में शाहू महाराज कोल्हापुर रियासत के राजा बने। 1919 में उन्होंने एक आदेश जारी कर अस्पृश्यों के लिए खोले स्वतंत्र स्कूलों को बन्द कर राज्यशासन द्वारा चलाए जानेवाले स्कूलों में सभी जातियों के साथ अस्पृश्यों को भी प्रवेश देना शुरू किया। सरकारी स्कूलों में छुआछूत पालना उन्होंने गैरकानूनी घोषित किया। इन स्कूलों में सभी जातियों और धर्मों के छात्र इकट्ठे बैठेंगे ऐसा उन्होंने घोषित किया। नाशिक, नागपुर और कोल्हापुर में उन्होंने दलितों के लिए छात्रावास खोले। 1920 की नाशिक की सभा में शाहू महाराज ने कहा, "शिक्षा एवं स्वावलम्बन ये दो प्रगति के साधन हैं। मानवीय अधिकारों को प्रस्थापित करने के लिए शिक्षा ही एक मात्र मार्ग है।" 1919 के एक आज्ञापत्र में उन्होंने कहा है कि "कोल्हापुर रियासत के रेव्यन्यू, ज्युडिशियल आदि विभागों के सभी अधिकारियों को यह आदेश दिया जाता है कि उनके विभागों में जिन अस्पृश्य वर्ग के व्यक्तियों की नियुक्तियाँ हुई हैं, उनके साथ वे पूरी आत्मीयता, स्नेह और मानवीयता के साथ पेश आएँ। जो अधिकारी उनके साथ ऐसा व्यवहार करना नहीं चाहता वह त्यागपत्र देकर अलग हो जाए। परन्तु इस कारण त्यागपत्र देने वाले को पेन्शन नहीं मिलेगी। हमारी ऐसी इच्छा है कि हमारे राज्य का कोई भी व्यक्ति किसी और व्यक्ति के साथ पशु की तरह व्यवहार न करे।"[24]

बड़ोदा के नरेश श्री. सयाजीराव गायकवाड प्रजाहितदक्ष तथा जाति और वर्ण के परे जाकर 'मनुष्य' को ही केन्द्रबिन्दु माननेवाले थे। इस प्रकार डॉ. आंबेडकर जी के जन्म के पूर्व अथवा उनके जन्म के आसपास कोल्हापुर और बड़ोदा रियासत के नरेश जाति और वर्ण के विरोध में प्रशासकीय कदम उठा रहे थे। डॉ. आंबेडकर जी की विदेश-शिक्षा के लिए इन दोनों नरेशों ने काफी आर्थिक सहायता की थी।

सवर्णों में भी परिवर्तनवादी आन्दोलनों की शुरुआत आंबेडकर-पूर्व काल में हो चुकी थी। जिनके विचारों से डॉ. आम्बेडकरजी प्रभावित थे, वे थे महादेव

गोविन्द रानडे और आगरकर जी, जिनका उल्लेख हमने किया है। इसके अलावा विट्ठल रामजी शिंदे भी इस क्षेत्र के उल्लेखनीय व्यक्ति हैं। श्री विट्ठल रामजी शिंदे तुलनात्मक धर्मशास्त्र पर विदेश से पी-एच.डी. कर चुके थे। दलितों को उनके अधिकार दिलाने के लिए वे सतत प्रयत्नशील थे। डॉ. आंबेडकर जी को उनका मार्ग पसन्द नहीं था। इन दोनों में वैचारिक मतभेद थे। फिर भी शिन्देजी के ऐतिहासिक योगदान की भूल नहीं कर सकते।

उपर्युक्त विवेचन से स्पष्ट है कि डॉ. बाबासाहब आंबेडकर-पूर्व महाराष्ट्र सम्पूर्णत: जड़ या स्थितिशील नहीं था। महात्मा जोतिबा फुले, न्यायमूर्ति महादेव गोविन्द रानडे, लोकहितवादी, आगरकर, महर्षि विट्ठल रामजी शिंदे, गोपाळबुआ वलंगकर, शिवराम जानबा कांबले, किसन फागूजी बनसोडे, राजर्षि शाहू महाराज, बड़ोदा नरेश गायकवाड—जीवन के इन विविध क्षेत्रों के व्यक्ति वर्ण-व्यवस्था और जाति-व्यवस्था के विरोध में क्रियाशील थे। इस व्यवस्था के विरोध में वे वैचारिक पृष्ठभूमि तैयार कर रहे थे। विविध संस्थाओं की स्थापना कर वे दलितोद्धार के लिए कृतसंकल्प थे। इसी कारण श्री रावसाहेब कसबे लिखते हैं कि, "डॉ. बाबासाहेब आंबेडकर जी का आन्दोलन किसी दैवी चमत्कार से प्रेरित नहीं था। इस भूमि को ब्राह्मणेतर आन्दोलन की पृष्ठभूमि प्राप्त हो चुकी थी।" इस अर्थ में बाबासाहेब के कार्य के लिए आवश्यक जमीन तैयार हो चुकी थी। विशेषत: महात्मा जोतिबा फुले का कार्य इस दृष्टि से क्रान्तिकारी था। महात्मा फुले ने ब्राह्मणेतरों को जो मंत्र दिया था, उसी मंत्र से डॉ. आंबेडकर प्रेरित थे। फुलेजी का मंत्र था :

ज्ञान के अभाव में मति (बुद्धि) गई
बुद्धि के अभाव में नीति गई,
नीति के अभाव में गति गई,
गति के अभाव में सम्पत्ति गई,
सम्पत्ति के अभाव में शूद्र बर्बाद हो गए,
केवल ज्ञान के अभाव में इतना अनर्थ हो गया।

शूद्रों की इस गुलामी के मूल में 'ज्ञान' का अभाव है। इस कारण शूद्रों को 'ज्ञान' के दरवाजे खोल देना जरूरी है—ऐसा उनका आग्रह था। महात्मा फुलेजी के कारण ही परिवर्तन की एक श्रृंखला महाराष्ट्र में तैयार हुई। 'सत्यधर्म' और 'समतावादी समाज की निर्मिति' के लिए आवश्यक जमीन फुलेजी ने तैयार की। फुले तथा

उनके बाद के समाज-सुधारकों की जमीन पर डॉ. बाबासाहेब आंबेडकर खड़े हैं। बाबासाहब ने आगे चलकर भारतीय समाज को तीन सूत्र दिए—'पढ़ो', 'संघटित हो जाओ' और 'संघर्ष करो'। किसी भी समाज या राष्ट्र की प्रगति के लिए इन त्रिसूत्रों की सर्वाधिक आवश्यकता होती है—इसे अलग से कहने की आवश्यकता नहीं है।

सन्दर्भ

1. भारतीय संस्कृति का इतिहास, मंगलदेव शास्त्री
2. संस्कृति के चार अध्याय, रामधारी सिंह दिनकर, पृ. 52
3. मराठी तत्त्वज्ञान महाकोश, खंड 1, पृ. 364
4. मराठी तत्त्वज्ञान महाकोश, खंड 2, पृ. 418
5. संस्कृति के चार अध्याय, दिनकर, पृ. 352
6. वही, पृ. 64
7. वही, पृ. 474
8. वही, पृ. 562
9. डॉ. बाबासाहेब आंबेडकर, न. म. जोशी, पृ. 2
10. मार्क्स-एंगेल्स-लेनिन यांचे भारतावरील लेख, पृ. 19
11. वही, पृ. 19
12. वही, पृ. 21
13. सन्त वाङ्मयाची सामाजिक फलश्रुति, गं. बा. सरदार
14. महाराष्ट्राची सामाजिक पुनरघटना, रा. बांबिबे, पृ. 157
15. पुरोहित वर्ग वर्चस्व व भारताचा सामाजिक इतिहास, डॉ. सुमन्त मुरंजन, पृ. 16
16. A Social, Cultural & Economic History of India, P. N. Chopra, Vol. II, Puri & Das, P. 78
17. A Cultural History of India, Ed. A. L. Basham, P. 370
18. आंबेडकर और मार्क्स, श्री रावसाहेब कसबे, पृ. 18
19. महात्मा फुले, मधुकर गिरी, पृ. 76
20. गुलामगिरी, जोतिबा फुले, सं. रमेश रघुवंशी, पृ. 10
21 आंबेडकर आणि मार्क्स, रावसाहेब कसबे, पृ. 18
22. डॉ. बाबासाहेब आंबेडकर, भालचन्द्र फडके, पृ. 45
23. वही, पृ. 46
24. आहे तरी काय मंडल आयोग?, गोविन्द पानसरे, मूलपृष्ठ

डॉ. बाबासाहेब आंबेडकर : व्यक्तित्व विकास

महाराष्ट्र के रत्नागिरी जिले में अंबावडे नामक एक गाँव है। इसी अंबावडे गाँव से आंबेडकर जी के कुल का इतिहास जुड़ा हुआ है। इस गाँव में सकपाल नामक परिवार वर्षों से रहा करता था। इस परिवार पर नाथपंथी विचारों का प्रभाव था। रामजी के पिताजी मालोजी सेना में थे। 1857 में जब भारतीय सेना ने ईस्ट इंडिया कम्पनी के खिलाफ बगावत की तब अंग्रेज सजग हो गए। उन्हें इस बात का अहसास हुआ कि सेना में विविध जाति और धर्म के भारतीयों की जब तक नियुक्ति नहीं करेंगे तब तक अपनी सत्ता सुरक्षित रखना कठिन है। इसी कारण 1857 के बाद सेना में विशिष्ट जाति या वर्ण को विशेष महत्त्व न देते हुए सभी स्तरों के योग्य लोगों की भरती की जाने लगी। अंग्रेजों की इस बदली हुई नीति के परिणामस्वरूप सकपाल परिवार के एक व्यक्ति मालोजी को सेना में प्रवेश मिल गया। उन्हें एक लड़की मीराबाई और एक लड़का रामजी था। मालोजी जब सेना से निवृत्त हो गए तो उन्होंने अपने लड़के को सेना में भरती किया।

वास्तव में यह वह कालखंड था, जब अछूतों के प्रति किसी भी प्रकार की आत्मीयता किसी के मन में नहीं थी। "रास्तों की सफाई, सर पर मैला ढोना, मृत जानवरों की चमड़ी निकालना—इसी प्रकार के काम करके उन्हें अपने अस्तित्व को बनाए रखना पड़ता था। ऐसी स्थिति में स्कूल और शिक्षा की कल्पना तक सम्भव नहीं थी!"[1] राम जी के सौभाग्य से उन्हें शिक्षा की सुविधाएँ प्राप्त हुई थीं। उनके पिताजी जब सेना में थे तब कम्पनी सरकार ने सेनाओं की छावनियों में स्कूल शुरू किए थे। इन स्कूलों में सैनिकों के बच्चों को अनिवार्य रूप से शिक्षा दी जाती थी। इसके अलावा सैनिकों को भी शिक्षा दी जाती थी। ऐसी एक छावनी के स्कूल में रामजी पढ़ते रहे।

रामजी मालोजी सकपाल जब सेना में भरती हो गए तब संयोग से उनकी भेंट एक दिन सूबेदार धर्मा मुरबाडकर से हो गई। मुरबाडकर भी कोंकण के ही थे। धर्मा मुरबाडकर की भीमा नामक लड़की थी। वे वर की खोज में थे। रामजी सकपाल के व्यक्तित्व से वे प्रभावित हुए। परन्तु मुरबाडकर के रिश्तेदारों को यह सम्बन्ध मान्य नहीं था। मुरबाडकर सूबेदार मेजर और रामजी मामूली सैनिक। मुरबाडकर की आर्थिक स्थिति सकपाल की तुलना में बहुत सम्पन्नता की थी, परन्तु मुरबाडकर ने किसी की नहीं सुनी और रिश्ता पक्का हो गया। 1865 में धर्मा मुरबाडकर की लड़की भीमाबाई के साथ रामजी सकपाल का विवाह हो गया। इस समय रामजी की आयु थी बीस और भीमाबाई की आयु थी तेरह। दोनों का वैवाहिक जीवन शुरू हुआ। भीमा के कई रिश्तेदार 'दरिद्री पति की पत्नी' कहकर उसे अपमानित करते। भीमाबाई स्वाभिमानी और जिद्दी थी। उसने मैके जाना ही छोड़ दिया। उसने सन्देशा भेजा—"मेरे अपने घर में (ससुराल) जब सम्पन्नता आएगी तभी मैं मैके आऊँगी, तब तक मेरी प्रतीक्षा न की जाए।" रामजी इस वैवाहिक जीवन में रम गए थे। रामजी मूलत: सैनिक थे परन्तु उन्हें खेलों में अधिक रुचि थी। मैदानी और मर्दानी खेलों में उनकी अपनी साख थी। खेलों में उनकी यह रुचि उनके एक अधिकारी के ध्यान में आ गई। उसने यह सिफारिश की कि सैनिकों के स्कूल में शिक्षक के रूप में रामजी की नियुक्ति की जाए। परिणामस्वरूप पुणे के टीचर्स ट्रेनिंग स्कूल में रामजी को भेजा गया। रामजी पुणे में और भीमाबाई मुम्बई में। दो स्वतंत्र घर हो जाने के कारण आर्थिक परेशानियाँ शुरू हो गईं। उधर मुम्बई में भीमाबाई कई बार मजदूरी के लिए बाहर निकलतीं। 1865 में इन दोनों का विवाह हुआ था। 1890 तक भीमाबाई को तेरह सन्ततियाँ हुईं। इनमें केवल छह जीवित रह सकीं। बालाराम और आनन्दराव यह दो लड़के और गंगाबाई, रमाबाई, मंजुला और तुलना ये चार लड़कियाँ। इन्हीं दिनों रामजी की तरक्की हुई और वे सैनिकों के स्कूल में मुख्याध्यापक बन गए। अब वे सूबेदार मेजर बन चुके थे। आर्थिक स्थिति में भी काफी सुधार हुआ। भीमाबाई अब मैके आने-जाने लगीं। इस बीच कई बार रामजी का स्थानान्तरण हुआ। अब तक जीवन संघर्ष में ही गया। भीमाबाई की तबियत बिगड़ने लगी। कई प्रकार के उपचार जारी थे, पर उनके स्वास्थ्य में अनुकूल सुधार नहीं हो रहा था।

इन्हीं दिनों में सूबेदार मेजर रामजी का स्थानान्तरण महू में हुआ। महू मध्यप्रदेश के इंदौर शहर के निकट है। महू की जलवायु भीमाबाई के लिए अनुकूल सिद्ध हुई।

चौदहवीं बार भीमाबाई गर्भवती हुईं। अप्रैल का महीना था। मध्यप्रदेश की गरमी से वे त्रस्त थीं। रामजी की बहन घर में थी। 14 अप्रैल 1891 को भीमाबाई ने अपनी चौदहवीं सन्तति को जन्म दिया। इसका नाम भीम रखा गया। रामजी की बड़ी बहन मीराबाई वर्षों से रामजी के साथ ही थीं। उनका विवाह हुआ था परन्तु ससुरालवालों के अन्याय-अत्याचारों से त्रस्त होकर वे मैके में रामजी के यहाँ रहती थीं।

जब भीम ढाई वर्ष का था तभी रामजी की नौकरी समाप्त हो गई। उन्हें अब वेतन का आधा हिस्सा ही मिलने लगा। अब तक कहीं कोई मकान उन्होंने बाँधा नहीं था। अब सीधे गाँव की ओर जाने के सिवा उनके पास कोई पर्याय नहीं था। वे सीधे कोंकण के कापदापोली पहुँचे। बड़े बेटे आनन्द को उन्होंने दापोली के प्राथमिक स्कूल में भरती किया। कुछ दिनों बाद छोटा भीम भी इसी स्कूल में जाने लगा। उस छोटी-सी पेन्शन में छह लोगों की पारिवारिक जिम्मेदारी सँभालना सम्भव न था। रामजी नौकरी की तलाश में थे। छोटा-सा व्यवसाय करना चाहते थे। परन्तु एक छोटे-से गाँव में एक शिक्षित दलित को काम मिलना सम्भव नहीं था। मुम्बई में यह सम्भव था इसलिए वे मुम्बई पहुँचे। उन्हें नौकरी मिली पर मुम्बई में नहीं, सातारा में। भीमराव की शिक्षा सातारा के सैनिकी स्कूल में शुरू हुई। उन्हीं दिनों भीमाबाई की तबियत और अधिक बिगड़ने लगी। वर्षों से उन्हें सरदर्द की तकलीफ थी। रामजी का परिवार मूलतः नाथपंथी था। परन्तु उन्होंने अब कबीर पंथ की शिक्षा ले ली। नौकरी और घर के काम वे पूरी निष्ठा से कर रहे थे। इन्हीं दिनों सातारा जिले की खटाव तहसील में अकाल की स्थिति आई। सरकार ने राहत के काम शुरू किए। इस कारण रामजी को सातारा के बाहर जाना पड़ा। भीमा की तबियत दिन-ब-दिन बिगड़ रही थी। 1896 में अचानक एक दिन वे गुजर गईं। इस समय बाबासाहेब आंबेडकर जी की आयु केवल पाँच वर्ष की थी। बचपन में ही उनका मातृत्व छिन गया था। रामजी भी परेशान हो गए। यूँ घर में बच्चों की देखभाल के लिए मीरा बुआ थी। पर बच्चों को माँ की जरूरत होती है।

"इन दिनों भीमराव अर्थात् बाबसाहब अन्य बच्चों की तरह काफी मटरगश्ती करते। छोटे-मोटे झगड़े करते। माँ गुस्से से पीटती पर मीरा बुआ काफी लाड़ करती। पिताजी जितना लाड़ करते उतना कभी गुस्सा भी करते।"[2] पूरे परिवार की जिम्मेदारी अब रामजी के सिर पर आ चुकी थी। किसी भी स्थिति में बच्चों की शिक्षा जरूरी थी। शिक्षा के महत्त्व को रामजी जानते थे। वे स्वयं सैनिकों के स्कूल में चौदह वर्षों तक शिक्षक थे। अपने बच्चों का उत्कर्ष शिक्षा द्वारा ही सम्भव है इस पर उनका

दृढ़ विश्वास था। दलित समाज की यातनामय जिन्दगी रामजी बचपन से देखते आ रहे थे। सवर्णों की अहंकार वृत्ति का अनुभव उन्हें था। वे भुक्तभोगी थे। दलित और शिक्षा का कोई सम्बन्ध ही नहीं था। अंग्रेजों की सत्ता के कारण इस भयावह अँधेरे में इक्के-दुक्के को यह सुविधाएँ प्राप्त थीं। महात्मा जोतिराव फुले के विचारों को वे पूर्णत: स्वीकार कर रहे थे। अपने बच्चों में ज्ञान के प्रति जिज्ञासा उत्पन्न हो, वे चारित्र्यसम्पन्न हों, इसकी कोशिश वे लगातार कर रहे थे। बच्चों पर योग्य संस्कार डालने के लिए उन्होंने अपना जीवनक्रम ही बदल डाला। रोज प्रात: वे अपने बच्चों को स्नान करवाने के बाद एकत्र बिठाते। उनसे अभंग कहलवा लेते। कबीर के पदों के भजन कहलवा लेते। इस नियम के प्रति वे बहुत कठोर थे। रात्रि में भी भजनों का कार्यक्रम होता। विशेषत: पत्नी की मृत्यु के बाद वे अधिक बेचैन हो गए। रामजी जब बाहर होते तो बुआ इन बच्चों पर नियंत्रण रखती।

रामजी यह महसूस कर रहे थे कि बड़ी बहन मीरा पर अधिक भार पड़ रहा है। इस कारण अनिच्छा से उन्होंने दूसरे विवाह का निर्णय लिया। शिरकावले नामक एक पेंशनर जमादार थे। जिजाबाई नामक उनकी बहन विधवा थी। रामजी ने इस जिजाबाई से विवाह कर लिया। घर में सौतेली माँ आ गई। सबसे छोटा भीमा परेशान हो गया। सौतेली माँ की और उनकी बनती नहीं थी। रामजी को इसका अहसास था। उन्होंने अधिकाधिक जिम्मेदारियाँ उठानी शुरू कीं।

सातारा की छावनी में दोनों भाई शिक्षा ले रहे थे। इस समय के दो प्रसंग बहुत ही महत्त्वपूर्ण हैं। भीमराव स्वभाव से निश्चयी और दृढ़ थे। किसी भी स्थिति में स्कूल में अनुपस्थित न रहने का उनका नियम था। उस दिन घमासान बारिश हो रही थी। घर में एक ही छाता था। उसे लिए आनन्दा चला गया था। इतनी भयानक बारिश में स्कूल न जाया जाए ऐसा सबने कहा। परन्तु भीम ऐसी स्थिति में भी स्कूल निकले। भीगी अवस्था में भीम जब कक्षा में पहुँचे तब पेंडसे नामक गुरुजी ने उन्हें देखा और आश्चर्यचकित हुए। वे उन्हें अपने घर में ले गए। पानी गर्म करवाया। एक लँगोट दी। एक ब्राह्मण शिक्षक की एक दलित छात्र के प्रति इतनी आत्मीयता! इस शिक्षक की आत्मीयता से भीम नतमस्तक हो गए। इसी स्कूल में उन्हें एक दूसरे ब्राह्मण शिक्षक मिले। उनका उपनाम था आंबेडकर। इस आंबेडकर गुरु जी ने ही भीमराव के जीवन में बहुत बड़ा परिवर्तन कर दिया। इन दिनों स्कूल के रजिस्टर में भीम के नाम के आगे अंबावडेकर यह उपनाम लिखा जाता था। एक दिन आंबेडकर गुरुजी ने भीम को पूछा :

"अरे भीमा!"

"क्या है, गुरुजी?"

"तेरा यह उपनाम?"

"मैं अंबावडे गाँव का। इस कारण यह उपनाम मैं लिखता हूँ।"

"अम्बावडेकर नाम ठीक नहीं है।"

"मतलब?"

"मेरा नाम आंबेडकर है कि नहीं। ठीक वैसे ही तेरे उपनाम को भी आंबेडकर कर देंगे।"

"गुरुजी, पर क्या नाम बदला जा सकता है?"

"इसमें क्या दिक्कत है? मनुष्य अपनी जाति बदल नहीं सकता, पर नाम बदलने में क्या दिक्कत है? जन्म से जाति तो चिपक जाती है, पर नाम चिपकता नहीं।"

"तो फिर मैं नाम बदलूँ?"

"हाँ, मेरे उपनाम की तरह तू भी अपना उपनाम आंबेडकर लिखाता चल।"[3]

इस प्रकार आम्बेडकर गुरुजी ने स्कूल के रजिस्टर में अम्बावडेकर के स्थान पर आंबेडकर कर दिया। भीमा के इस नाम में गुरुजी ने क्रान्ति ला दी। उनके स्कूली जीवन में पेंडसे और आम्बेडकर ये दो शिक्षक उन्हें ऐसे मिले जिन्होंने उन्हें आत्मीयता दी। उनकी ओर विशुद्ध मनुष्य के रूप में देखा। इन दोनों ने उनके जीवन में एक बहुत बड़ी आस्था पैदा कर दी। आंबेडकर गुरुजी का ध्यान भीमा की ओर बहुत अधिक था। उन दिनों भीमा का घर स्कूल से काफी दूर पर था। बीच की छुट्टी में भीमा रोटी खाने के लिए उतनी दूर पैदल जाता। एक दिन आंबेडकर गुरुजी के ध्यान में यह बात आई। इस छोटे बच्चे को पूरी आत्मीयता से निकट लेते हुए उन्होंने कहा, "केवल रोटी खाने के लिए इतनी दूर तक पैदल जाने की जरूरत नहीं। मेरे साथ बैठकर मेरी रोटी तू खा सकता है।" आंबेडकर गुरुजी के इस प्रस्ताव को सुनकर भीम को यह महसूस हुआ होगा कि इस भयावह रेगिस्तान में निर्मल पानी के झरने कहीं-न-कहीं हैं। सवाल रोटी का नहीं था। सवाल आत्मीयता का था। मानवीय व्यवहार का था। एक ओर ऐसा समाज था जो उनका स्पर्श भी टाल रहा था, तो दूसरी ओर कुछ ऐसे अपवादात्मक लोग थे जो विशुद्ध मानवीयता का व्यवहार कर रहे थे। आंबेडकर गुरुजी का यह व्यवहार भीमराव के लिए अधिक हृदयस्पर्शी इसलिए था क्योंकि कुछ ही महीनों पहले उन्हें एकदम अलग अनुभव हुआ था।

नौकरी के कारण उन दिनों रामजी सूबेदार कोरेगाँव में थे। लड़के सातारा में। छुट्टियों में दो भाई और एक भाँजा ऐसे तीन, उन्हें मिलने के लिए निकले। इस समय भीमा नौ वर्ष का था। सातारा से मसूर स्टेशन वे रेल से पहुँचे। उन्हें उम्मीद थी कि स्टेशन पर पिताजी उनकी प्रतीक्षा करते होंगे। परन्तु उनका पत्र रामजी को मिला ही नहीं था! मसूर एक छोटा-सा स्टेशन था। गाड़ी चली गई। अब तीनों परेशान हो गए। गरमी के दिन थे। स्टेशन के बाहर आए। बैलगाड़ीवान से उन्होंने पूछा :

"दादा, क्या हमें कोरेगाँव ले चलोगे?"

"हाँ, क्यों नहीं!"

"कितने पैसे लोगे?"

"तुम जितना योग्य समझते हो दो।"

"फिर भी कहो न।"

"अरे बैठो तो। बाद में देख लेंगे।"

तीनों बच्चे बहुत प्रसन्न हुए। बैलगाड़ीवाले को लगा कि खाते-पीते घर के खानदानी लड़के हैं। यूँ अब दूसरी रेल भी आनेवाली नहीं थी। ग्राहक मिलने की सम्भावना नहीं थी। इधर-उधर की बातचीत के बाद गाड़ीवान ने पूछा—

"क्यों रे बच्चो, कोरेगाँव में किनके यहाँ जाना है?"

"रामजी सूबेदार के यहाँ।"

"रामजी सूबेदार, यह कौन है?"

"सेना में वे सूबेदार मेजर थे।"

"सेना में?"

"हाँ, हाँ, सेना में।"

"मतलब वह महार (दलित) तो नहीं?"

"हाँ, हम भी महार ही हैं।"

गाड़ीवान एकदम उछल के नीचे उतरा। गालियाँ देने लगा। कहने लगा, "मुझे तुम्हारी छूत हो गई। मेरी गाड़ी को भी छूत हो गई। बैल भी भ्रष्ट हो गए। अब मुझे नहाना होगा। गाड़ी धोनी होगी। बैलों को नहलाना होगा। चलो, पहले मेरी गाड़ी से उतर जाओ।"

नौ वर्ष का भीमा समझ नहीं पा रहा था कि ऐसा क्या कुछ अपराध हुआ कि जिस कारण गाड़ीवान गालियाँ दे रहा है। छोटे भीम ने गाड़ीवान से कहा :

"गाड़ीवान दादा, हम भी आदमी ही हैं, तुम्हारी गाड़ी मनुष्यों को बैठने के लिए

ही है ना! फिर हमारे प्रति यह भावना कैसी!" पर गाड़ीवान किसी की सुन नहीं रहा था।"[4] बीच रास्ते से यह तीनों बच्चे जा कैसे सकते थे? रास्ता अपरिचित! लोग अपरिचित! बड़े भाई आनंद ने एक बार फिर कोशिश की। उसने कहा, "दादा, हम तुम्हें दुगने पैसे देंगे, पर हमें कोरेगाँव तक ले चलो। तुम्हें भी बच्चे हैं ना!" गाड़ीवान ने सोचा, रात हो रही है, गाड़ी में किस जाति के बच्चे हैं यह किसी के ध्यान में नहीं आएगा। इसलिए वह तैयार हो गया। करीब दो घंटे तक यह यात्रा चलती रही। सबेरे से बच्चे भूखे थे। साथ में रोटियाँ थीं। भयानक गर्मी के कारण प्यास भी लगी। बच्चों ने पूछा, "क्या कहीं पानी मिल सकेगा?" गाड़ीवान ने कहा, "पानी तो तुम्हें यहाँ मिल ही नहीं सकता। प्यास बुझानी है तो उधर एक छोटा-सा गड्ढा है, वहाँ से पानी ले सकते हो।" तीनों बच्चे वहाँ पहुँचे। गड्ढा अत्यधिक गन्दा था। शायद कोई पशु भी वहाँ का पानी पीता हो। दोनों भाई गाड़ीवान पर उखड़ गए। गाड़ीवान ने कहा, "बच्चो, मुझ पर क्यों गुस्सा कर रहे हो? दलितों को कोई अपने कुएँ से पानी देगा क्या? सम्पूर्ण समाज उन्हें अछूत मानता है। मैं अकेला कर क्या सकता हूँ!" नौ वर्ष की उम्र में पानी से बेहाल भीमराव समाज-व्यवस्था की क्रूरता से परिचित हो गए। इस प्रकार के अनुभव उन्हें बार-बार आ रहे थे। सातारा शहर में जगह-जगह पर पेय जल की व्यवस्था थी। एक दिन भीमराव वहाँ पानी पीने गए। कुछ ने उन्हें पहचाना और उसी समय उन्हें पीटा गया। भीमराव सोच रहे थे कि कुछ लोगों को सहजता से पानी मिलता है और कुछ को नहीं। कुछ के लिए शुद्ध जल और कुछ के लिए गँदला पानी। बात पानी तक सीमित नहीं थी। नाई अछूतों के बाल काटता नहीं था। चाहे जितने पैसे देना चाहे तो भी नहीं। भीमा की एक छोटी बहन अपने भाइयों के बाल काटती। इन सारे अनुभवों को लेकर भीम अंग्रेजी की तीसरी कक्षा में गया। वह बुद्धिमान था। चालाक था। परन्तु अध्ययन में उसका मन नहीं लग रहा था। स्कूल के साथी उसका सतत अपमान करते। पेंडसे और आंबेडकर गुरुजी का अगर अपवाद छोड़ दें तो औरों से आत्मीयता नहीं मिल रही थी। उन्हें बागवानी में रुचि थी। आर्थिक परेशानी के कारण मेहनत-मजदूरी करने की इच्छा हो रही थी। केवल इच्छा ही नहीं स्थिति दिन-ब-दिन इतनी प्रतिकूल होने लगी कि सातारा स्टेशन पर वे छोटे-मोटे काम करने लगे। मुम्बई में जाकर काम करने की बात वे सोच रहे थे। एक दिन मुम्बई को भाग जाने हेतु उन्होंने अपनी बुआ के पैसे की थैली उड़ाई। उस पूरी थैली में केवल आधा आना निकला। पर इस घटना का परिणाम उन पर बड़ा गहरा हुआ। इस घटना से उनके जीवन में क्रांतिकारी परिवर्तन आ

गया। उन्हें ऐसा लगा कि घर से भागकर जाने में कोई साहस नहीं है, अपने कर्तृत्व के आधार पर ही आदमी बड़ा बन सकता है। इस घटना के बाद उनके दैनंदिन जीवन में आमूल परिवर्तन हो गया। तब से वाचन, चिन्तन, मनन में वे अधिक रुचि लेने लगे। स्कूल के शिक्षकों को भी उनके इस परिवर्तन का एहसास हुआ। उनकी शरारतों की शिकायत करनेवाले शिक्षक उनकी अध्ययनशील प्रवृत्ति की प्रशंसा करने लगे। इन दिनों संस्कृत पढ़ने की उनकी इच्छा थी, पर केवल दलित होने के कारण उन्हें इसकी अनुमति नहीं मिल सकी।

इन्हीं दिनों उनके पिता जी की यह नौकरी भी समाप्त हो गई। अब सातारा में रहना सम्भव न था। अब परिवार को लेकर वे मुम्बई की ओर रवाना हुए। उन दिनों मुम्बई गरीबों का आशास्थान थी। मुम्बई के पहले उपनगर के डबक नामक चाल में एक कमरा मिला। इस एक कमरे में सारा परिवार रहने लगा। मुम्बई में आने के बाद ही भीमराव को पाठ्येतर पुस्तकें पढ़ने को मिलने लगीं। पिताजी का आग्रह होता कि वे पाठ्यक्रम की पुस्तकें अधिक पढ़े, पर भीमजी को यह मान्य नहीं था। वे पिताजी से कहते, "प्रत्येक वार्षिक परीक्षा में मैं उत्तीर्ण होकर बतलाऊँगा। केवल पाठ्य पुस्तकों के अध्ययन की बात न कहिए।" पुस्तकों के लिए वे अपने पिताजी से जिद करते। एकाध अच्छी पुस्तक देखते तो खरीद लेने का आग्रह करते। रामजी उसकी इस भूख की पूर्ति के लिए प्रयत्नशील रहते। उनकी दोनों लड़कियाँ मुम्बई में ही ब्याही गई थीं। रामजी उनसे पैसे ले आते। कई बार कोई गहना बेच कर, या गहना रहन रखकर भीमजी को वे पुस्तकें लाकर देते।

थोड़े ही दिनों बाद भीम धोबी तलाव के एल्फिंस्टन हाई स्कूल में जाने लगे। परल से धोबी तलाव, यह अन्तर मामूली नहीं है। उन दिनों मुम्बई में ट्राम थे, पर ट्राम का किराया देना भी सम्भव न था। वे पैदल ही परल से धोबी तलाव आते। एल्फिंस्टन समृद्ध लोगों का स्कूल था। सवर्णों की संख्या यहाँ सर्वाधिक थी। कुछ ही दिनों में भीम की जाति का पता कक्षा को और बाद में पूरे स्कूल को चल गया। फिर क्या था, अपमान और निरंतर अपमान! एक दिन की घटना है। गणित की कक्षा थी। बोर्ड पर शिक्षक ने एक प्रश्न लिखा। उन्होंने भीम से कहा कि इसको बोर्ड पर हल करके बताओ। भीम पूरे आत्मविश्वास से उठा। जैसे ही वह काले बोर्ड के पास जाने लगा, कक्षा के सभी लड़कों ने हो-हल्ला मचाया। "अरे रुको, रुको, हमारे टिफिन के डिब्बे उस बोर्ड के पीछे हैं। तुम्हारे स्पर्श से हमारे टिफिन को छूत लग जाएगी।"[5] पूरी कक्षा के सम्मुख भीम का अपमान हुआ। यह जख्म

बहुत भयंकर था। भीम के मन में कई प्रश्न उठे। छूत का अर्थ क्या है, स्पर्श से अन्न कैसे सड़ जाता है? छूत किसका और किससे? मैं दलित हूँ तो क्या हुआ? हाड़-मांस का...हूँ ना। फिर मेरे स्पर्श से अन्न सड़ कैसे जाता होगा? मेरे और किसी दूसरे व्यक्ति के स्पर्श में अन्तर क्या है? सातारा के आंबेडकर गुरुजी मुझे अपने डिब्बे से सब्जी-रोटी देते थे। सातारा के पेंडसे गुरुजी ने मुझे अपने घर ले जाकर गरम पानी स्नान हेतु दिया। पेंडसे और आंबेडकर दोनों भी ब्राह्मण, फिर उन्हें कैसे मुझसे छूत नहीं हो सकी? मेरा स्पर्श तो बोर्ड को होगा। उसके पीछे रखे डिब्बों के भीतर का अन्न कैसे सड़ सकता है? मतलब छूत एक बेवकूफी है। छूत हम पर अन्याय है। हमें सताने के लिए ही इसकी योजना है। यह भावना खत्म करनी चाहिए। इस अन्याय का प्रतिकार जरूरी है। भीम का मन विद्रोह हेतु तैयार होने लगा। अत्यंत प्रतिकूल वातावरण में मुम्बई का यह जीवन शुरू हुआ। एक ही कमरे में छह लोग जी रहे थे। तेल के दीये के प्रकाश में अध्ययन चल रहा था। अब रामजी ने आनन्द को नौकरी पर लगवा दिया। अब उनका सारा ध्यान भीम की प्रगति पर केंद्रित हुआ। स्कूल, पढ़ाई और खेल इन तीनों में भीम रम रहे थे। इन्हीं दिनों क्रिकेट के प्रति उनमें रुचि जागृत हुई। 1907 में उन्होंने मैट्रिक की परीक्षा दी। सात सौ पचास में से 282 अंक इन्हें मिले थे। आज की तुलना में यह अंक भले ही कम लगते हों, परन्तु उन दिनों यह अंक बहुत अधिक थे। सबसे बड़ी बात तो यह थी कि एक दलित लड़का मैट्रिक की पढ़ाई करता है और पहले ही झटके में उत्तीर्ण हो जाता है यह आश्चर्य और गौर की बात थी। सभी ओर वे चर्चा का विषय बन गए। उनका गौरव करते हेतु उन दिनों मुम्बई में एक समारोह आयोजित किया गया। जिसमें अध्यक्ष थे रायबहादुर सी. के. बोले। इस सभा में प्रसिद्ध शिक्षक और लेखक कृष्णाजी अनंत केळूसकर भी बोले। केळूसकर ने भीमरावजी को उच्च शिक्षा के लिए प्रोत्साहित किया। इसी केळूसकरजी ने उनके मैट्रिक होने की खुशी में 'महात्मा गौतम बुद्ध' पर एक पुस्तक दी। इस प्रकार बुद्ध के व्यक्तित्व और कृतित्व से बाबासाहेब 1907 में परिचित हो गए।

मैट्रिक की परीक्षा उत्तीर्ण होने के थोड़े ही दिनों बाद उनका विवाह निश्चित किया गया। उन्नीसवीं शती के उत्तरार्ध की जो समाज-रचना थी उसके अनुसार यह स्वाभाविक भी था। विवाह के समय भीमराव की आयु सतरह वर्ष की और वधू की आयु नौ वर्ष की थी। लड़की रमाबाई सुस्वभावी और गरीब घर की थी। लड़की के पिता भिखु धुतरे कोंकण के दाभोळ बन्दरगाह पर हमाली किया करते

थे। बचपन में ही वे गुजर चुके थे। चाचा और मामा ने इन बच्चों को पाल-पोस कर बड़ा किया था। भीमरावजी ने महाविद्यालयीन शिक्षा हेतु एलफिंस्टन म. वि. में अपना नाम दर्ज कराया। इन्हीं दिनों उनका स्वास्थ्य बिगड़ गया। परिणामत: एक वर्ष वे शिक्षा ले नहीं सके। इंटर आट्‌र्स की परीक्षा उत्तीर्ण होने तक रामजी घर की जिम्मेदारियाँ सँभाल रहे थे। अब स्थितियाँ अधिक प्रतिकूल हो रही थीं। गुरुवर्य केळूसकरजी ने कोशिश कर बड़ोदा-नरेश गायकवाड की ओर से भीमराव जी को प्रतिमाह 15 रु. की शिष्यवृत्ति मंजूर करा ली। इस कारण आगे की पढ़ाई सम्भव हो सकी। बड़ोदा-नरेश ने कुछ महीनों पहले दलितों के प्रति अपनी प्रतिबद्धता व्यक्त की थी। एलफिंस्टन कॉलेज में कॉव्हर्नटन नामक प्राचार्य थे। म्यूलर और अंडरसन नामक विद्वान प्राध्यापक थे। म्यूलर ने भीमरावजी की अधिक सहायता की। इन्हीं दिनों रामजी ने अपना मुकाम परल से पायबावड़ी इम्प्रूव्हमेंट चाल नम्बर एक में बदल लिया। यहाँ दो कमरे थे। खोली क्रमाँक पचास में भीमरावजी अध्ययन करते थे। उनके अध्ययन के समय रामजी कमरे के बाहर बैठकर पहरा देते। 1912 में इक्कीस साल की उम्र में भीमराव बी.ए. की परीक्षा में उत्तीर्ण हुए। एक दलित युवक स्नातक हुआ। कॉलेज के दिनों विभिन्न विषयों की सतत पढ़ाई और चिन्तन के कारण उनमें एक गम्भीरता आ चुकी थी। इन्हीं दिनों लोकमान्य तिलक मांडले के जेल में और सावरकर अन्दमान में कैद थे। इन्हीं दिनों मार्लो-मिन्टो सुधार की घोषणा हो रही थी। इन्हीं दिनों कई अन्यायमूलक कानून बनाए जा रहे थे। इन विभिन्न विषयों पर वे अपनी प्रतिक्रियाएँ दे रहे थे। पर विद्रोह की आग अभी चिनगारी की अवस्था में थी।

स्नातक होने के बाद बड़ोदा रियासत में भीमराव नौकरी हेतु चले गए। पिताजी को उनकी यह नौकरी मान्य नहीं थी। उनकी इच्छा थी कि भीम मुम्बई में ही रहे। बड़ोदा-नरेश की सेना में वे लेप्टीनेंट पद पर नियुक्त हुए। अभी इस नौकरी को पन्द्रह दिन भी नहीं हुए थे कि एक दिन उन्हें मुम्बई से तार आ गई कि पिताजी बहुत बीमार हैं। भीमरावजी जब मुम्बई पहुँचे, रामजी अपनी अन्तिम साँसें गिन रहे थे। सम्भवत: वे अपने लाड़ले की प्रतीक्षा कर रहे थे। छह वर्ष की आयु में भीम की माँ चली गई थी। और अब जब वे पिताजी को सुख और समृद्धि के वातावरण में ले जाना चाहते थे कि वे भी चले गए। रामजी का सपना था कि उनका लड़का ज्ञान के क्षेत्र में अत्युच्च शिखर पर पहुँचे। परन्तु लड़के की उस दिशा में अभी यात्रा शुरू ही नहीं हुई थी कि वे चले गए। रामजी परिश्रमी, महात्वाकांक्षी और स्वाभिमान

की जिन्दगी जीते रहे। सम्भवत: ये गुण भीमराव जी को उन्हीं से प्राप्त हुए। रामजी ने अपने जीवन में अनेक चुनौतियों को सहज रूप से झेला। प्रतिकूल स्थितियों को अनुकूल बनाया। प्रतिकूल स्थितियों से वे विचलित नहीं हुए। उनके स्वभाव की यह विशेषताएँ भीमराव में आ चुकी थीं। बिना ज्ञान और शिक्षा के दलितों की प्रगति सम्भव ही नहीं है—ऐसी उनकी धारणा थी।

पिताजी की मृत्यु से भीमराव अकेलेपन का अनुभव करने लगे। बड़ोदा-नरेश की नौकरी में वे चले गए। वहाँ का अनुभव कुछ अच्छा नहीं था। इधर पिताजी ने जो कर्जा कर रखा था उसे भी चुकाना था। इस कारण मुम्बई में ही कुछ बात बन सकती है क्या, इस उम्मीद से वे बड़ोदा नरेश को मुम्बई में मिले। इन्हीं दिनों बड़ोदा रियासत उच्च शिक्षा हेतु शिष्यवृत्ति देकर चार छात्रों को अमरीका भिजवाना चाह रही थी। महाराजा ने भीम को इस हेतु प्रार्थनापत्र देने के लिए कहा और उनका चुनाव किया। चार जून 1913 को भीमरावजी ने अनुबंधपत्र पर हस्ताक्षर किए। इस अनुबन्ध के अनुसार अमरीका में अध्ययन पूर्ण होने के बाद बड़ोदा रियासत में कम-से-कम दस वर्ष तक अनिवार्य रूप से नौकरी करनी थी।

उन दिनों अत्यन्त समृद्ध परिवार के लोग ही अध्ययन हेतु विदेश जाते थे। एक सामान्य घर के और उसमें भी जन्म से दलित युवक को यह अवसर प्राप्त होना एक विशेष घटना थी, "भारत का एक सामान्य दलित अब्राहम लिंकन और बुकररी वाशिंगटन की जन्मभूमि को जा रहा हो, वहाँ के उदात्त स्फूर्तिदायक और अधुनातन जीवन का अनुभव लेकर ताकत बढ़ा रहा हो।"[6] यह एक अभूतपूर्व घटना थी। 1913 के जुलाई माह के तीसरे सप्ताह में आंबेडकर न्यूयार्क पहुँचे। न्यूयार्क में आंबेडकर जी को कई नए अनुभव मिलने लगे। वहाँ के छात्रों के साथ वे सजगता के साथ बातचीत कर सकते थे। घूम सकते थे। खा सकते थे। समता के इस वातावरण से वे आश्चर्यचकित थे। एक नया साक्षात्कार ही उन्हें हो रहा था। अमरीका से अपने पिता के मित्र को उन्होंने लिखा, "माँ-बाप बच्चों को जन्म देते हैं कर्म नहीं दे सकते यह विश्वास योग्य नहीं है। माँ-बाप अपनी सन्तति के जीवन को नई दिशा दे सकते हैं। इसे अब भारतीयों को मन में उतारना जरूरी है। लड़कों के साथ-साथ लड़कियों की शिक्षा की व्यवस्था अगर कर दी गई तो अपने समाज की प्रगति तेजी से हो सकती है। शेक्सपीयर के नाटक का एक वाक्य–'प्रत्येक मनुष्य के जीवन में अवसर आते हैं, अवसरों का योग्य उपयोग अगर वह कर ले तो वह वैभव को प्राप्त कर सकता है'—उद्धृत करते हुए उन्होंने दलितों की कमजोर

वृत्ति के प्रति आक्रोश व्यक्त किया है।"[7] जो शिष्यवृत्ति उन्हें दी जा रही थी उसमें से कुछ बचाकर वे घर-खर्च के लिए पत्नी को भिजवा देते थे। इस कारण वहाँ बहुत ही कम पैसों में वे अपनी जरूरतें पूर्ण कर रहे थे। उन्होंने खुद को केवल अध्ययन तक ही सीमित किया। भूख उन्हें बेचैन करती, परन्तु दिनभर में एक कप कॉफी, दो केक, एक प्लेट सब्जी अथवा मछली—इतने पर ही उनका दिन गुजरता था। उनका उद्देश्य केवल एक बड़ी उपाधि लेकर वापस लौटना नहीं था अपितु अर्थशास्त्र, समाजशास्त्र, राज्यशास्त्र, नीतिशास्त्र और मानववंशशास्त्र का अधिक अध्ययन करना था।

एडविन आर. ए. सेलिगम नामक एक प्राध्यापक के वे निकट सम्पर्क में आए। उनके आत्मीय स्वभाव, गम्भीर विचार और सहज भाषा-शैली का उन पर गहरा प्रभाव पड़ा। इन दिनों वे रोज अठारह घंटे अध्ययन में लीन रहते। दो वर्ष के कठोर परिश्रम के बाद 1917 में 'प्राचीन भारत में व्यापार' इस विषय पर उन्हें एम.ए. की उपाधि प्रदान की गई। 1916 के मई महीने में डॉ. गोल्डन वेंसट द्वारा आमंत्रित संगोष्ठी में 'भारत में स्थित जाति-संस्था : उत्पत्ति, विकास और कार्यपद्धति' इस विषय पर उन्होंने एक आलेख पढ़ा। पच्चीस वर्ष की आयु में इतना विद्वत्तापूर्ण आलेख लिखना, उस विषय के विश्वस्तर के विद्वानों के सम्मुख पढ़ना और अपनी बात को सिद्ध करना अपने आप में एक विशेष घटना थी। उसी वर्ष जून महीने में उन्होंने कोलम्बिया विश्वविद्यालय में —'नेशनल डिव्हीडंट ऑफ इंडिया, ए हिस्टॉरिकल एंड अनेलिटिकल स्टडी' नामक विषय पर पी-एच. डी. हेतु अपना नाम पंजीकृत किया। इस विषय पर करीब आठ वर्ष बाद उन्हें पी-एच. डी. की सर्वोच्च उपाधि प्राप्त हुई। पुस्तकें पढ़ने और इकट्ठा करने का उन्हें अब शौक ही हो चुका था। ढूँढ़-ढूँढ़कर वे पुरानी पुस्तकें इकट्ठी कर रहे थे। करीब दो हजार ग्रन्थ इन तीन वर्षों में उन्होंने इकट्ठे किए। अमरीका में रहते हुए अध्ययन, मनन और चिन्तन के कारण उनकी दृष्टि विशाल होती गई। अब वे लन्दन जाना चाह रहे थे। कानून और अर्थशास्त्र का अध्ययन करने हेतु उन्होंने बड़ोदा-नरेश से शिष्यवृत्ति मंजूर करा ली। डी. एस. सी. का अध्ययन भी उन्होंने शुरू किया। 1916 को वे अमरीका से लन्दन पहुँचे। 'लन्दन स्कूल ऑफ इकनॉमिक्स एंड पोलीटिकल साइंस'—इस विश्वप्रसिद्ध संस्था में अर्थशास्त्र के अध्ययन हेतु उन्होंने प्रवेश लिया। अर्थशास्त्र में डी. एस. सी. हेतु उन्होंने अभी अध्ययन शुरू भी नहीं किया था कि भारत में वापिस आने का आदेश हुआ। शिष्यवृत्ति की अवधि अब

समाप्त हो चुकी थी। वे वापस बड़ोदा आए। अनुबन्ध के अनुसार उन्हें वहाँ नौकरी करना जरूरी था। पर वहाँ उनका स्वागत उत्साह से नहीं हुआ। बड़ोदा के किसी भी हिन्दू भोजनालय ने उन्हें ग्राहक के रूप में स्वीकार नहीं किया। रहने के लिए कहीं भी जगह नहीं मिल पाई। एक उच्च विद्याविभूषित दलित व्यक्ति को केवल इसलिए नकारा जा रहा था कि वह जन्म से दलित है। बड़ोदा-नरेश तो उन्हें अपना अर्थमंत्री बनाना चाह रहे थे; परन्तु इस क्षेत्र का उन्हें कोई अनुभव न होने के कारण सेना में सचिव के रूप में उनकी नियुक्ति हुई। इतने बड़े पद पर नियुक्ति होने के कारण सवर्ण भीतर से चिढ़े हुए थे। उनका अहंकार उन्हें इस बात की इजाजत नहीं दे रहा था कि वर्ण और जाति के परे जाकर विद्वत्ता को स्वीकार किया जाए। उनके मातहत अधिकांश सवर्ण थे। फाइल या कागज आंबेडकर जी को अगर देना हो तो वे उसे दूर से ही फेंकते। कार्यालय में बाबुओं के लिए जो पानी भर के रख जाता, वह पानी भी वे नहीं पी सकते थे। दिन-ब-दिन ऐसे अपमान असह्य होते गए। किसी हिन्दू के यहाँ तो उन्हें कमरा मिल ही नहीं सकता था। इस कारण वे पारसी छात्रावास में रहने गए। एक दिन कुछ पारसी लोग लाठियाँ लेकर अत्यन्त आक्रोश की स्थिति में उनके यहाँ पहुँचे। उस सन्तप्त भीड़ में से एक ने पूछा, "तुम हो कौन?" आंबेडकर ने कहा, "मैं हिन्दू हूँ।" भीड़ में से एक ने कहा, "तू कौन है इसे हम जानते हैं। तूने हमारे समाज के आवास को भ्रष्ट किया है। इसी क्षण तू यहाँ से निकल जा।" आंबेडकर ने पूरी नम्रता के साथ कहा, "मैं आठ घंटे बाद यहाँ से निकल जाऊँगा।" उन दिनों शहर में प्लेग की बीमारी फैल रही थी। शहर का कोई हिन्दू या मुसलमान आंबेडकर जी को जगह देने को तैयार नहीं था। भोजन भी नहीं मिल रहा था। अन्ततः भूख और प्यास से व्याकुल आंबेडकर जी एक पेड़ के नीचे बैठकर हुमस-हुमसकर रोने लगे।"[8]

1917 में ज्ञान के क्षेत्र की सर्वोच्च उपाधि प्राप्त एक व्यक्ति की दुर्दशा केवल वर्ण और जाति के कारण हो रही थी। अब वे इस बात को समझ गए कि अछूत चाहे वह कितना भी विद्वान हो, चाहे कितना भी योग्य हो, इस हिन्दू व्यवस्था में वह अछूत ही माना जाता है। हिन्दू समाज की इस क्रूर रूढ़ि के प्रति, अज्ञान और संवेदनशून्य आचरण के प्रति उनके मन में तीव्र आक्रोश पैदा हो गया। इसी उद्विग्न मनःस्थिति में वे मुम्बई वापिस आ गए। गुरुवर्य केळूसकरजी ने काफी कोशिश कर बड़ोदा के एक प्राध्यापक के यहाँ उनके भोजन की व्यवस्था कर दी। परन्तु प्राध्यापक महाशय की पत्नी ने इस बात का विरोध किया। परिणामतः बड़ोदा की

नौकरी छोड़कर आम्बेडकर वापिस मुम्बई आए। इन्हीं दिनों उनकी सौतेली माँ गुजर गई। सवाल था कि मुम्बई में करेंगे क्या? वकीली व्यवसाय करने की इच्छा थी परन्तु बैरिस्टर उपाधि का अध्ययन अधूरा ही रह गया था। स्टॉक्स और शेयर का मार्गदर्शन करनेवाली एक कम्पनी उन्होंने निकाली। पैसे मिलने लगे। पर कम्पनी का प्रमुख दलित है इसका पता चल जाने के बाद ग्राहक कम होने लगे। इन्हीं दिनों सिडनहॅम कॉलेज में एक प्राध्यापक की अस्थायी जगह निकली। आंबेडकर जी की वहाँ नियुक्ति हो गई। उनकी अध्यापन पद्धति पर विद्यार्थी बेहद खुश थे; परन्तु उनके अन्य सहयोगी उनका सतत अपमान करते रहे।

इन्हीं दिनों महाराष्ट्र में अस्पृश्योद्धार हेतु पूरी ईमानदारी के साथ कार्यरत एक कर्तृत्ववान उदार-हृदयी मराठी रियासत आगे आ रही थी। कोल्हापुर के छत्रपति शाहू महाराज केवल विचारों से प्रगतिशील नहीं थे अपितु आचरण में भी वैसे ही थे। कोल्हापुर रियासत में शूद्रों को शिक्षा देने की व्यवस्था महाराज ने की। शाहू महाराज महात्मा जोतिबा फुले के सत्यशोधक समाज से प्रेरित और प्रभावित थे। इन दिनों बाबासाहेब सामाजिक प्रश्नों के प्रति अपनी प्रतिक्रियाएँ देने लगे। 1919 में 'मुम्बई टाइम्स' में लिखे पत्र में वे कहते हैं, "स्वराज्य यह जैसे ब्राह्मणों का जन्मसिद्ध हक्क है, वैसे वह दलितों का भी है, इसे कोई भी स्वीकार करेगा। इसलिए सवर्ण, दलितों को शिक्षा देकर उनके मन की ऊँचाई और सामाजिक प्रतिष्ठा बढ़ाएँ। वास्तव में ऐसा करना उनका कर्तव्य है। जब तक यह नहीं होगा तब तक भारत में स्वराज्य की स्थापना सहज सम्भव नहीं हैं।"[9] इन्हीं दिनों शाहू महाराज और उनकी प्रत्यक्ष भेंट हुई। महाराज ने उन्हें 'मूकनायक' पाक्षिक शुरू करने के लिए प्रेरित किया। आर्थिक सहायता दी। 31 जनवरी, 1920 को 'मूकनायक' का पहला अंक प्रकाशित हुआ। जाने-अनजाने डॉ. बाबासाहेब ने इसी दिन से दीन-दलित, उपेक्षित और हजारों वर्षों से उपेक्षित मूक जनता के नायकत्व को स्वीकार कर लिया।

अपना अधूरा अध्ययन पूर्ण करने हेतु नवल मथेना नामक मित्र की सहायता से वे लन्दन चले गए। परिवार की पूरी जिम्मेदारी रमाबाई पर थी। पुत्र यशवंत, भाभी और उसका लड़का मुकुन्द इतने सारे परिवारजन थे। बड़ोदा रियासत ने अनुबन्ध की अवधि को पूरा न करने के आरोप में शिष्यवृत्ति की रकम वापिस माँगी। परन्तु बड़ोदा-नरेश ने इस प्रकरण को खारिज कर दिया।

वे लन्दन जा रहे थे ज्ञान-साधना के लिए। जिस महिला के पास वे पेइंग गेस्ट के रूप में रहते थे, वह उन्हें एक कप चाय, ब्रेड का एक टुकड़ा और उस टुकड़े

के किनारे थोड़ा-सा मुरब्बा लगाकर देती। केवल इतने पर वे दिन-भर काम करते। कई दिनों और महीनों तक इसी अभावग्रस्तता में वे ज्ञान-साधना कर रहे थे। 1922 में वे बैरिस्टर हो गए। प्रख्यात विद्वान हेरोल्ड लॉस्की को उनके प्रबन्ध के कुछ विचार बहुत भा गए थे। 1923 में लन्दन विश्वविद्यालय ने उन्हें 'डॉक्टर ऑफ साइंस' की उपाधि दे दी। इन दिनों वे भयानक आर्थिक तनावों से गुजर रहे थे। शाहू छत्रपति महाराज को दो सौ पौंड भिजवा देने की उन्होंने विनती की। डी. एस. सी. के लिए उन्होंने 'द प्राब्लेम ऑफ द रुपीज' विषय पर प्रबंध प्रस्तुत किया था। इन्हीं दिनों 6 मई, 1922 को शाहू महाराज गुजर गए। डॉ. आंबेडकर जी का बहुत बड़ा आधार निकल गया। यूरोप के एक और प्रसिद्ध विश्वविद्यालय बॉन में अध्ययन करने हेतु वे जाना चाहते थे। बॉन विश्वविद्यालय में प्रवेश लेने हेतु मई 1922 में वे बॉन गए। लन्दन विश्वविद्यालय में पी-एच.डी. हेतु एक प्रबन्ध उन्होंने प्रस्तुत किया था। इस प्रबन्ध में उनका जो विश्लेषण था वह साम्राज्यवादी अंग्रेजों को स्वीकार करना मुश्किल था। अमरीका में जब वे थे तब लाला लाजपतराय के सम्पर्क में आए थे। इस कारण क्रान्तिकारियों की सूची में उनका नाम चला गया था। उनके मार्गदर्शक प्रबन्ध में थोड़ा सुधार चाह रहे थे। घर की परिस्थिति प्रतिकूल, शाहू महाराज का आधार चला गया था, ऐसी अवस्था में प्रबन्ध को फिर से संशोधित करने के लिए लन्दन में और अधिक दिन रुकना सम्भव न था। कुछ निराशा की अवस्था में वे भारत वापिस आ गए।

इस तरह सातारा के सैनिकों के स्कूल में पढ़नेवाला भीमा डॉ. बी. आर. आम्बेडकर डी. एस. सी. बैरिस्टर, लन्दन हो चुका था।

'बैरिस्टर बाबासाहेब आंबेडकर', 'डॉ. भीमराव रामजी आंबेडकर', 'प्रा. बी. आर. आंबेडकर'—भीमराव के इन विविध रूपों से लोग परिचित हो चुके थे। पर बाबासाहेब इन सबसे भिन्न थे। उनके आक्रामक क्रान्तिकारी और विषमता के विरोध में सक्रिय होनेवाले रूप को अभी लोग समझ नहीं पाए थे। केवल नौकरी करने में उनकी कोई रुचि नहीं थी। जिस विषमता और अपमान की आग में वे झुलस चुके थे उसके प्रति उनके मन में चिढ़ थी। दलितों को उनका मानवीय हक दिला देना उनके जीवन का लक्ष्य था। विषमता की इस आग को वे समाप्त करना चाह रहे थे। हजारों वर्षों से नकारे गए इस समाज की व्यथा को वे शासन के सम्मुख रखना चाह रहे थे। 9 मार्च, 1924 को परल के दामोदर ठाकरसी, ठाकरसी सभागृह में उन्होंने एक बैठक बुलवाई। काफी विचार-विमर्श के बाद कई प्रस्ताव पारित

हुए। अस्पृश्यों के हितों की सुरक्षा हेतु एक नई संस्था को उन्होंने जन्म दिया। इस संस्था का नाम था—'बहिष्कृत हितकारिणी सभा'। इस सभा के अध्यक्ष चिमनलाल सेटलवाड़ थे। कार्याध्यक्ष खुद डॉ. आंबेडकर थे। संस्था के उद्देश्य इस प्रकार थे :

1. अस्पृश्यों की आर्थिक स्थिति सुधारने के लिए औद्योगिक और कृषि विषय के स्कूलों की स्थापना करना।
2. छात्रावास स्थापन करना। अन्य साधनों की सहायता से अस्पृश्यों के बीच शिक्षा का प्रसार करना।
3. अस्पृश्य समाज में उच्च संस्कृति को बढ़ाने हेतु विभिन्न स्थानों पर वाचनालय, शिक्षा की कक्षाएँ और स्वाध्याय की स्थापना करना।

अस्पृश्यों को सुधारने हेतु अनेक संस्था उन दिनों भारत में काम कर रही थीं, पर बहुसंख्यांक समाज सनातनी था। इस कारण उनमें गति नहीं आ रही थी। 1925 के जनवरी माह में सोलापुर में इस संस्था की ओर से पहला छात्रावास शुरू हुआ। बहिष्कृत हितकारिणी की इस सभा में केवल 10-12 कार्यकर्ता ही उपस्थित थे। इतनी प्रतिकूल स्थिति में उन्हें काम करना था। उसी वर्ष त्रावणकोर और मद्रास में वहाँ के अस्पृश्यों ने रामस्वामी नायकर के नेतृत्व में आन्दोलन शुरू किया था। वहाँ मन्दिर-प्रवेश के लिए प्रयत्न हुआ और उसमें सफलता मिली।

इन्हीं दिनों उन्हें एक लड़का हुआ। 'राजरत्न' नामक यह लड़का कुछ ही महीनों बाद गुजर गया। व्यक्तिगत जीवन में इस प्रकार की घटनाएँ हो रही थीं, तो दूसरी ओर सामाजिक सुधार आन्दोलनों में वे अधिक सक्रिय हो रहे थे। 1926 में सी.के. बोले नामक एक समाज-सुधारक ने मुम्बई विधि सभा में एक प्रस्ताव रखा—"सभी सार्वजनिक स्थानों—न्यायालय, स्कूल्स, कुएँ और बाजार आदि स्थानों पर स्पृश्य-अस्पृश्य का आचरण न किया जाए"[10] यह प्रस्ताव पारित हुआ। अब यह कानून ही बन चुका था। महाड़ नगरपालिका ने इस कानून के अन्तर्गत महाड़ का प्रसिद्ध 'चवदार' तालाब सार्वजनिक घोषित कर अस्पृश्यों के लिए खुला कर दिया। बावजूद इसके वहाँ के सनातनी लोग अस्पृश्यों को पानी भरने नहीं दे रहे थे। दलितों को यह कानूनी हक किस प्रकार मिल सकता है इस पर विचार करने के लिए बहिष्कृत हितकारिणी सभा की ओर से 19-20 मार्च, 1927 को महाड़ में एक परिषद ली गई। इस परिषद के लिए अस्पृश्य समाज के हजारों स्त्री-पुरुष इकट्‌ठे हो गए। डॉ. बाबासाहेब ने कहा, "अब जनजागृति का पर्व समाप्त हो चुका है। अब प्रत्यक्ष कृति

की जरूरत है।"[11] सत्याग्रह का निर्णय लिया गया। महाराष्ट्र के करीब-करीब सभी जिलों से पाँच हजार से अधिक दलित महाड़ पहुँचे। इनमें 15 वर्ष से लेकर 75 वर्ष तक के स्त्री-पुरुष थे। इस सत्याग्रह के लिए स्पृश्य समाज के भी लोग आए थे। सम्भाजीराव गायकवाड़ इसके स्वागताध्यक्ष थे। बंगाली धोती, कोट और शर्ट पहने डॉ. बाबासाहेब इस विशाल जनसमूह के प्रमुख भाषण के लिए खड़े हुए। उन्होंने कहा, "अस्पृश्यों के सुधार के लिए दो बातों की अत्यधिक आवश्यकता है। उनके मन में पुराने मूर्खतापूर्ण और अन्धश्रद्धा के जो विचार बैठे हुए हैं उन्हें साफ करना जरूरी है। आचार, विचार और उच्चार, इनमें जब तक शुद्धता नहीं आएगी तब तक अस्पृश्य समाज में जागृति और प्रगति के बीज बोए नहीं जा सकते। आज की स्थिति में उनके पथरीले मन से नए पौधे निकल नहीं सकते।"

"दलितों की गाँव में इज्जत नहीं है। उनकी अस्मिता खत्म हो चुकी है। किसी के फेंके हुए बासी टुकड़ों पर जीना अब उन्हें त्याग देना होगा। इसके लिए उन्हें मृत जानवरों के मांस को खाने की वृत्ति छोड़ देनी होगी। आज प्रतिज्ञा करो कि हम उच्च-नीच भेद को भूलेंगे। स्वावलम्बी बनेंगे, खेती करेंगे, अस्मिता नहीं छोड़ेंगे।"[12] उस दिन रात को चवदार तालाब का पानी पीने के हक को प्रस्थापित करने का निर्णय हुआ।

चार-चार टुकड़ियाँ बनाई गईं। हजारों टुकड़ियाँ पूरे अनुशासन के साथ चवदार तालाब की ओर निकलीं। भारतीय समाज सुधार आन्दोलनों में इस सत्याग्रह का विशिष्ट और ऐतिहासिक महत्त्व है। डॉ. बाबासाहेब तालाब के जल तक गए। चारों ओर उन्होंने देखा। पानी को स्पर्श किया। आचमन में पानी लेकर उन्होंने उसे पी लिया। तालियाँ बजीं। आंबेडकर जी का जयजयकार हुआ। हजारों लोगों ने उनका अनुकरण किया। दलितों की इतनी बड़ी संख्या थी कि सनातनी उस समय कुछ कर नहीं सके। पर भीतर-ही-भीतर वे क्षुब्ध थे। बाबासाहेब अपने निवास पर गए और कुछ घंटों में यह खबर आई कि कुछ सनातनियों ने सत्याग्रहियों को क्रूरता के साथ पीटना शुरू किया है। बाबासाहेब सत्याग्रहियों के निवास की जहाँ व्यवस्था की गई थी वहाँ पहुँचे। वहाँ लाठियाँ चल रही थीं। अनेक के सिर फट चुके थे। सभागृह में रक्त की धाराएँ बह रही थीं। दलित इसका बदला चुकाना चाहते थे। पर बाबासाहेब ने कहा कि क्रूरता का उत्तर क्रूरता से नहीं दिया जाएगा।

सनातनियों की दृष्टि से चवदार तालाब भ्रष्ट हो चुका था। अब वे उसका पानी कैसे पीएँगे? पानी की दूसरी कोई व्यवस्था तो थी नहीं। तब मनु के इन वंशजों ने

तालाब में से 107 घड़े पानी बाहर निकाला। उसमें गाय का मल-मूत्र मिलाया। वेद-मंत्रों का घोष हुआ। मल-मूत्र मिलाया हुआ वह गन्दा पानी तालाब के पानी में छोड़ा गया और यह घोषित किया गया कि अब यह पानी शुद्ध हो चुका है। विचित्र, विसंगत और मूर्खतापूर्ण स्थिति थी यह! मनुष्य के स्पर्श से पानी अशुद्ध हुआ और जानवरों के मल-मूत्र के स्पर्श से पानी शुद्ध हुआ! विचित्र न्याय था यह!

यहाँ यह स्पष्ट कर दें कि इस सत्याग्रह में प्रगतिशील सवर्ण भी बाबासाहेब के साथ थे। इन सवर्णों को सनातनियों ने उन दिनों बहुत तकलीफ दी थी।

सनातनी खामोश नहीं थे। दलितों के इस मानवीय हक को छीन लेने के उनके प्रयत्न शुरू हुए। उन्होंने महानगर पालिका पर इतना दबाव डाला कि तालाब खुले करने के प्रस्ताव को वापिस ले लिया गया। बाबासाहेब इस निर्णय के खिलाफ न्यायालय में गए। 20 मार्च, 1927 के इस सत्याग्रह की चर्चा महाराष्ट्र में सर्वाधिक और पूरे देश में कम-अधिक मात्रा में हुई। डॉ. बाबासाहेब की प्रतिष्ठा बढ़ गई। अस्पृश्य समाज के भीतर आत्मविश्वास की चिनगारी फैलने लगी। समाचार-पत्रों में उनके समर्थन और विरोध में प्रचार शुरू हुआ। इन सबको उत्तर देने हेतु उन्हें अब अपने स्वतंत्र पत्र की आवश्यकता महसूस होने लगी। आर्थिक कारणों से 'मूकनायक' बन्द करना पड़ा। 3 अप्रैल, 1927 को बाबासाहेब ने 'बहिष्कृत भारत' नामक एक दूसरे साप्ताहिक की शुरुआत की। 'बहिष्कृत भारत' में वे अपने तेजस्वी विचार प्रस्तुत करने लगे। फरवरी 1927 को सरकार ने बाबासाहेब की नियुक्ति विधिमंडल पर कर दी। अब उन्हें एक और मंच प्राप्त हुआ। मुम्बई के पुलिस विभाग में दलितों की भरती नहीं की जाती थी, इसका एहसास उन्होंने विधिसभा को करा दिया।

महाड़ में एक और परिषद लेने का उन्होंने निर्णय लिया। इस सत्याग्रह के सम्बन्ध में अनेक सुझाव और पत्र आने लगे। कुछ समाज-सुधारक यह समझ रहे थे कि डॉ. बाबासाहब आंबेडकर ब्राह्मण समाज के विरोध में हैं। वर्ण-व्यवस्था का सर्वाधिक समर्थन ब्राह्मण करते हैं, इस कारण वे ब्राह्मणों के विरोध में हैं, ऐसा निष्कर्ष निकाला जा रहा था। पुणे के दो समाज-सुधारक जेधे-जवळकर ने उन्हें एक पत्र लिखकर यह कहा कि महाड़ के इस सत्याग्रह में वे सम्मिलित होना चाहते हैं; परन्तु इसी शर्त पर कि कोई ब्राह्मण उसमें भाग न ले। इस पत्र का बाबासाहेब ने जो उत्तर दिया वह ऐतिहासिक महत्त्व का है और उनकी विशुद्ध मानवीयता की दृष्टि को स्पष्ट करने वाला है। 29 जुलाई, 1927 के बहिष्कृत भारत में उन्होंने

लिखा—"मेरा संघर्ष तत्त्वों के साथ है, किसी व्यक्ति या किसी जाति से नहीं। इस सत्याग्रह में पुणे की एक ब्राह्मण महिला सम्मिलित होना चाहती हैं, मैं उन्हें क्यों रोकूँ? मेरा संघर्ष ब्राह्मण्य के साथ है। प्रगतिशील और उदात्त हेतु से प्रदीप्त ब्राह्मणों की सहायता को मैं क्यों नकारूँ?"[13]

25 दिसम्बर, 1927 को बाबासाहेब ने महाड़ में मनुस्मृति को जला दिया। वर्ण-व्यवस्था को शास्त्रशुद्ध सिद्ध करने वाले इस ग्रन्थ को जलाकर उन्होंने पूरे देशभर को हिला दिया। अपनी पत्रिका में उन्होंने लिखा—"मनुस्मृति विषमता का समर्थन करती है, क्षुद्र जाति की निन्दा करती है। स्वयंनिर्णय के सिद्धान्त को स्वीकार करनेवाले व्यक्तियों को यह ग्रन्थ कभी भी स्वीकार्य नहीं होता। अस्पृश्य वर्ग इस ग्रन्थ की मान्यताओं को स्वीकार नहीं करता इसको दिखलाने के लिए ही इसको जलाने का मैंने निर्णय लिया है।"[14] मनुस्मृति को जलाकर डॉ. आम्बेडकर जी ने सामाजिक गुलामगिरी के विरोध में युद्ध की घोषणा की। इसी परिषद में एक और प्रस्ताव पारित हुआ। नासिक में स्थित काला राम मन्दिर प्रवेश सत्याग्रह की घोषणा कर दी गई। 2 मार्च, 1930 को महाराष्ट्र, कर्नाटक और गुजरात आदि प्रदेशों से करीब पन्द्रह हजार लोग इकट्ठे हुए। मन्दिर पर मोर्चा गया। पर मन्दिर के दरवाजे बन्द थे। दरवाजे खोले नहीं गए। फिर यह मोर्चा गोदावरी नदी के किनारे गया। वहाँ एक विराट सभा हुई। बाबासाहेब का भाषण हुआ। दूसरे दिन से मन्दिर के प्रवेश-द्वार पर सत्याग्रह का निर्णय लिया गया। मार्च 1930 से अक्तूबर 1935 तक कई बार प्रयत्न हुए। अन्तत: मन्दिर के दरवाजे खुल गए। इस प्रकार विषमता के विरोध में जारी इस लड़ाई में बाबासाहेब को सफलता मिली।

महाड़ का चवदार तालाब!
मनुस्मृति का दहन!
कालाराम मन्दिर सत्याग्रह!

उनकी आरम्भिक लड़ाई की ये तीन महत्त्वपूर्ण सीढ़ियाँ हैं। 'मूकनायक' और 'बहिष्कृत भारत' के लेख उनके तेजस्वी शब्दों को व्यक्त कर रहे थे। उनके शब्द शास्त्र का रूप धारण कर रहे थे। धीरे-धीरे उनके आसपास हजारों लोग इकट्ठे होने लगे। महात्मा गौतम बुद्ध और महात्मा कबीर के बाद भारतीय समाजव्यवस्था को चुनौती देने वाले एक व्यक्तित्व का जन्म ही नहीं हुआ था अपितु वह व्यक्ति पूरे आत्मविश्वास के साथ समता के अपने लक्ष्य की ओर बढ़ रहा था।

उपर्युक्त तीनों घटनाओं के कारण डॉ. आंबेडकर जी ने देश के सभी विद्वानों,

राजनीतिज्ञों और शासकों का ध्यान अपनी ओर आकृष्ट कर लिया था। दलित समाज के युवक पूरी निष्ठा के साथ उनके साथ खड़े थे।

नासिक के कालाराम मन्दिर प्रवेश सत्याग्रह के समय सवर्णों ने जिस मानसिकता का परिचय दिया था उससे परेशान होकर संवेदनशील दलितों ने सन् 1928 के जनवरी माह में नासिक में ही एक बैठक बुलवायी। बैठक की अध्यक्षता के लिए डॉ. बाबासाहेब को ही बुलाया गया। दलित वर्ग के एक महान सन्त चोखामेळा का मन्दिर बाँधने का इरादा इन लोगों का था। इस निर्णय को लेकर वे आए थे। परन्तु इस परिषद के अध्यक्षपद से बोलते हुए बाबासाहेब ने इस योजना का विरोध किया। उन्होंने कहा, "अपने सन्तों के नाम से मन्दिर बाँधने की अपेक्षा दलित वर्ग पर जो अस्पृश्यता का कलंक लग चुका है उसे हमेशा के लिए धो डालने की आवश्यकता है। इस कलंक को धो डालना ही इन सन्तों का स्मारक खड़ा करना है।"[15] दलितों के लिए स्वतंत्र मन्दिर, यह कल्पना ही उन्हें मान्य नहीं थी। ऐसे मन्दिरों के खर्च का बोझ गरीब दलितों पर पड़ेगा और दूसरी सबसे महत्त्वपूर्ण बात कि उन्हें मूर्तिपूजा की अपेक्षा मानवीयता का मूल्य अधिक महत्त्वपूर्ण लगता था। विधिमंडल में डॉ. आंबेडकर पूरी निष्ठा के साथ हिस्सा ले रहे। थे। 19 मार्च, 1928 को उन्होंने एक विधेयक प्रस्तुत किया। इस विधेयक को 'महार वतन सुधारक' कहा जाता है। दलित वर्षों से गाँव के कुछ पारम्परिक काम किया करते थे। उस पर उनकी रोजी-रोटी चलना असम्भव ही था। फसल पर सवर्ण उन्हें कुछ दे देते थे। उसी पर उन्हें जीना पड़ता था। इस विधेयक के अनुसार अब उन्हें सरकारी तिजोरी से वेतन दिया जा सकता था।

जून 1928 में मुम्बई के शासकीय विधि महाविद्यालय में प्राध्यापक के रूप में उनकी नियुक्ति हुई। फरवरी 1928 से इस देश की जनता को विशेष सुविधाएँ देने हेतु साइमन कमीशन देश में घूम रहा था। इस कमीशन का सहयोग करने हेतु केन्द्र सरकार ने एक अ. भा. समिति की नियुक्ति की थी। इसके अलावा प्रत्येक प्रदेश के विधिमंडल सहयोग हेतु अपनी-अपनी समितियाँ घोषित कर रहे थे। 3 अगस्त, 1928 को आंबेडकर जी की नियुक्ति कमीशन के सहयोग के लिए हुई। दलितों की कुल अठारह संस्थाओं ने साइमन कमीशन के सम्मुख गवाहियाँ दी थीं। प्रत्येक ने अपने-अपने निवेदन प्रस्तुत किए थे। सोलह संस्थाओं ने दलितों के लिए स्वतंत्र चुनाव क्षेत्रों की माँग की थी। 'बहिष्कृत हितकारिणी सभा' की ओर से आंबेडकर जी ने एक निवेदन दिया था। उसमें उन्होंने संयुक्त चुनाव क्षेत्र और दलित वर्ग के

लिए आरक्षित क्षेत्र की माँग की थी। इसके अलावा उन्होंने कमीशन के सम्मुख एक लम्बी गवाही भी दी। उन्होंने कहा कि :

1. दलितों को हिन्दू समाज से भिन्न एक स्वतंत्र जाति माना जाए।
2. भारत की किसी भी अल्पसंख्यक जाति की तुलना में दलितों को राजनीतिक सुरक्षितता की सर्वाधिक आवश्यकता है।
3. दलित वर्ग शिक्षा की दृष्टि से पिछड़ा हुआ, आर्थिक दृष्टि से गुलामगिरी का जीवन जी रहा है, इसे कमीशन ध्यान में रखे।[16]

'बहिष्कृत भारत', इस साप्ताहिक की शुरुआत अप्रैल, 1927 में उन्होंने की थी। परन्तु उसे चलाना दिन-ब-दिन कठिन हो रहा था। उन दिनों दलितों में शिक्षितों की संख्या बहुत कम थी। सवर्ण उनके इस साप्ताहिक अंक को खरीदना नहीं चाह रहे थे। शिक्षित दलितों का आग्रह था कि यह साप्ताहिक बन्द न हो, परन्तु आर्थिक दृष्टि से मुश्किल हो रहा था। मजबूरी में उन्होंने इसे बन्द किया, परन्तु 'समता' नामक पाक्षिक की शुरुआत की। यह पाक्षिक भी बहुत दिनों तक चल नहीं पाया। इसे भी बन्द करना पड़ा।

इन दिनों वे यह महसूस कर रहे थे कि मुम्बई के मिलों में बहुत बड़ी संख्या में दलित और इतर पिछड़ी जाति के लोग हैं। इस कारण मजदूरों के संगठन की आवश्यकता है। 1928 में मुम्बई के डेढ़ लाख मजदूरों ने अपनी माँग के लिए हड़ताल की थी। इस हड़ताल में दलितों की स्थिति बहुत ही विचित्र थी। हड़ताल अगर समाप्त नहीं होती तो दलितों के सम्मुख आत्महत्या के सिवाय दूसरा पर्याय नहीं था। इस कारण इस हड़ताल का उन्होंने विरोध किया। उनका एक दर्द यह भी था कि सवर्ण नेतृत्व दलित मजदूरों को मजदूर के रूप में न देखते हुए दलितों के रूप में देखते हैं, उनकी उपेक्षा करते हैं। उन्हें अपमानास्पद काम देते हैं। वे यह महसूस कर रहे थे कि शिक्षा के सिवा दलित समाज की प्रगति सम्भव नहीं है। शिक्षा के इस कार्य को गति देने हेतु उन्होंने 'बहिष्कृत हितकारिणी सभा' को समाप्त कर, 'भारतीय बहिष्कृत सेवा समिति' की स्थापना की। इस संस्था के अन्तर्गत 'भारतीय बहिष्कृत शिक्षण प्रसारक मंडल' की स्थापना की। इस समिति के मुख्य सचिव सीतारामपन्त शिवतरकर थे। अध्यक्ष स्वयं डॉ. बाबसाहेब आंबेडकर थे।

जाति-व्यवस्था का इतना अधिक प्रभाव लोगों पर था कि वे अन्तरजातीय तो जाने दीजिए अपजाति-विवाह को भी मान्यता नहीं देते थे। मराठी के लोकप्रिय

नाटककार, पत्रकार और लेखक आचार्य अत्रे ने इन दिनों अन्तरजातीय विवाह किया था। आचार्य प्र. के. अत्रे देशस्थ ब्राह्मण थे और उनकी पत्नी गोदुताई वैश्य थी। सनातनियों ने इस विवाह का विरोध किया था। परन्तु डॉ. बाबासाहेब आंबेडकर ने आचार्य अत्रे का अभिनन्दन किया। जाति-व्यवस्था को तोड़ने के लिए अन्तरजातीय विवाह ही एकमात्र उपाय है ऐसी उनकी धारणा थी।

1927 में मुम्बई विधिमंडल में उनकी नियुक्ति हुई। 1938 में उनकी पुनर्नियुक्ति हुई। 1937 के चुनाव में विजयी होकर वे फिर विधिमंडल के सदस्य हुए। दूसरे महायुद्ध के आरम्भ में विधिमंडल बरखास्त किए गए। इस प्रकार 1927 से 1939 के बारह वर्षों तक वे विधिमंडल के सम्माननीय सदस्य रहे। इन बारह वर्षों में अनेक प्रश्नों पर उन्होंने विद्वत्तापूर्ण भाषण दिए। अनेक आँकड़ों द्वारा वे लगातार सिद्ध कर रहे थे कि दलित कितने अधिक पिछड़े हुए हैं और उन्हें विशेष सुविधाओं की जरूरत क्यों है। ग्राम पंचायत विधेयक, औद्योगिक कलह विधेयक, परिवार नियोजन विधेयक, नगर परिषद विधेयक, अल्पभूधारक—करीब-करीब प्रत्येक विधेयक पर वे परिश्रमपूर्वक तैयारी करते और अपने सुझाव देते। विधिमंडल की चर्चाओं में वे जिस आत्मविश्वास और सूक्ष्म अध्ययन कर बोलते उससे उनकी धाक जम चुकी थी। दांडी-मार्च के समय कांग्रेस ने सरकार से असहयोग का नारा दिया था। कांग्रेस का नारा था "कौंसिल में जाना हराम है," परन्तु बाबासाहेब यह महसूस कर रहे थे कि कौंसिल का अगर बहिष्कार कर दिया जाए तो दलितों के हक कुचल दिये जाएँगे। जितना कुछ दलितों का कल्याण करना है वह कौंसिल में रहकर ही किया जा सकता है, इसे वे अनुभव से जान चुके थे। सारे कांग्रेसी बाहर थे और बाबासाहेब कौंसिल में। इस कारण उनका बहुत अपमान किया गया। महात्मा गांधी के अनुयायी उन दिनों घोषणा कर रहे थे :

> कौंसिल में कौन जाएगा।
> 'धेड़ जाएगा, चमार जाएगा'[17]

इतनी अपमानजनक घोषणाएँ की गईं कि टाइम्स ऑफ इंडिया को इन घोषणाओं के विरोध में अग्रलेख लिखना पड़ा। डॉ. बाबासाहेब ने कहा, "कांग्रेस वाले कहते हैं कि वे जाति को भूलकर केवल मनुष्यता पर विश्वास रखते हैं। तो फिर ये नारे कैसे दिये गए? इस देश का हिन्दू समाज आज भी यह मानता है कि यहाँ केवल हिन्दू-मुस्लिम की ही समस्या है। दलितों की भी अपनी कोई समस्या है इसे वे

सुनना भी नहीं चाहते। इस कारण भविष्य में इस देश का जो भी संविधान बनेगा, उसमें दलितों को सुरक्षितता की गारंटी मिलनी चाहिए। इस देश की निर्णय-प्रक्रिया में उन्हें सम्मिलित किया जाना चाहिए। मैं दलितों के राजकीय शूद्रत्व को दूर तो करूँगा ही परन्तु इसके साथ ही रक्त की अन्तिम बूँद तक संघर्ष करते हुए उनमें आत्मसम्मान का अहसास पैदा करा दूँगा। और भविष्य में हिन्दुओं के सामाजिक, राजनैतिक और आर्थिक वर्चस्व को चलने नहीं दूँगा।"[18]

विधिमंडल के उनके भाषण अत्यंत आक्रामक हुआ करते थे। भूमिहीन मजदूर, असंगठित मजदूर, स्त्री और दलित आदि सभी कमजोर इकाइयों पर होनेवाले अन्यायों के विरोध में वे बारह वर्षों तक जूझते रहे। उनके भाषण विचारों को गतिमान करनेवाले होते थे। उनके प्रयत्न के कारण ही कई विधेयकों में परिवर्तन करना पड़ा।

साइमन कमीशन ने ब्रिटिश शासन को सुधार सम्बन्धी कई सुझाव दिये। इनमें से एक महत्त्वपूर्ण सुझाव गोलमेज परिषद का था। भारत की विभिन्न राजनैतिक पार्टियों के नेता, समाज-सुधारक तथा अन्य कई क्षेत्रों के व्यक्तियों को लन्दन बुलाकर ब्रिटिश संसद के प्रतिनिधियों के साथ भारतीय संविधान सम्बन्धी बातचीत शुरू की जाए, इसी हेतु गोलमेज परिषद की जाए—ऐसा कमीशन का सुझाव था। डॉ. आंबेडकर को इस परिषद का निमंत्रण दिया गया। कांग्रेस ने असहयोग आन्दोलन शुरू किया था। कांग्रेस को छोड़ बाकी सभी को निमंत्रण जा चुके थे। 4 अक्तूबर, 1930 को 'वाइसराय ऑफ इंडिया' नामक जहाज से डॉ. बाबासाहेब परिषद के लिए निकले। अन्य नेताओं को बाबासाहेब की उपस्थिति मान्य नहीं थी। बारह नवम्बर 1930 को पहली गोलमेज परिषद का उद्घाटन इंग्लैंड के बादशाह जॉर्ज पंचम ने किया। सत्रह से इक्कीस नवम्बर तक भारत के प्रतिनिधियों के भाषण होते रहे। सर तेज बहादुर सप्रू, मुकुंदराव जयकर, डॉ. मुंजे, बॅ. जीना तथा विकानन्द और पटियाला के महाराजाओं के भाषण विशेष उल्लेखनीय थे। इस सभा में जो लोग उपस्थित थे उनमें से अधिकांश जाने-माने विद्वान, कानून के पंडित, राजनीतिक नेता, अमीर-उमराव अधिक थे। डॉ. बाबासाहेब ने आरम्भ में ही कहा, "जिन लोगों की स्थिति गुलामों से भी बदतर है और भारत में जिनकी जनसंख्या फ्रांस की जनसंख्या के बराबर है, ऐसे भारत की कुल जनसंख्या के 1/5 लोगों के प्रतिनिधि की हैसियत से मैं यहाँ आया हूँ।"[19] भारत में डॉ. बाबासाहेब अब तक निरन्तर अंग्रेजी सत्ता के समर्थन में बोलते थे। कौंसिल का उन्होंने बहिष्कार भी नहीं किया था। उनके सम्बन्ध में यह बात फैलाई गई थी कि वे अंग्रेजी सत्ता के समर्थक हैं। अंग्रेजों की

भी ऐसी ही धारणा थी। परन्तु इस गोलमेज परिषद में बाबासाहब ने डंके की चोट पर कहा, "भारत के दलितों की यह माँग है कि भविष्य में भारत की सरकार लोगों के द्वारा, लोगों के लिए और लोगों से चलाई जाए।" उनका इस समय का आवेश, अप्रतिम वक्तृत्व, तर्कशुद्ध विचार और प्रत्येक शब्द के पीछे अन्तरनिहित ईमानदारी के कारण उनका यह भाषण न केवल ऐतिहासिक अपितु अत्यन्त प्रभावपूर्ण बन गया। इंग्लैंड के प्रधानमंत्री मैकडोनॉल्ड ने इस भाषण की अत्यधिक प्रशंसा की। इस पूरी सभा में एक ऐसे व्यक्ति भी थे जिन्हें आज अपने जीवन की सार्थकता का अनुभव हो रहा था। वह व्यक्ति थे बड़ोदा के नरेश श्रीमंत सयाजीराव गायकवाड़। इन्हीं के कारण बाबासाहेब की उच्च शिक्षा हो चुकी थी। महाराज उस दिन इतने खुश थे कि उन्होंने बाबासाहेब के इस अप्रतिम भाषण पर सैकड़ों भारतीयों और विदेशी व्यक्तियों को रात्रि भोज दिया। 19 जनवरी, 1931 को परिषद का काम स्थगित किया गया। 27 फरवरी, 1931 को बाबासाहेब भारत लौटे। उनके आगमन पर महाराष्ट्र और भारत के अनेक समाचारपत्रों ने उनकी भूरि-भूरि प्रशंसा की। कुलाबा समाचार (साप्ताहिक) ने लिखा, "आंबेडकर पूर्ण राष्ट्रीय वृत्ति के नेता हैं यह आज सिद्ध हुआ है। गुलामी की दास्य श्रृंखला तोड़ने के काम में, महात्माजी उनका सहयोग ले सकते हैं।" इंडियन डेली मिरर ने लिखा—"आंबेडकर राष्ट्रभक्त हैं। भारत को स्वयं शासित सरकार प्राप्त हो ऐसी उनकी इच्छा है।" फ्री प्रेस जर्नल ने लिखा—"डॉ. आंबेडकर जी की स्वतंत्र, निर्भय और स्वाभिमानी वृत्ति अंग्रेज सरकार, हिन्दू और मुसलमानों को स्वीकार्य नहीं है। इनके प्रति इन तीनों में बेचैनी है। बावजूद इसके दलितों को सुरक्षितता दिलाने के लिए वे पूर्णत: समर्थ और योग्य हैं, इस पर अब किसी को शंका नहीं है।"[20]

महात्मा गांधी के मन में डॉ. आंबेडकर के प्रति आस्था थी। इंग्लैंड से वापिस आने के बाद गांधीजी ने बाबासाहेब से मिलने की इच्छा व्यक्त की। यह घटना 9 अगस्त, 1931 की है। 1931 तक गांधीजी की लोकप्रियता परम उत्कर्ष पर पहुँच चुकी थी। गांधी-आंबेडकर भेंट के प्रति सभी में बहुत उत्सुकता थी। गांधीजी की अछूतोद्धार की कल्पना आंबेडकर जी को मान्य नहीं थी। 14 अगस्त, 1931 को इन दोनों की प्रत्यक्ष भेंट हुई। गांधीजी ने पूछा, "आपका कहना क्या है?"

डॉ. आंबेडकर ने कहा, "मैं आपकी बात सुनने आया हूँ। आप ही ने मुझे बुलाया है।"

गांधीजी : "कांग्रेस और मेरे सम्बन्ध में, सुना है, आपकी कई शिकायतें हैं।"

इस पर बाबासाहेब खामोश रहे। गांधीजी ने कहा, "तुम्हारा जब जन्म भी नहीं हुआ था, तब से मैं अछूतों के प्रश्न पर काम कर रहा हूँ। अपनी शिकायत स्पष्ट रूप से कहो।"

डॉ. आंबेडकर : "आपका यह कहना सही है कि मेरे जन्म के पूर्व से आप अछूतों के लिए काम कर रहे हैं। उसमें आप मुझसे बड़े हैं, परन्तु अस्पृश्यता निवारण के कार्य को औपचारिक मान्यता के अलावा आपने और कांग्रेस ने कुछ भी नहीं किया है, यह मेरी शिकायत है।"

"कांग्रेस ने अब तक बीस लाख रुपये अछूतों के लिए खर्च किए हैं।"

"सही है, पर वे सब पैसे पानी में गए।"

"तुम तो कहो, कांग्रेस को करना क्या चाहिए?"

"कांग्रेस का सदस्य होने के लिए आपने खादी की शर्त डाली। वैसी एक शर्त अस्पृश्यता निर्मूलन के सम्बन्ध में आप डाल सकते थे। प्रत्येक कांग्रेस सदस्य एक दलित लड़के को अपने घर में रखे, अथवा अपने घर खाना खाने को बुलाये, अथवा घरेलू कामकाज के लिए दलित स्त्री की नियुक्ति करे। इनमें से एक भी शर्त को जो पूरा करेगा उसे ही कांग्रेस टिकट देगी ऐसी शर्त डाली जा सकती है।" बाबासाहेब बहुत देर तक बोलते रहे। बात सत्य थी परन्तु कटु थी। अन्त में आक्रोश के साथ बाबासाहेब बोले, "महात्माजी मेरी मातृभूमि नहीं है।"

आपकी मातृभूमि है, यही आपकी मातृभूमि है।"

"मैं फिर से कह रहा हूँ कि मेरी कोई मातृभूमि नहीं है।"

गांधीजी ने पूछा, "वह कैसे?"

आंबेडकर जी ने कहा, "जिस देश में हम कुत्तों की भी जिन्दगी नहीं जी सकते, उसे अपनी मातृभूमि कहें क्यों?"[21]

इस चर्चा के समय कई दिग्गज उपस्थित थे। बाबासाहेब के अन्तिम उद्गार से उनके सम्बन्ध में गलतफहमियाँ फैलाई जाने लगीं। उन्हें अराष्ट्रीय कहा जाने लगा। गांधीजी की प्रसिद्धि और प्रतिष्ठा इतनी हो चुकी थी कि उनका कोई विरोध करे यह उनके अनुयायियों को मान्य नहीं था। इस कारण आंबेडकर जी की बदनामी अधिक की जाने लगी। गांधी और आंबेडकर की यह पहली ही भेंट थी। इस भेंट से स्पष्ट हुआ कि दोनों के विचारों में बहुत बड़ा अन्तर है। अब संघर्ष स्वाभाविक था।

दूसरी गोलमेज परिषद के लिए 26 मई, 1932 को वे फिर लन्दन गए। इस समय गांधीजी भी इसमें हिस्सा ले रहे थे। 7 सितम्बर, 1931 को दूसरी गोलमेज

परिषद शुरू हुई। इसमें भाषण करते हुए गांधीजी ने कहा, "कांग्रेस सभी धर्मों और वर्गों की एकमात्र प्रतिनिधि संस्था है। कांग्रेस ने अस्पृश्यता-निर्मूलन और हिन्दू-मुसलमान-एकता को अपना प्रमुख ध्येय निश्चित किया है। इस परिषद में विविध जाति-उपजातियों के प्रतिनिधित्व का प्रश्न था। हिन्दू, मुसलमान और सिखों के स्वतंत्र प्रतिनिधित्व को गांधीजी सहित सभी ने मान्यता दे दी। पर जब अछूतों के विशेष प्रतिनिधित्व का अथवा उन्हें स्वतंत्र प्रतिनिधित्व देने का प्रश्न आया तब गांधीजी ने विरोध किया।" डॉ. बाबासाहेब ने कहा, "गांधीजी की इस घोषणा का अर्थ है अछूतों के हितों के विरुद्ध युद्ध।"[22] इंग्लैंड और भारत के समाचारपत्रों ने इस घटना को लेकर एक ही बात को उभारा कि बाबासाहेब ने गांधीजी का विरोध किया है। गांधी जी का विरोध करनेवाले इस व्यक्ति के प्रति दुनियाभर में उत्सुकता पैदा हुई। लन्दन में बाबासाहेब अनेक विद्वानों और पत्रकारों से मिले। उनका कहना था कि गांधीजी अस्पृश्यता-निर्मूलन का कार्य कर रहे हैं, परन्तु इस कार्य का मूलाधार 'मानवीयता' नहीं 'दयाभाव' है। अस्पृश्य किसी की दया नहीं चाहते। वे समानता का हक चाहते हैं। इधर भारत में उनके प्रति अत्यधिक चिढ़ व्यक्त की जा रही थी। अछूत गांधीजी पर चिढ़ गए थे और सवर्ण आंबेडकर पर। गांधीजी के अंधभक्त बाबासाहेब को 'देशद्रोही', 'भीमासुर', 'चार्वाक', 'आस्तीन का साँप', 'ब्रिटिशों का बगलबच्चा'—ऐसे अनेक दुर्वचनों से संबोधित कर रहे थे। दलित और कांग्रेस में खाई बढ़ती जा रही थी। 29 जनवरी, 1932 को बाबासाहेब अमेरिका होते हुए भारत पहुँचे, बाबासाहेब का भव्य सत्कार किया गया। अनेक स्थानों पर उन्हें मानपत्र दिये गए। इन सभी सभाओं में उन्होंने अपने गांधीविरोध की यथार्थ कल्पना स्पष्ट कर दी। गांधी द्वारा दलितों के स्वतंत्र प्रतिनिधित्व को नकारने से बाबासाहेब को दो मोर्चों पर लड़ाई लड़नी थी। एक मोर्चा अंग्रेजों का था और दूसरा गांधीजी का।"

प्रतिनिधित्व के इस प्रश्न पर राजनीतिक परिस्थिति बेहद तनावपूर्ण बनती जा रही थी। दलितों को स्वतंत्र प्रतिनिधित्व देकर स्पृश्य हिन्दुओं से अस्पृश्य हिन्दुओं को अलग किया जा रहा है ऐसा गांधीजी का कहना था। इंग्लैंड से वापिस आने के बाद ब्रिटिश शासन ने गांधीजी को पुणे के येरवडा जेल में बन्द कर दिया। यहीं से अचानक एक दिन गांधीजी ने घोषणा की कि दलितों को अगर स्वतंत्र चुनाव क्षेत्र दिए गए तो वे आमरण अनशन करेंगे। गांधीजी की घोषणा से देशभर में खलबली मच गई। अत्युच्च नेता से लेकर सामान्य आदमी तक यही सोच रहा था कि आंबेडकर जी के दुराग्रह के ही कारण गांधीजी को अनशन करना पड़ रहा है।

उन पर अनेक दबाव डाले जाने लगे। बाबासाहेब अपनी माँग से हटने को तैयार नहीं थे। उन्होंने कहा, "दलित वर्ग के न्यायपूर्ण हक को मैं छोड़ नहीं सकता चाहे मुझे फाँसी क्यों न हो जाए।"[23]

गांधीजी अनशन के मार्ग से हटने को तैयार नहीं थे। बाबासाहेब भी पीछे आने को तैयार नहीं थे। सम्पूर्ण देशभर में भयानक तनाव पैदा हुआ। अनशन का एक-एक दिन नए-नए समझौतों को लेकर आ रहा था। गांधीजी की जिंदगी और मौत का सवाल था। बाबासाहेब के सुझाव गांधीजी को मान्य नहीं थे और गांधीजी के बाबासाहेब को! पूरे देश भर में बाबासाहेब के और पर्याय रूप में दलितों के खिलाफ वातावरण तैयार हो रहा था। अनशन के कारण गांधीजी की तबियत गिरती जा रही थी। राजगोपालाचारी ने समझौते का अन्तिम मसौदा तैयार किया। गांधीजी ने सहमति दी। इसी बीच बाबासाहेब दो बार गांधीजी से मिलने गए थे। अन्त में समझौते पर हस्ताक्षर हुए। यह समझौता इतिहास में 'पुणे-करार' (1932) के नाम से प्रसिद्ध है। इस समझौते से एक बात सिद्ध हुई कि बाबासाहेब में सहज मानवीयता की वृत्ति कितनी गहराई से है। अब तक उनकी जो प्रतिमा प्रेस ने बनाई थी वह कितनी झूठी और गलत है यह भी सिद्ध हुआ। बाबासाहेब को कठोर, संवेदनशून्य और जिद्दी कहा जाता था, परन्तु गांधीजी के प्राण बचाने हेतु अपने आग्रह को उन्होंने तिलांजलि दी। इस समझौते से यह सिद्ध हुआ कि उनमें सहृदयता, उदारता और दलितों के प्रति कितनी छटपटाहट है।

गोलमेज परिषद के तीसरे अधिवेशन के लिए 7 नवम्बर, 1939 को वे गए। इस तीसरे परिषद में यह निर्णय लिया गया कि देश के प्रत्येक प्रौढ़ व्यक्ति को मतदान का हक देना इस समय सम्भव नहीं है। इन्हीं दिनों गांधीजी मन्दिर-प्रवेश का आन्दोलन शुरू करना चाह रहे थे। इस बहाने दोनों में वर्ण-व्यवस्था पर चर्चाएँ हुईं। गांधीजी वर्ण-व्यवस्था को पूर्णतः नकार नहीं रहे थे। डॉ. बाबासाहेब मन्दिर प्रवेश की ओर एक प्रतीक रूप में देख रहे थे। वे दलितों को बार-बार समझा रहे थे कि वे अंधश्रद्धा से बाहर निकलें। वैज्ञानिक दृष्टिकोण अपनाएँ। परिश्रम, महत्त्वाकांक्षा और वैज्ञानिक दृष्टि, इसके बलबूते पर ही व्यक्ति की प्रगति हो सकती है ऐसा उनका विश्वास था।

1930 से 1932 तक वे तीन बार लंदन जा चुके थे। पिछले कुछ वर्षों से उन्हें विश्राम ही नहीं मिल पा रहा था। 1934 के मई महीने में वे कोल्हापुर के निकट स्थित पन्हाल गड़ पर विश्राम के लिए गए। अब उन्होंने फिर से अपने वकीली

व्यवसाय की शुरुआत की। मुम्बई के विधि महाविद्यालय में अध्यापन के कार्य को भी उन्होंने स्वीकार किया। उनका एक पुराना सपना था—खुद का मकान! अपने विशाल ग्रंथों को रखने के लिए उन्हें एक ऐसे मकान की आवश्यकता थी। मुम्बई के दादर उपनगर में उन्होंने अपना नया मकान बनवाया। नाम रखा 'राज गृह'। इन दिनों उनकी पत्नी रमाबाई बीमार हो गईं। पिछले दस वर्षों में अपने इस सार्वजनिक जीवन के कारण परिवार की ओर ध्यान देने का उन्हें समय ही नहीं मिला। रमाबाई की तबियत सुधारने हेतु वे धारवाड़ चले गए। उनकी पत्नी सुस्वभावी, कर्तव्यदक्ष और सदाचारिणी थीं। दोनों अनेक तनावों से गुजरते थे। अब तक तीन लड़के और एक लड़की गुजर चुकी थी। राजनीतिक और सामाजिक क्षेत्र में अत्यंत निर्भीक और आक्रामक बाबासाहेब पारिवारिक जीवन में अनेक आघात सहते रहे। पत्नी रमाबाई की तबियत दिन-ब-दिन बिगड़ने लगी। छह महीने की बीमारी के बाद 27 मई, 1935 को वे गुजर गईं। पत्नी की मृत्यु के बाद वे बेहद अकेलापन महसूस करने लगे।

2 जून, 1935 को मुम्बई सरकार ने विधि महाविद्यालय के प्राचार्य के रूप में उनकी नियुक्ति की। तीसरे गोलमेज परिषद में जाने के पूर्व पुणे में एक सभा आयोजित की गई थी। इस सभा में हिन्दू-धर्म सम्बन्धी विश्लेषण करते हुए उन्होंने कहा था—" 'देशद्रोही', 'राष्ट्रद्रोही', 'हिन्दूधर्म विध्वंसक'—ऐसा अगर आज किसी को कहा जाता है तो वह मुझे ही। जिस समाज में मेरा जन्म हुआ, जिस समाज में मैं विचरण करता रहा, उसी में मैं मरनेवाला हूँ। मुझे ऐसा अनुभव हो रहा है कि हिन्दुओं के अन्तःकरण निर्जीव होते जा रहे हैं। पत्थर और ईंट की दीवारों की तरह उनके अन्तःकरण हो रहे हैं। ऐसी दीवार पर सिर पटकने से सिर ही फटनेवाला है। हिन्दुओं के मन में परिवर्तन नहीं होगा।"[24] 13 अक्तूबर, 1935 को येवला, जिला नासिक में, दलित समाज की एक बहुत बड़ी परिषद आयोजित की गई थी। दस हजार लोग इस परिषद में उपस्थित थे। इसी परिषद में डॉ. बाबासाहेब ने धर्म-परिवर्तन की अपनी इच्छा व्यक्त की। दलित समाज को वे अब एक नए रास्ते से एक नई मंजिल की ओर ले जाना चाह रहे थे। उन्होंने कहा—"मनुष्यता के सहज और साधारण अधिकार प्राप्त कर लेने के लिए और हिन्दू-समाज को समान दर्जा दिलवा देने के लिए मैं सक्रिय था। मेरे आन्दोलन, लगता है, निरर्थक साबित हो गए। इन आन्दोलनों में समय, पैसा और श्रम बेकार गए। अब इस सम्बन्ध में अन्तिम निर्णय लेने की स्थिति आ चुकी है। हमारे इस पतन और कमजोरी के मूल में हिन्दू-समाज-रचना है। इस कारण जो धर्म हमें समान दर्जा देगा, समान हक देगा

और समानता का आचरण करेगा, ऐसे किसी दूसरे धर्म में जाने की इच्छा क्या नहीं होती?" अपनी आवाज को बुलन्द करते हुए उन्होंने आगे कहा—"हिन्दू धर्म से अपने सम्बन्ध तोड़ो। स्वाभिमान और शान्ति जिस धर्म में हो, वहाँ जाओ। परन्तु याद रखो, जो भी धर्म तुम चुनोगे उसमें समान अवसर, समान आचरण और समान स्तर मिलने ही चाहिए।" भाषण के अन्त में उन्होंने कहा—"मैं अस्पृश्य जाति में जन्मा इसमें मेरा कोई अपराध नहीं था; परन्तु मरते समय मैं हिन्दू के रूप में नहीं मरूँगा।"[25] उनकी इस घोषणा से पूरे देशभर के विचारक चौंक गए। धर्म-परिवर्तन के उनके आग्रह और निर्णय से प्रगतिशील हिन्दू बेचैन हो गए। सनातनियों ने उन्हें और गालियाँ दीं। उन पर कई आरोप किए जाने लगे। ईसाई, मुसलमान, सिख और बौद्ध धर्म के नेता उन्हें घेरकर अपने ही धर्म में आने का आग्रह करने लगे। वे धर्म-परिवर्तन न करें एक ओर से इसके लिए दबाव आ रहे थे तो दूसरी ओर हमारा ही धर्म श्रेष्ठ है इसे वे स्वीकार करें ऐसे आकर्षण भी पैदा किए जा रहे थे।

1935 के कानून के तहत प्रदेशों में चुनाओं की घोषणा हुई। दलितों की लड़ाई को अधिक गतिमान कराने हेतु उन्होंने स्वतंत्र मजदूर पार्टी की स्थापना की। 15 अगस्त, 1936 को टाइम्स ऑफ इंडिया को दिये गए एक साक्षात्कार में उन्होंने कहा—"देश के प्रशासन में प्रत्यक्ष अथवा अप्रत्यक्ष रीति से हिस्सा लेकर प्रशासन को अपने ध्येय के अनुकूल बनाए बगैर इस देश के दलित और शोषित वर्ग के दु:खों को दूर नहीं किया जा सकता। अन्य कोई अपने हित के लिए काम करेगा इस आशा से मजदूर, दलित या शोषित जीते रहेंगे तो उनके लिए कोई कुछ नहीं करेगा। इस कारण स्वतंत्र मजदूर पार्टी की आवश्यकता है।"[26] अब बाबासाहेब दलित शब्द के स्थान पर मजदूर शब्द का प्रयोग कर रहे थे। अपनी पार्टी का विस्तृत घोषणा-पत्र उन्होंने बनाया। 36 से 42 तक स्वतंत्र मजदूर पार्टी के अन्तर्गत पार्टी के नेता के रूप में अनेक जिम्मेदारियाँ वे निभाते रहे। किसान और मजदूरों के प्रश्न, उनके हक आदि के लिए विधिमंडल और उसके बाहर वे संघर्ष करते रहे। मजदूरों की एक सभा के सम्मुख उन्होंने कहा—"दुनिया में दो ही वर्ग हैं—अमीर और गरीब, शोषक और शोषित! तीसरा मध्यमवर्ग है, पर वह बहुत छोटा है। इसलिए किसान और मजदूर अपनी इस स्थिति के कारणों की जाँच करें। जाति-निरपेक्ष बुद्धि से मजदूरों के संघटन की आज अत्यधिक आवश्यकता है।"[27] भारतीय मजदूरों को डॉ. आंबेडकर जी की सबसे महत्त्वपूर्ण भेंट काम के आठ घंटे निर्धारित करने की है।

1935 के कानून के अन्तर्गत चुनाव हुए। 1936 में मंत्रिमंडल घोषित हुआ।

2 जुलाई, 1942 को नए कार्यकारी मंडल के नाम घोषित हुए और डॉ. बाबासाहेब को श्रम-मंत्री के रूप में लिया गया। 14 अप्रैल, 1942 को उनका 40वाँ जन्मदिन मुम्बई और महाराष्ट्र के प्रमुख शहरों में उत्साह से मनाया गया। उनकी विद्वत्ता और सेवा का गुणगान हुआ। इस समय कांग्रेस ने 'भारत छोड़ो' की घोषणा की थी। बाबासाहेब ने कहा—"छोड़ो भारत की अपेक्षा मैं नए भारत की अपेक्षा करूँगा।" इन दिनों आन्ध्र चेंबर ऑफ कॉमर्स ने उन्हें मान-पत्र दिया। 1945 में उनका एक अंग्रेजी ग्रन्थ 'कांग्रेस और गांधी ने अस्पृश्य समाज के साथ कैसे व्यवहार किया' इस विषय पर था। 1940 में 'थॉट्स ऑन पाकिस्तान' यह पुस्तक प्रकाशित हो चुकी थी। इन दोनों पुस्तकों पर खूब चर्चा हुई।

सन् 1938 से ही वे ऐसा महसूस करने लगे कि सार्वजनिक और राजनैतिक कार्यों के लिए अब उन्हें पूर्णत: मुक्त हो जाना चाहिए। इसी कारण मई 1938 में उन्होंने प्राचार्य पद से त्यागपत्र दे दिया। अब वे अपना अधिकाधिक समय दलित समाज के संघटन और विचार-मंथन के लिए दे सकते थे। दिसम्बर 1938 में औरंगाबाद (महाराष्ट्र) में अस्पृश्य सभा के अध्यक्ष रूप में उन्होंने भाषण दिया। जनवरी 1939 में पुणे के 'गोखले अर्थ संस्थान' में उन्होंने पाकिस्तान की निर्मिति को लेकर प्रदीर्घ भाषण दिया। 1939 के अन्त में पाकिस्तान-विषयक उनका ग्रन्थ प्रकाशित हो चुका था। सम्भवत: वे भारत के पहले राजनीतिज्ञ थे जिन्होंने स्वतंत्र पाकिस्तान के प्रश्न को उसकी पूरी यथार्थता के साथ समझा था। झूठे, स्वप्निल और रोमांटिक आदर्शों की अपेक्षा वे कठोर यथार्थ की कसौटियों पर ही समस्या को समझने की कोशिश कर रहे थे। पाकिस्तान एक सच्चाई है, उसे स्वीकार करने में ही सबकी भलाई है, इसे वे 1939 में तर्कशुद्धता के साथ समझा रहे थे। इस ग्रन्थ के कारण वे फिर विवादग्रस्त बने। हिन्दू महासभा उन्हें पहले ही अपना शत्रु मानती थी। अब तो बदनामी के लिए खाद्य ही मिल गया।

1945 के जुलाई में ब्रिटेन में चुनाव हुए। मजदूर पार्टी सत्ता में आई। बाबासाहेब ने इस घटना का स्वागत किया। स्वतंत्रता की लड़ाई अधिक गतिमान होने लगी। इन दिनों स्वतंत्रता के सन्दर्भ में विचार करने हेतु तीन मंत्रियों का एक दल भारत आया। डॉ. बाबासाहेब ने इस सम्बन्ध में अपनी भूमिका स्पष्ट की।

1946 में मंत्रिमंडल बरखास्त किया गया। नए चुनावों की घोषणा हुई। श्रम-मंत्री के रूप में डॉ. बाबासाहेब चार वर्ष तक कार्य करते रहे। श्रम के अलावा सार्वजनिक निर्माण विभाग भी उनकी ओर था। उनके समय ही भारत के प्रमुख

शहरों में हवाई अड्डे बनाए गए! मंत्रिमंडल बरखास्त कर दिये जाने के कारण वे दिल्ली से मुम्बई वापिस लौटे। बचपन से उनकी रुचि शिक्षा के प्रचार-प्रसार में थी। 20 जून, 1946 को उन्होंने सिद्धार्थ कॉलेज की स्थापना की। अंग्रेजों ने अब करीब-करीब यह निर्णय कर लिया था कि वे इस देश की सत्ता इस देश के लोगों के हाथों में सौंपेंगे। स्वतंत्रता के बाद हिन्दू और मुसलमानों को दो स्वतंत्र देश मिलने वाले थे, और छः करोड़ अस्पृश्यों की क्या स्थिति रहेगी यह स्पष्ट नहीं था। इसी बीच संविधान-सभा गठित की गई थी। 29 अप्रैल, 1947 के दिन घटना समिति ने यह घोषित किया कि अस्पृश्यता अब कानूनन बन्द की गई है। 14 जुलाई, 1947 को ब्रिटिश संसद में भारतीय स्वतंत्रता का प्रस्ताव पारित किया गया और संविधान सभा के हाथों सम्पूर्ण अधिकार दिये गए। डॉ. बाबासाहेब संविधान समिति पर बंगाल विधान सभा से चुने गए थे; परन्तु अब बंगाल के विभाजन के कारण उनकी सदस्यता अपने आप रद्द हो गई। संविधान सभा में डॉ. बाबासाहेब जैसे प्रकांड पंडित की आवश्यकता सभी लोग अनिवार्य समझ रहे थे। उन्हें संविधान सभा में प्रतिनिधित्व मिले इसलिए डॉ. जयकर ने त्यागपत्र दे दिया। मुम्बई विधिमंडल कांग्रेस पार्टी ने आंबेडकर जी को चुनकर दिया। स्वतंत्र भारत का प्रथम मंत्रिमंडल बनाने की प्रक्रिया शुरू हुई। नेहरूजी ने आम्बेडकर जी से पूछा कि क्या वे स्वतंत्र भारत के मंत्रिमंडल में विधिमंत्री बनना पसन्द करेंगे? डॉ. आंबेडकर ने स्वीकृति दी।

29 अगस्त, 1947 को संविधान समिति ने संविधान प्रारूप बनाने हेतु एक लेखन समिति बनाई। इस समिति का अध्यक्ष पद डॉ. बाबासाहब को दिया गया। उनकी विद्वत्ता और अब तक के कार्य का यह गौरव था। उनके अब तक के संघर्ष का प्रतिफलन था। "कितना विचित्र संयोग है कि छात्रावस्था में आंबेडकर जी को स्पृश्य हिन्दुओं ने चलती बैलगाड़ी से उतारा था, क्योंकि वे दलित थे। स्कूलों में उन्हें कोने में बिठाया गया था। प्राध्यापक होने के बाद उनका अपमान किया गया था। छात्रावास, उपहारगृह, मन्दिर, यहाँ तक कि नाइयों ने भी नजदीक नहीं आने दिया। उनका स्पर्श वर्जित था। अछूत कहकर उनका अपमान किया था। बाद में ब्रिटिशों का बगलबच्चा कहकर उनकी निंदा की गई! गांधीजी के अनशन के समय उन्हें पाषाणहृदयी शैतान कहा गया था। वही बाबासाहेब आंबेडकर स्वतंत्र भारत के पहले विधिमंत्री हो गए। इतना ही नहीं, भारत की नई मनुस्मृति के निर्माता, आधुनिक मनु के रूप में कीर्ति शिखर पर वे आरूढ़ हो गए। भारत की इच्छा, आकांक्षा और उद्देश्यों को मूर्त रूप देने के लिए स्वतंत्र भारत ने उन्हें संविधान-प्रारूप समिति के

अध्यक्ष पद पर बिठलाया। यह घटना भारतीय इतिहास में एक महान चमत्कार की घटना है। सम्भवत: अनेक युगों से अस्पृश्यता के पाप से मुक्त होने हेतु, हजारों वर्षों से मनुष्यता नकारे गए समाज के एक व्यक्ति को नए मनु और नए स्मृतिकार के रूप में चुना जाना अपने आप में एक विशेष घटना थी। 20 वर्ष पूर्व जिसने मनुस्मृति का दहन किया था, उसी क्रान्तिकारी व्यक्ति को नई स्मृति बनाने के लिए कहना—सवर्ण हिन्दुओं पर नियति द्वारा लिया हुआ प्रतिशोध ही था।"[28]

स्वतंत्र भारत के केन्द्र सरकार के विधिमंत्री और संविधान सभा में कार्य करते हुए भी उनका ध्यान अपने मूल लक्ष्य से विचलित नहीं हुआ था। शिक्षा के प्रचार-प्रसार के लिए उन्होंने पीपल्स एज्युकेशन सोसायटी की स्थापना की थी। उसके विकास के लिए वे प्रयत्नशील थे। औरंगाबाद में एक महाविद्यालय शुरू करने की उनकी इच्छा थी।

इन्हीं दिनों भारत का विभाजन हुआ। मनुष्य की क्रूरता और अमानवीयता का दर्शन दुनिया भर को हुआ। बहुत वर्षों पहले डॉ. बाबासाहेब ने पाकिस्तान को स्वीकार करने का आग्रह किया था। विभाजन की विभीषिका ने यह स्पष्ट किया कि उनकी भविष्यवाणी सच साबित हुई।

सितम्बर 1947 में मुम्बई विधिमंडल ने मुक्त मन्दिर-प्रवेश का कानून पारित किया। पंढरपुर का विट्ठल मन्दिर, आलन्दी का ज्ञानेश्वर मन्दिर और नासिक का कालाराम मन्दिर—महाराष्ट्र के सभी मन्दिर अब सबके लिए खुले हो गए। 1930 में उन्होंने मन्दिर-प्रवेश की माँग की थी। सत्रह वर्ष के अनवरत संघर्ष के बाद उन्हें न्याय मिला था।

1947 के फरवरी महीने में संविधान का कच्चा प्रारूप बाबासाहेब ने स्वीकार किया। इसके लिए वे बीस-बीस घंटे काम कर रहे थे। विश्वभर के जनतांत्रिक तथा अन्य देशों के संविधानों का अध्ययन कर एक नया संविधान वे देना चाह रहे थे। एक ऐसा संविधान जिसमें रंग, वर्ण, वर्ग, भाषा, लिंग, जाति आदि के नाम पर मनुष्य मनुष्य को न नकारता हो। एक ऐसा संविधान जिसमें प्रत्येक को उसके अपने मानवीय अधिकार प्राप्त होते हों। निरन्तर परिश्रम और शारीरिक-मानसिक तनाव के कारण उनका स्वास्थ्य बिगड़ने लगा। उन्हें विश्राम की आवश्यकता थी। इसी कारण वे मुम्बई वापिस आए। पत्नी की मृत्यु के बाद वे बेहद अकेले हो चुके थे। करीब 13 वर्ष वे अकेले ही जूझते रहे थे। उन्होंने यह निश्चय किया था कि वे पुनर्विवाह नहीं करेंगे। परन्तु इन दिनों यह अनुभव तीव्रता से होने लगा कि अब

साथी की आवश्यकता है। तबियत ऐसी हो रही थी कि कहीं अकेले जाना मुश्किल था। जिस अस्पताल में वे विश्राम कर रहे थे, वहाँ पर कुमारी शारदा कबीर नामक डॉक्टर काम कर रही थीं। डॉ. शारदा उनका अधिक ध्यान रखती थीं। उनके प्रति अपार श्रद्धा डॉ. शारदा में थी। वे सुगृहिणी भी थीं। उनके व्यक्तित्व से वे प्रभावित थे। अपने एक मित्र डॉ. कमलाकान्त चित्रे को उन्होंने लिखा—"मेरी तबियत दिन-ब-दिन बिगड़ती जा रही है, वेदनाएँ असह्य हो रही हैं। दिल्ली के प्रतिष्ठित डॉक्टरों का कहना है कि यह वेदनाएँ शायद ही खत्म हों। 'अपने स्वास्थ्य का ध्यान रखनेवाले किसी व्यक्ति की आवश्यकता है'— आपकी इस सूचना पर इन दिनों मैं आस्थापूर्वक विचार कर रहा हूँ। डॉ. कबीर से विवाह करने का मैंने निर्णय लिया है।"[29] 15 अप्रैल, 1948 को आंबेडकर के दिल्ली निवास-स्थान पर यह विवाह हुआ। इस वक्त उनकी आयु 57 वर्ष की थी। उनका 57वाँ जन्मदिन उत्साह से मनाया गया।

केन्द्रीय शासन में काम करते हुए डॉ. आम्बेडकरजी का कांग्रेस पार्टी सम्बन्धी दृष्टिकोण बदला नहीं था। संविधान सभा का काम चल ही रहा था। उसका कच्चा प्रारूप जनमत के लिए खुला कर दिया गया। 315 धाराएँ और आठ परिशिष्टों का यह महत्त्वपूर्ण दस्तावेज था। संविधान की ग्यारहवीं धारा डॉ. बाबासाहेब की दृष्टि से अत्यंत महत्त्वपूर्ण थी। इसी धारा द्वारा अस्पृश्यता को स्थायी रूप से मिटाया गया था। 20 नवम्बर, 1948 को संविधान सभा ने ग्यारहवीं धारा को स्वीकार किया। 30 जुलाई, 1942 से 17 अक्तूबर, 1947 तक संविधान सभा का अधिवेशन चलता रहा। बाबासाहेब के द्वारा बनाए गए कच्चे प्रारूप को कुछ थोड़े परिवर्तनों के साथ स्वीकार किया गया। इन अनेक धाराओं पर देशभर में चर्चाएँ चल रही थीं। कई प्रकार के आरोप किए जा रहे थे! संविधान के गुणों के सम्बन्ध में बोलते हुए उन्होंने कहा—"संविधान में हमने जिन तत्त्वों को सगाविष्ट किया है वे इस पीढ़ी के अपने मत, अपने तत्त्व हैं। इस सभागृह की आकांक्षा उसमें व्यक्त हुई है। संविधान कितना अच्छा या कितना बुरा है, यह शासनकर्ता इसका कैसा उपयोग करते हैं, इस पर निर्भर है।"[30] संविधान सभा में भाषण करते हुए उन्होंने भारतीय जनता को सावधान करते हुए कहा—"विविध राजनीतिक पार्टियाँ अपनी पार्टी का हित राष्ट्रहित की अपेक्षा अधिक महत्त्वपूर्ण मानने लगेंगी तब भारत की स्वतंत्रता खतरे में आ आएगी। दूसरा खतरा व्यक्तिपूजा का है। किसी भी स्थिति में जनता को अपनी स्वतंत्रता किसी भी व्यक्ति के प्रति सौंपनी नहीं चाहिए, चाहे वह व्यक्ति

कितना भी बड़ा क्यों न हो। निरबुद्ध और अन्धी व्यक्तिपूजा देश की स्वतंत्रता को खत्म कर सकती है। तीसरी बात कि जनता को अपने सामाजिक और आर्थिक हितों की सिद्धि के लिए संवैधानिक मार्गों को ही स्वीकार करना चाहिए। असंवैधानिक मार्गों के स्वीकार का अर्थ है, अराजकता का व्याकरण। चौथी बात कि इस देश की जनता केवल राजनीतिक जनतंत्र से सार्थकता अनुभव न करे। सामाजिक समता अगर न हो तो ऐसी स्वतंत्रता का अर्थ होगा मुट्ठीभर लोगों का बहुसंख्यांक लोगों पर राज।"[31] संविधान सभा में उस दिन डॉ. आम्बेडकर 40 मिनट तक बोलते रहे। उनका यह भाषण मधुरता, नम्रता, स्पष्टता, तर्कशुद्धता और राष्ट्र के प्रति रोम-रोम में स्वाभिमान से भरा हुआ तथा देश के प्रत्येक नागरिक के प्रति प्रेम से भरा हुआ था। संविधान सभा के सदस्य पूरी एकाग्रता से इसे सुन रहे थे। 26 नवम्बर को संविधान सभा ने इस संविधान को स्वीकार किया। संविधान सभा के अध्यक्ष डॉ. राजेन्द्र प्रसाद समारोह के भाषण में बोले—"संविधान सभा के लेखन समिति के सदस्यों ने उत्साह, परिश्रम और निष्ठा के साथ अपना कार्य पूरा किया है, इसका एहसास अन्य किसी से भी अधिक मुझे है। विशेषत: लेखन समिति के अध्यक्ष डॉ. आम्बेडकर जी ने अपने स्वास्थ्य की चिन्ता न करते हुए इस कार्य को पूर्ण किया है। लेखन समिति के अध्यक्ष पद पर उनकी नियुक्ति का जो निर्णय लिया गया वह निर्णय कितना सही और अचूक था यह सिद्ध हो चुका है। उनका यह कार्य तेजस्विता का कार्य है।"[32]

एक गांधीवादी साप्ताहिक ने आंबेडकर जी की तुलना बुद्धभक्त उपाली के साथ की। बुद्ध के महानिर्वाण के तीन महीने बाद उपस्थित बुद्ध महासभा में विनय-पिटक लिखने का कार्य उपाली को सौंपा गया था। उपाली जन्म से नाई और ज्ञान से बृहस्पति था।

सनातनियों के साथ का संघर्ष अभी समाप्त नहीं हुआ था। हिन्दू कोड बिल के कारण सनातनी मनोवृत्ति उभरकर आई। अपने तर्कशुद्ध विवेचन और आग्रही भूमिका के कारण संसद में हिन्दू कोड बिल पारित हुआ। अन्तिम मान्यता के लिए वह राष्ट्रपति के पास गया। तत्कालीन राष्ट्रपति डॉ. राजेन्द्रप्रसाद कुछ प्रश्नों पर सनातनी थे। उन्होंने इस विधेयक को वापिस कर दिया। डॉ. आंबेडकर और नेहरू बेचैन हो गए। इस विधेयक पर उन्होंने विशुद्ध मानवता की दृष्टि से विचार किया था। इस सम्पूर्ण विधेयक से वे पूर्णतः सन्तुष्ट नहीं थे। यह विधेयक मूलतः स्त्री-मुक्ति के लिए था। इस देश की व्यवस्था में स्त्री को जो गौण और दूसरी श्रेणी

का स्थान है, उसे समाप्त करना, स्त्री एक मनुष्य ही है और इस कारण मनुष्य के सभी अधिकार उसे प्राप्त करा देने चाहिए—ऐसा डॉ. बाबासाहेब का आग्रह था। पर सनातनी संसद सदस्य, विशुद्ध मानवीयता के प्रतीक गांधीजी के अनुयायी इस विधेयक का विरोध करने लगे। इस पर नीरस चर्चाएँ हुईं। तकनीकी कारण देकर इस विधेयक को नामंजूर करने का प्रयत्न हुआ। इस विधेयक के विरोधक समान नागरी कानून की माँग कर रहे थे। यह विधेयक सिक्खों को लागू न हो, ऐसी सूचना सरदार हुकुमसिंह ने दी। इस विधेयक के कारण स्त्री को तलाक का कानूनन अधिकार प्राप्त होनेवाला था। कामकोटी के शंकराचार्य ने इसका विरोध किया। ऐसी स्थिति में 5 फरवरी, 1951 को उन्होंने यह विधेयक संसद में प्रस्तुत किया। परन्तु राष्ट्रपति द्वारा जब इसको वापिस भेजा गया, उन्होंने मंत्रीपद से त्यागपत्र दे दिया। उनके त्यागपत्र की ओर विद्वानों ने, पत्रकारों ने सहानुभूति से देखा। वे अब मुम्बई वापिस आ गए। वहाँ उनका भव्य स्वागत हुआ।

अक्तूबर 1948 में 'अस्पृश्य कौन थे?' नामक ग्रन्थ अंग्रेजी में प्रकाशित हुआ। इस ग्रंथ में भारतीय समाज-व्यवस्था का बहुत सूक्ष्मता से विवेचन किया गया है। मई 1950 में 'बुद्ध एंड धम्मा' यह ग्रंथ प्रकाशित हुआ। जून, 1950 में औरंगाबाद में, मिलिन्द कॉलेज की उन्होंने स्थापना की। 18 नवम्बर, 1951 को मंत्रीपद से त्यागपत्र देकर वे मुम्बई लौटे। उनकी तबियत अब और खराब हो गई थी। 1952 में संसद के चुनाव घोषित हुए। अनुयायियों के कारण वे 'सेड्युल्ड कास्ट फेडरेशन' की ओर से, समाजवादी पार्टी की सहायता से चुनाव में खड़े हो गए। परन्तु कांग्रेस के काजरोलकर ने उन्हें पराजित किया। उनकी इस पराजय ने यह सिद्ध कर दिया कि चुनाव अन्ततः जुआ है। कुछ ही दिनों बाद मुम्बई राज्य से राज्यसभा के लिए उन्हें चुना गया। वास्तव में उनकी जरूरत लोकसभा में अधिक थी। जून 1952 में कोलम्बिया विश्वविद्यालय ने अपनी 200वीं वर्षगाँठ पर 'डॉक्टर ऑफ लॉज' यह सर्वोच्च उपाधि उनको देने की घोषणा की। इस उपाधि को लेने के लिए वे न्यूयार्क पहुँचे। विश्व के पाँच विख्यात व्यक्तियों को यह उपाधि दी गई। "भारतीय संविधान के शिल्पकार, मंत्रिमंडल के सदस्य, राज्यसभा के सदस्य, एक प्रमुख भारतीय नागरिक, एक महान समाज-सुधारक और मानवीय अधिकारों के लिए संघर्षरत एक पराक्रमी पुरुष।"[33] —सर्वोच्च उपाधि देते समय कोलम्बिया विश्वविद्यालय ने उपर्युक्त शब्दों में उनका गौरव किया था। 12 जनवरी, 1953 को उस्मानिया विश्वविद्यालय, हैदराबाद में उन्हें डी. लिट् की उपाधि दी। 29 अक्तूबर, 1954 को

मुम्बई शहर दलित फेडरेशन ने 1,18,000 रुपयों की थैली देकर उनका गौरव किया।

3 अक्तूबर, 1954 को—'मेरा दर्शन' इस विषय पर उनका आकाशवाणी पर भाषण हुआ। उन्होंने कहा—"शंकराचार्य के दर्शन के कारण हिन्दू समाजव्यवस्था में जाति-संस्था तथा विषमता के बीज बोए गए। मैं इसे नकारता हूँ। मेरा सामाजिक दर्शन केवल तीन शब्दों में रखा जा सकता है। वे शब्द हैं—स्वतंत्रता, समता और बन्धुभाव। मैंने इस दर्शन को फ्रेंच राज्य क्रांति से उधार नहीं लिया है। मेरे दर्शन की जड़ें धर्म में हैं, राजनीति में नहीं। मेरे गुरु बुद्ध के व्यक्तित्व और कृतित्व से मुझे ये तीन मूल्य मिले हैं।"[34]

आंबेडकर जी ने येवला परिषद में धर्म-परिवर्तन की ऐतिहासिक घोषणा 1935 में की थी। परन्तु प्रत्यक्ष धर्म-परिवर्तन 14 अक्तूबर, 1956 को किया। इसका अर्थ है—प्रत्यक्ष धर्म-परिवर्तन के लिए इक्कीस वर्ष का समय लगा। इन इक्कीस वर्षों के बीच करीब पाँच-छः वर्ष पर्यायी धर्म की खोज में गए। इस बीच ईसाई, इस्लाम और सिक्ख धर्म का उन्होंने बहुत सूक्ष्मता से अध्ययन किया। वास्तव में पर्यायी धर्म की खोज बौद्ध धर्म की ही खोज थी। उनके सम्मुख बौद्ध धर्म के अलावा कोई दूसरा पर्याय ही नहीं था। उनकी जीवन-यात्रा वास्तव में धर्म-यात्रा ही थी। उनका जन्म हिन्दू धर्म में, अस्पृश्य जाति में हुआ था, इस कारण उनकी धर्म-यात्रा का पहला हिस्सा अपरिहार्य रूप से हिन्दू और अस्पृश्यता के रूप में ही हुआ। इस पहली यात्रा में वे अस्पृश्यता की आग पर से चल रहे थे। इस आग की दाहकता के कारण हिन्दू धर्म के प्रति उनका गुस्सा बढ़ रहा था। उनके बालमन पर भक्तिमार्ग के संस्कार थे और यह संस्कार बहुत गहरे थे। परन्तु इन संस्कारों में अभिप्रेत मानवता, ममता, समता और करुणा का प्रत्यक्ष अनुभव उन्हें कहीं नहीं हो रहा था। मनुष्यता के स्थान पर तिरस्कार और बन्धुभाव के स्थान पर द्वेष, दंभ, अहंकार और जाति-द्वेष का एहसास ही उनके संवेदनशील और संस्कारशील मन पर हुआ था। बुद्ध के व्यक्तित्व ने उनके अन्तर्मन पर जगह बना ली थी। वे बार-बार बुद्ध की ओर ही खिंचे जा रहे थे। अपने मकान का नाम उन्होंने 'राजगृह' रखा था। औरंगाबाद के कॉलेज का नाम 'मिलिन्द' रखा था।

पिछले कई वर्षों से वे बुद्ध-चरित्र और बुद्ध-दर्शन का अध्ययन कर रहे थे। बुद्ध के नाम से प्रचलित वचनों, प्रवचनों, भाषणों, सम्भाषणों आदि का तथा बौद्ध धर्म पर किए गए भाष्यों, महाभाष्यों, प्रतिभाष्यों, भिकुसंघ के लिए संकलित आचारसंहिता आदि का अध्ययन तथा इस धर्म के पंथभेदों का दुनिया के विभिन्न देशों और भाषाओं

में प्राप्त धर्म-साहित्य का चिकित्सक और धर्म-जिज्ञासा की दृष्टि से वे अध्ययन कर रहे थे। अक्तूबर 1948 में 'शूद्र कौन थे' नामक ग्रन्थ उन्होंने प्रकाशित किया। शूद्र मूलत: बौद्ध थे ऐसा सिद्धान्त इस ग्रन्थ में उन्होंने सिद्ध कर बतलाया था। भारतीय संविधान में उन्होंने बौद्ध धर्म के चक्रांकित राष्ट्र-ध्वज को स्वीकार करने के लिए मजबूर किया था। अशोक स्तम्भ पर शिल्पित तीन सिंहों को स्वतंत्र भारत के बोध-चिह्न के रूप में उन्होंने स्वीकार करवाया था। मई 1950 में महाबोधि सोसायटी के मुखपत्र में उन्होंने एक विस्तृत लेख लिखा। इसी माह 'जनता' पत्र को साक्षात्कार देते हुए उन्होंने स्पष्ट किया था कि वे बौद्ध धर्म को पर्यायी धर्म के रूप में देख रहे हैं। सन् 1950 से 1955 के बीच वे लगातार बुद्ध-चरित्र और बौद्ध धर्म पर व्याख्यान दे रहे थे, लेख लिख रहे थे। सन् 1955 में टोकियो (जापान) में हुए बौद्ध-परिषद के बहाने उन्होंने जापानी बौद्ध पंडितों से सम्पर्क स्थापित किया। बौद्ध परिषद के तीसरे अधिवेशन में वे रंगून (ब्रह्मदेश) गए। ब्रह्मदेश और श्रीलंका ने उनका स्वागत किया। इन्हीं दिनों उन्होंने भारत में 'बुद्धिष्ठ सोसायटी ऑफ इंडिया' (भारतीय बौद्ध जन समिति) नामक एक संस्था की स्थापना की। बौद्ध धर्म स्वीकार करने के बाद इस सोसायटी का रूपान्तर 'भारतीय बौद्ध महासभा' में हुआ। 1956 के आरम्भ में 'बुद्ध एंड धम्मा' इस ग्रन्थ का लेखन उन्होंने पूरा किया। 15 मार्च, 1956 को उन्होंने यह घोषित किया कि वे थोड़े ही दिनों में अपने लाखों अनुयायियों के साथ बौद्ध धर्म में प्रवेश करेंगे। मई 1956 में मुम्बई के नए पार्क की विशाल जनसभा में उन्होंने बुद्ध जयंती मनाई। इसी सभा में उन्होंने घोषित किया कि विजयादशमी के दिन वे धर्मचक्र प्रवर्तन करेंगे। इस सभा का उनका भाषण किसी धर्म संस्थापक के भाषण की तरह था। बौद्ध धर्म के उनके प्रवेश को लेकर देशभर में टीका हो रही थी। इसका उत्तर देते हुए उन्होंने कहा—"लोग कह रहे हैं कि मैं अपने अनुयायियों को विनाश के गड्ढे में ले जा रहा हूँ। वास्तव में मैं अपने अनुयायियों को योग्य रास्ते पर ले जा रहा हूँ। मोजेस जिस प्रकार अपने निर्वासित अनुयायियों को ईजिप्ट से मातृभूमि तक सुरक्षित ले आए, उन्हें एक नया धर्मशासन दिया, ठीक उसी प्रकार अपने अनुयायियों को मैं बुद्ध के धर्म-शासन में वापिस ले जा रहा हूँ। दलितों को मैंने मुक्ति का मार्ग बतलाया है। मैं धर्मवेत्ता हूँ। बौद्ध धर्म के श्रेष्ठत्व को सिद्ध करने की मेरी बौद्धिक ताकत है।"[35]

दीक्षा-विधि की तारीख, मुहूर्त या शुभ समय उन्होंने स्वयं निश्चित किया। भारत में गौतम बुद्ध के पद-स्पर्श से पवित्र अनेक स्थान हैं। परन्तु उन्होंने नागपुर को ही

चुना। इसके मूल में उनकी अपनी दृष्टि थी। नागपुर मूलतः नागभूमि है। आर्यों ने जिन्हें अनार्य घोषित किया, जिन्हें निर्वासित किया, जिन पर शूद्रत्व लाद दिया और जिन्हें बुद्ध ने उनकी अपनी मानवता वापिस दिला दी, उस नागभूमि से जुड़े नागपुर नगर में ऐतिहासिक धर्मचक्र प्रवर्तन हो, ऐसी उनकी धारणा थी।

14 अक्तूबर, 1956 को दीक्षा समारम्भ निश्चित हुआ। महाराष्ट्र के हजारों देहातों, शहरों से और देश के विभिन्न भागों से लाखों दलित नागपुर की ओर निकले। धीरे-धीरे भीड़ बढ़ती गई। 13 अक्तूबर, 1956 को उन्होंने एक पत्रकार परिषद ली। उन्होंने कहा—"मैं भगवान बुद्ध और उनके मूल धर्म की शरण जा रहा हूँ। मैं प्रचलित बौद्ध पन्थों से तटस्थ हूँ। मैं जिस बौद्ध धर्म को स्वीकार कर रहा हूँ, वह नव बौद्ध धर्म या नवयान है।"[36]

14 अक्तूबर, 1956 की प्रातः 9:15 को दीक्षा-विधि शुरू हुई। इसके बाद महास्थवीर चन्द्रमणि और इतर चार भिक्खुओं ने पालि भाषा में डॉ. आंबेडकर और उनकी पत्नी सविता आंबेडकर जी से 'बुद्धं, धम्मम्, संघम्, शरणम्, गच्छामि' ये शरणतय कहलवा लिए। जीव-हत्या, चोरी, असत्य भाषण, अनाचार और मद्य, इनसे दूर रहने के 'पंचशील' कहलवा लिए। इसके बाद आम्बेडकरजी ने एक छोटा-सा निवेदन दिया। विषमता और अत्याचार पर आधारित हिन्दू धर्म का मैं त्याग कर रहा हूँ और ज्ञान, समता और करुणा पर आधारित बौद्ध धर्म को स्वीकार कर रहा हूँ और इस धर्म-प्रसार के लिए अपना सम्पूर्ण जीवन समर्पित कर रहा हूँ। दूसरे दिन अपने नवबौद्ध अनुयायियों के सम्मुख उन्होंने एक प्रदीर्घ भाषण किया। यह भाषण ऐतिहासिक महत्त्व का है। इसमें उन्होंने धर्म-परिवर्तन पर किए गए अनेक आरोपों की विस्तृत समीक्षा की। उन्होंने कहा—"धर्म की आवश्यकता गरीबों को है, पीड़ितों को है। गरीब जीता है आशा के बलबूते पर। जिजीविषा के मूल में आशा ही है। यह आशा अगर नष्ट हो गई तो क्या यह जीवन सम्भव है? धर्म आशा बनाए रखता है। वह पीड़ितों और गरीबों को आशा का सन्देश देता है। अन्य धर्मों में और बौद्ध धर्म में एक मूलभूत अन्तर है। बौद्ध धर्म में ईश्वर और आत्मा के लिए कोई स्थान नहीं है। बुद्ध ने कहा है कि दुनिया में सर्वत्र दुःख है। दुःख में छटपटाते व्यक्तियों को दुःखों से मुक्त करना ही बौद्ध धर्म का मुख्य कार्य है। कार्ल मार्क्स ने भी तो यही कहा है।"[37] अपने अनुयायियों को भी इशारा देते हुए उन्होंने कहा—"करीब 12 सौ वर्षों बाद आज भारत में फिर से धर्मचक्र प्रवर्तन हो रहा है। अगले कुछ वर्षों में हमें सम्पूर्ण देश बौद्धमय करना है। परन्तु इसके लिए हमें अधिक योग्य

बनना होगा। तुम्हें अपनी आदतें बदलनी होंगी। अधिक पवित्र, अधिक शुद्ध और अधिक स्वाभिमानी बनना होगा। इस महान धर्म की भविष्य में बदनामी न हो इसका एहसास तुम्हें रखना होगा।"[38] इसी दिन उन्होंने अपने लाखों अनुयायियों को बौद्ध धर्म की दीक्षा दी।

'बुद्ध और उसका धम्म' इस ग्रन्थ में उन्होंने बौद्ध धर्म की नई व्याख्या की है। ढाई हजार वर्ष की परम्परा में बौद्ध धर्म में कई प्रक्षेप हुए हैं। अवैज्ञानिक और तर्क-विसंगत सिद्धान्त उसमें घुसेड़े गए हैं, ऐसी उनकी धारणा थी। इस कारण परम्पराग्रस्त, रूढ़िग्रस्त, स्थितिशील और भ्रष्ट बौद्ध धर्म को फिर से एक बार शुद्ध कर प्रवाहमान करने की उनकी इच्छा थी। इसी उद्देश्य से उन्होंने प्रस्तुत ग्रन्थ की रचना की। उन्होंने धम्म और धर्म में अन्तर करते हुए यह स्पष्ट किया कि बुद्ध का धम्म पारलौकिकता से जुड़ा हुआ नहीं है। उसका सम्बन्ध स्वर्ग या नरक से नहीं, पृथ्वी से है। यह धम्म वैयक्तिक मोक्ष की बात नहीं करता, सामाजिक मुक्ति का प्रतिपादन करता है। यह धम्म निरीश्वरवादी, भौतिकवादी, अनात्मवादी और परिवर्तनशील है। अपने 45 वर्ष के कार्य काल में स्वयंम् बुद्ध ने अपने विचारों, नियमों तथा संघटनों में सतत परिवर्तन किया था। अपने धम्म को उन्होंने कभी पूर्णविराम नहीं दिया था। बुद्ध ने स्पष्ट भाषा में कहा है, कि ईश्वर और आत्मा यह भ्रमपूर्ण और मूर्खतापूर्ण कल्पनाएँ हैं। स्वर्ग और नरक, प्रार्थना, पूजा, होम-हवन, आहुति करने के लिए किए जानेवाले कर्मकांड अनावश्यक, अज्ञानमूलक और हानिकारक भी हैं। प्रत्येक मनुष्य के जो साध्य हैं, वह इसी धरती पर और इसी जीवन में प्राप्त करना सम्भव है। न किसी बाहरी अथवा अज्ञात शक्ति की प्रेरणा होती है। ईश्वर नहीं है और न कोई उसका मसीहा है।"[39]

15 नवम्बर, 1956 को खाटमांडू में आयोजित बौद्ध धर्म परिषद में हिस्सा लेने हेतु वे गए। वहाँ उन्होंने 'बुद्ध और मार्क्स' इस विषय पर व्याख्यान दिया! इस विषय पर एक ग्रंथ-रचना की वे तैयारी कर रहे थे। बुद्ध और मार्क्स इन दोनों का उल्लेख वे कई बार करते। इन दोनों के विचारों में जो समानता है उसे उन्होंने विस्तार से समझाया है। बी. बी. सी. पर दिये गए एक व्याख्यान (मई 1956) में उन्होंने 'बौद्ध साम्यवाद' शब्द का प्रयोग किया है। साम्यवाद से हिंसा निकाल दें तो बुद्ध ही शेष रह जाता है ऐसी उनकी स्थापना है। इन दोनों के विचारों में केवल मार्ग-भिन्नता ही है, ऐसा उन्होंने सिद्ध किया है। बुद्ध की दु:ख मीमांसा और मार्क्स की शोषण मीमांसा का विस्तृत विश्लेषण उन्होंने किया है। नवम्बर के दूसरे सप्ताह

से उनकी तबियत अधिक बिगड़ने लगी। पिछले कई वर्षों के शारीरिक और बौद्धिक संघर्ष के कारण वे पूर्णत: थक चुके थे। बावजूद इसके लेखन-वाचन जारी था। कई नए ग्रन्थों की रूपरेखाएँ वे बना रहे थे। 1 सितम्बर, 1956 को बुद्धिस्ट आर्ट गैलरी वे देख आए। 2 सितम्बर, 1956 को दलाई लामा के सम्मान में अशोक विहार में जो समारोह आयोजित किया गया था वहाँ वे हो आए। 3 दिसम्बर की शाम प्रसन्नता में गई। उस शाम उनके साले श्री कबीर ने उनकी तस्वीरें खींचीं। उनकी पत्नी सविताजी, श्वसुर कृष्णराव कबीर, डॉ. मालवणकर उस शाम उनके साथ थे। उनके बंगले में बागवानी का काम करनेवाले बीमार नौकर के मकान पर वे पूछताछ करने गए। उस दिन उस नौकर को अपनी जिन्दगी धन्य लगी। 4 दिसम्बर को थोड़ी देर के लिए वे राज्यसभा में उपस्थित थे। शाम को एस. एम. जोशी और आचार्य अत्रे को उन्होंने पत्र लिखे। अपनी नवगठित राजनीतिक पार्टी 'रिपब्लिकन' का विस्तार कैसे सम्भव है इस पर वे सोच रहे थे। पाँच तारीख की रात आठ बजे उन्होंने थोड़ी बेचैनी अनुभव की। बावजूद इसके वे जैन-प्रतिनिधि मंडल से मिले। डॉ. मालवणकर उसी शाम मुम्बई लौटे। पैर के दर्द से वे परेशान थे। उस रात उन्होंने थोड़ा-सा चावल ही खाया। उसके बाद वे 'चलो, कबीर तेरा भवसागर डेरा' यह पद गुनगुनाने लगे। धीरे-धीरे वे अपने कमरे में पहुँचे। रात के करीब सवा ग्यारह बजे चुके थे।

6 दिसम्बर, 1956 सविताजी रोज की तरह उठीं। साढ़े 6 बजे रोज की तरह घूमने के लिए वे अपने पति को जगाने गईं। परन्तु उन्हें चिरनिद्रा लग चुकी थी। भारतीय दलितों में क्रान्ति और ज्ञान का प्रकाश लानेवाले इस तेजस्वी सूर्य का अन्त हो चुका था। सारा देश शोक-सागर में डूब गया। उनके दर्शन के लिए हजारों लोग इकट्ठे होने लगे। परन्तु अन्तिम क्रिया के लिए शव मुम्बई ले जाना जरूरी था। 7 दिसम्बर की शाम (1956) उनको अग्नि दी गई।

उस दिन भदंत आनन्द कौसल्यायन ने कहा, "देश की निरपेक्ष सेवा करके बाबासाहेब निर्वाण को प्राप्त कर गए।" लोकसभा में पंडित नेहरू ने कहा, "हिन्दू समाज के अन्याय और अत्याचार करनेवाली सभी प्रवृत्तियों के विरुद्ध विद्रोह करनेवाले व्यक्ति का नाम है डॉ. आंबेडकर।" उस समय देश भर के सभी क्षेत्रों के व्यक्तियों ने उन्हें श्रद्धांजलि अर्पित की। उनके दाह-संस्कार पर पाँच लाख से अधिक व्यक्ति इकट्ठे हुए थे। वे न केवल भारतीय संविधान के शिल्पकार थे, अपितु हजारों वर्षों में गुलामी के बन्धनों में पीसे गए दलित समाज के मार्गदर्शक भी थे। बुद्ध के

शिष्यों ने कभी बुद्ध से पूछा था, आपका उत्तराधिकारी कौन होगा? बुद्ध ने उत्तर दिया था—'धम्म'। बाबासाहेब का भी यह उत्तर है। अल्ला मा इकबाल ने कहा है :

हर दर्दमन्द दिल को रोना मेरा रुला दे
बेहोश जो पड़े हैं, शायद उन्हें जगा दे।

आंबेडकर की मृत्यु के ग्यारहवें दिन दिल्ली में उनके अनुयायियों की एक विराट सभा हुई। उनकी मृत्यु की जाँच का प्रस्ताव पारित किया गया। 26 नवम्बर, 1957 को लोकसभा में तत्कालीन गृहमंत्री पन्त ने जाँच आयोग की रपट प्रस्तुत की। यह सिद्ध हो गया कि उनकी मृत्यु स्वाभाविक मृत्यु थी। उनकी मृत्यु के उपरान्त उनका महान ग्रन्थ 'बुद्ध एंड हिज धम्मा' प्रकाशित हुआ। इस ग्रन्थ के निष्कर्षों से सनातनी बौद्धों में तीव्र प्रतिक्रियाएँ हुईं।

आंबेडकर जी की समग्र जीवनयात्रा से यह बात स्पष्ट हो जाती है कि उनका संघर्ष 'मनुष्य' की प्रतिष्ठा के लिए था। वे पददलितों के त्राता थे। इस देश के या विदेश के किसी भी व्यक्ति के साथ उनकी तुलना नहीं हो सकती। सम्पूर्ण समाज की उपेक्षा और अपमान को झेलते हुए उनकी यह यात्रा शुरू हुई थी। प्रतिकूल स्थितियों में परिस्थितियों के साथ संघर्ष करते हुए वे राजनीति, ज्ञान और धर्म के क्षेत्र में चरम उत्कर्ष पर पहुँच चुके थे। इस देश की पच्चीस प्रतिशत से अधिक जनता को अस्पृश्यता की शृंखला से मुक्त करवा देना यह मनुष्य इतिहास में घटित एक बहुत बड़ी घटना है। अस्पृश्य जाति का यह व्यक्ति शिक्षा-विशेषज्ञ, अर्थशास्त्रज्ञ, प्राध्यापक, देशभक्त, नेता, संविधान देनेवाला, संशोधक, दलितों का उद्धारकर्ता आदि विशेषणों को प्राप्त कर गया। ढाई हजार वर्ष की ज्ञान की परम्परा जिस समाज के पास है वे डॉ. आंबेडकर जी जैसे व्यक्ति को दे नहीं सके और ढाई हजार वर्ष की अज्ञान की परम्परा जिस जाति को प्राप्त थी उस जाति में आंबेडकर जी जैसी श्रेष्ठ और वैविध्यपूर्ण प्रतिभा का जन्म लेना इस बात को प्रमाणित करता है कि मनुष्य जन्म, जाति या वर्ण से श्रेष्ठ नहीं होता।

सन्दर्भ

1. डॉ. बाबासाहेब आंबेडकर : चरित्र व कार्य, न. म. जोशी, पृ. 2
2. वही, पृ. 3
3. डॉ. आंबेडकर, भालचन्द्र फड़के, पृ. 30

4. डॉ. बाबासाहेब आंबेडकर, प्रभाकर दीघे, पृ. 26
5. वही, पृ. 22
6. डॉ. बाबासाहेब आंबेडकर, धनंजय कीर, पृ. 32
7. भीमरावजी आंबेडकर, खैरमोड, पृ. 66-67
8. डॉ. बाबासाहेब आंबेडकर, धनंजय कीर, पृ. 39
9. डॉ. बाबासाहेब आंबेडकर, धनजय कीर, पृ. 45
10. डॉ. आंबेडकर आणि त्यांचा धम्म, प्रभाकर वैद्य, पृ. 12
11. वही, पृ. 12
12. डॉ. बाबासाहेब आंबेडकर, धनंजय कीर, पृ. 72
13. डॉ. बाबासाहेब आंबेडकर, भालचन्द्र फड़के, पृ. 91-92
14. डॉ. बाबासाहेब आंबेडकर, भालचन्द्र फड़के, पृ. 97
15. डॉ. बाबासाहेब आंबेडकर, धनंजय कीर, पृ. 113
16. डॉ. बाबासाहेब आंबेडकर, चरित्र व कार्य, न. म. जोशी, पृ. 34
17. डॉ. बाबासाहेब आंबेडकर, भालचन्द्र फड़के, पृ. 131
18. वही, पृ. 131
19. डॉ. बाबासाहेब आंबेडकर : चरित्र व कार्य, न. म. जोशी, पृ. 39
20. डॉ. बाबासाहेब आंबेडकर : धनंजय कीर, पृ. 175
21. वही, पृ. 177-178
22. डॉ. बाबासाहेब आंबेडकर, न. म. जोशी, पृ. 47
23. वही, पृ. 49
24. डॉ. बाबासाहेब आंबेडकर, धनंजय कीर, पृ. 262
25. वही, पृ. 263
26. डॉ. वाबासाहेब आंबेडकर, भालचन्द्र फड़के, पृ. 192
27. वही, पृ. 203
28. डॉ. बाबासाहेब आंबेडकर, धनंजय कीर, पृ. 411
29. वही, पृ. 418
30. वही, पृ. 428
31. वही, पृ. 428-430
32. वही, पृ. 430
33. वही, पृ. 455
34. वही, पृ. 475
35. डॉ. आंबेडकर आणि त्यांचा धम्म, प्रभाकर वैद्य, पृ. 94
36. वही, पृ. 99
37. डॉ. आम्बेडकर, भालचन्द्र फड़के, पृ. 275
38. डॉ. आंबेडकर आणि त्यांचा धम्म, प्रभाकर वैद्य, पृ. 106
39. वही, पृ. 135

डॉ. आंबेडकर के सामाजिक विचार

डॉ. बाबासाहेब आंबेडकर जी के सामाजिक विचारों को जानने के दो महत्त्वपूर्ण स्रोत ग्रन्थ रूप में उपलब्ध हैं। 13 मई, 1913 को कोलम्बिया विश्वविद्यालय के मानववंश शास्त्र विभाग द्वारा आयोजित एक संगोष्ठी में प्रस्तुत उनका एक आलेख जो बाद में ग्रन्थ रूप में प्रकाशित हुआ, इस आलेख का शीर्षक था—'भारतीय जाति : उत्पत्ति, विकास और कार्यपद्धति'। दूसरा स्रोत लाहोर 'जात-पांत तोड़क मंडल' द्वारा आयोजित एक परिषद् के अध्यक्ष रूप में दिया गया व्याख्यान (परन्तु जो व्याख्यान दिया ही नहीं गया)। इसका विषय था, हिन्दुओं की जातिप्रथा : उसे नष्ट करने के उपाय'। इसके अलावा दो अन्य ग्रन्थों का आधार भी जरूरी है। 'शूद्र कौन थे?' और 'अस्पृश्य कौन थे? और वे अस्पृश्य कैसे बने?' इस प्रकार उपर्युक्त दो आलेखों और दो ग्रन्थों के आधार पर उनके सामाजिक विचारों को जाना जा सकता है।

अपने पहले आलेख में उन्होंने भारतीय समाज-व्यवस्था का ऐतिहासिक विश्लेषण किया है। भारतीय समाज आर्य, द्रविड़, मंगोलियन, शीथियन, इन वंशों के मिश्रण से बना है। इसमें से प्रत्येक वंश आक्रामक बनकर आया और यहीं स्थिर हुआ। इन चारों वंशजों में एकजीवता नहीं आ सकी। परन्तु उनमें सांस्कृतिक एकता आ सकी। और इसी सांस्कृतिक एकता के कारण भारतीय जाति-व्यवस्था का विश्लेषण अत्यधिक कठिन है—ऐसा उनकी स्थापना है। जाति एक स्वयं मर्यादित संस्था है। उसमें भोजनादि सामाजिक व्यवहार पर बन्धन डाले जाते हैं। जाति-अन्तर्गत विवाह-बन्धन के कारण ही जाति-व्यवस्था सुरक्षित रह सकी है, इसे उन्होंने स्पष्ट किया है। जाति के अन्तर्गत विवाह का यह बन्धन भूतकाल में भी कठोर था और आज भी है। विवाह का यह बन्धन तब तक पाला जा सकता है जब तक उस जाति में स्त्री-पुरुषों की संख्या में बहुत बड़ी खाई नहीं होती। पुरुषों की

तुलना में अगर स्त्रियों की संख्या अधिक हो तो जाति-अन्तर्गत विवाह का नियम निभाया नहीं जा सकता। अथवा किन्हीं अन्य कारणों से स्त्रियों की संख्या बढ़ गई तो? इसके लिए परम्परा ने दो मार्ग बतलाये। एक मृत पति के साथ स्त्री को चिता पर जला दिया जाए। इससे स्त्री-पुरुष संख्या में विषमता नहीं आ सकती। परन्तु प्रत्येक स्थान पर इस पद्धति को अपनाया नहीं जा सकता। उस विधवा को बिना विवाह के रखना भी धोखा है क्योंकि वह जाति से बाहर के व्यक्ति से विवाह कर सकती है। इस कारण उसे जला देना जरूरी है। अथवा जिन्दगी-भर वैधव्य अनिवार्य कर दिया जाए। अनादि काल से स्त्री की तुलना में पुरुषों को समाज-व्यवस्था में विशेष स्थान प्राप्त हुआ है। इस कारण पुरुषों ने स्त्रियों पर ही अधिक बन्धन डाले हैं। मृत पत्नी के साथ पुरुष को जलाने की व्यवस्था इसी कारण सम्भव नहीं थी। पुरुष जाति के लिए अधिक उपकारक होता है। वह अपनी जाति की सन्तति पैदा कर सकता है। इस कारण जो बन्धन विधवा स्त्री पर डाले गए वे पुरुष पर नहीं डाले गए। उसके लिए संन्यास का एक मार्ग उपलब्ध था ही। इस प्रकार स्त्री-पुरुषों की संख्या समान रखने के लिए हिन्दू-परम्परा ने चार मार्ग सुझाए हैं : (1) मृत पति के साथ स्त्री को जला देना, (2) मृत्यु तक वैधव्य लादना, (3) विधुर पर ब्रह्मचर्य लादना, (4) कम उम्र की लड़की का विवाह अधिक उम्र के पुरुष के साथ करना। इन बन्धनों के कारण जाति-व्यवस्था अधिक मजबूत होती गई। आगे के काल में इन सभी बन्धनों का उदात्तीकरण किया गया। अपने इस सिद्धान्त को अनेक प्रमाणों सहित स्पष्ट करते हुए डॉ. बाबासाहेब यह सिद्ध करते हैं, "जाति-अन्तर्गत विवाह ही जाति-व्यवस्था को सुरक्षित रखने के लिए कारणीभूत हैं।"[1]

इसी आलेख में वे एक अन्य सामाजिक सिद्धान्त को गलत साबित करते हैं। "व्यक्ति-समूह से समाज बनता है यह एक बहुत ही स्थूल और मामूली वक्तव्य है। समाज कभी भी व्यक्ति से नहीं बनता, वह वर्ग से ही बनता है। प्रत्येक समाज में वर्ग अस्तित्व में होते हैं। वर्ग-रचना के मूल में निहित कारण अलग-अलग होते हैं। कभी आर्थिक, कभी बौद्धिक, कभी राजनीतिक कारणों से वर्ग बनते हैं। व्यक्ति किसी-न-किसी वर्ग की इकाई बनकर ही जीना चाहता है। यह एक वैश्विक सत्य है। हिन्दू समाज भी इसके लिए अपवाद नहीं है। इस नियमानुसार वर्ग जाति में रूपान्तरित होते गए। वास्तव में 'जाति और वर्ग', यह आमने-सामने रहनेवाले पड़ोसी की तरह होते हैं। बहुत मामूली भेदों के कारण उनका अस्तित्व भिन्न-भिन्न लगता है। वस्तुतः जाति एक स्वयं मर्यादित वर्ग है।"[2]

वे यह प्रश्न उठाते हैं कि वह कौन-सा पहला वर्ग था जो जाति में रूपान्तरित हुआ? दूसरे शब्दों में जाति-व्यवस्था का जनकत्व किस वर्ग को दिया जाए। अनेक प्रमाण देते हुए वे यह सिद्ध करते हैं कि आरम्भ में ब्राह्मण वर्ग जाति में बदल गया। इसी ब्राह्मण वर्ग ने इस देश की गरीब जनता पर जातिप्रथा को लादा, ऐसी उनकी स्थापना है। सैकड़ों वर्षों से वर्ग जाति में परिवर्तित होने की प्रक्रिया चल रही थी। वे यह भी स्पष्ट करते हैं कि मनु जाति-व्यवस्था का जन्मदाता नहीं है। मनु के सैकड़ों वर्ष पूर्व जाति-प्रथा अस्तित्व में थी। मनु इस व्यवस्था को एक दार्शनिक धरातल पर ले जाकर शास्त्र रूप देता है। जाति से सम्बन्धित नियमों का मनु ने केवल संकलन किया है। जाति का प्रचार-प्रसार किसी व्यक्ति या वर्ग द्वारा सम्भव ही नहीं है। वास्तव में जाति की मानसिकता जाति-अन्तर्गत विवाह के कारण अधिक मजबूत होती गई है। विदेशी विद्वान जाति की निर्मिति के मूल में पाँच कारण मानते हैं : (1) व्यवसाय, (2) वर्गीय संस्था के अवशेष, (3) नई श्रद्धा का उदय, (4) मिश्र जातीय सन्तति, (5) विस्थापित हो जाना। डॉ. बाबासाहेब इन कारणों को निमित्त मात्र मानते हैं। केवल इन कारणों से ही जातिव्यवस्था का उदय हुआ यह उन्हें मान्य नहीं है। उनके अनुसार प्राचीन भारत में चार वर्ग थे : (1) ब्राह्मण अथवा उपाध्याय वर्ग, (2) क्षत्रिय अथवा सैनिक वर्ग, (3) वैश्य अथवा व्यापारी वर्ग, (4) क्षुद्र अथवा किसान और श्रमिकों का वर्ग। इन चार वर्गों में से व्यक्ति अपनी पात्रता के अनुसार वर्ग बदल सकता था। इतिहास के किसी कालखंड में उपाध्याय वर्ग ने इतर जनता से खुद को अलग कर लिया। श्रम-विभाग के तत्वानुसार शेष जनता का भी विभाजन हुआ। इस कारण कुछ वर्ग बहुत बड़े और कुछ बहुत ही छोटे हो गए। वैश्य और शूद्र जातियों में आदिम वर्ग या जाति के अनेक सांस्कृतिक संकेत आज भी मिलते हैं। इन दो वर्गों को अनेक जातियों में बाद में विभाजन हुआ। क्षत्रियों का विभाजन शासक और सैनिक इन दो उपविभागों में ही हुआ। यह उपविभाग स्वयं मर्यादित वर्ग बन गए। इन्हीं को जाति कहा जाने लगा। यहाँ वे प्रश्न उठाते हैं कि इन जातियों में इतर वर्गों का प्रवेश बन्द कर जाति-अन्तर्गत विवाह का बन्धन डाल लेने के लिए क्या इन्हें मजबूर किया गया अथवा क्या स्वेच्छा से उन्होंने अपने दरवाजे बन्द कर लिए? इस प्रश्न का वे खुद उत्तर देते हैं कि "कुछ ने खुद अपने दरवाजे बन्द कर लिए और कुछ को यह अनुभव हुआ कि उनके लिए दरवाजे बन्द हो चुके हैं। पहली स्थिति मनोवैज्ञानिक है और दूसरी यांत्रिक। पर ये दोनों परस्पर पूरक हैं। अपने दरवाजे प्रथमत: ब्राह्मणों ने बन्द किए, ऐसी उनकी

स्थापना है। ब्राह्मणों ने इसकी शुरुआत की। इस कारण अन्य वर्गों या जातियों ने धीरे-धीरे इसको स्वीकार किया। अनुकरण की प्रवृत्ति मनुष्य की मूल प्रवृत्ति है। वॉल्डर बॅग हॉट ने कहा है कि अनुकरण प्रवृत्ति ऐच्छिक अथवा सोच-समझकर पैदा की जाती है, ऐसा समझना ही भ्रमपूर्ण है। यह प्रवृत्ति अचेतन मन में होती है। अचेतन मन की यह इच्छा प्रत्यक्ष प्रकट होने तक व्यक्ति को समझ में ही नहीं आता कि क्या हुआ है। इस प्रकार अनुकरण द्वारा जातियाँ अधिक बन्दिस्त होती गईं। उनके और भी भेद-उपभेद होते गए। अनुकरण के सम्बन्ध में दूसरा सत्य यह है कि (1) जिसका अनुकरण किया जाता है उसकी प्रतिष्ठा समाज में सम्मान की होनी चाहिए, (2) उस समाज के लोगों का परस्पर सम्बन्ध नित्य होना चाहिए। इस सिद्धान्त के आधार पर वे यह स्पष्ट करते हैं कि भारतीय समाज-व्यवस्था में ब्राह्मणों को अत्यधिक आदर का स्थान प्राप्त था। वह देव ही नहीं भूदेव कहलाते थे। उनका नित्य सम्बन्ध समाज के इतर जनों से रहता था। इस प्रकार वर्ग जाति में बदलते गए। जाति-अन्तर्गत विवाह के बन्धन के कारण वे अधिक स्थितिशील बन गए। इस पूरी प्रक्रिया में ब्राह्मणों का महत्त्व बढ़ता गया। बाद में इसके अनुकूल शास्त्रग्रन्थ बने। जाति-अन्तर्गत नियमों की कठोरता ब्राह्मण वर्ग में सर्वाधिक थी। विवाह के सम्बन्ध में यह कठोरता उनमें अधिक पाई जाती थी। यह कठोरता धीरे-धीरे वर्ण और जाति के क्रमानुसार कम होने लगती है। ब्राह्मणों के बाद क्षत्रियों में जाति-अन्तर्गत विवाह, वैधव्य और सतीप्रथा को कठोरता से पाला जाता था। वृद्ध-विवाह और बाल-विवाह इनमें अधिक थे। परन्तु इनके नीचे की जातियों में इतनी कठोरता नहीं मिलती है। जाति-पद्धति को बनाए रखने के लिए बनी प्रथाओं का विरोध जरूरी हो जाता है। जाति के सामाजिक, धार्मिक और आर्थिक नियमों के विरोध में अगर विद्रोह शुरू हुआ तो सम्पूर्ण विषम व्यवस्था ही नष्ट होने की सम्भावना होती है। इस कारण जाति से बहिष्कार की आवश्यकता महसूस हुई। प्रत्येक जाति इतनी बन्दिस्त होने लगी कि उसने अपने दरवाजे औरों के लिए बन्द कर दिये। किसी जाति में से अगर कोई विद्रोह करता और इतर जाति के कई उसके अनुयायी हो जाते तो उन सबके लिए उनकी अपनी जाति के दरवाजे बन्द हो जाते। इन्हें बहिष्कृत किया जाता। परिणामस्वरूप इन विद्रोहियों की एक नई जाति बनती। इस प्रकार जातियों की संख्या में बढ़ोतरी होती गई है।

जाति का आधार 'श्रद्धा' है। अपने-अपने दड़बों में बन्द ये जातियाँ औरों के लिए अपने दरवाजे भले ही बन्द कर रखती हों, तो भी इन सबमें एक गम्भीर

प्रकार की सांस्कृतिक एकता है। एक वृहद सांस्कृतिक एकता रखनेवाले समाज का एक छोटा-सा टुकड़ा जाति है। जाति की शुरुआत करनेवाली पहली एक जाति है। अनुकरण और बहिष्कार के कारण वर्गों का रूपान्तरण जाति में होता गया।

इस प्रकार अत्यन्त दुरूह, क्लिष्ट और अनेक गुत्थियों में फँसे हुए भारतीय समाज रचना की उत्पत्ति का सिद्धांत डॉ. आंबेडकर जी ने बहुत परिश्रम के साथ प्रस्तुत किया है। अपने इस आलेख के अन्त में वे पूरी नम्रता के साथ कहते हैं कि उनके निष्कर्ष ठोस नींव पर खड़े हैं। पर ये निष्कर्ष अन्तिम नहीं हैं। शोध की एक दिशा की ओर यहाँ संकेत किया गया है, ऐसा वे कहते हैं।

लाहौर में आर्य समाज के तत्वावधान में जात-पाँत तोड़ मंडल कई वर्षों से कार्यरत था। इस समिति के गोपीचन्द नारंग और हरभगवान ने बाबासाहेब से यह निवेदन किया कि वे उनके अधिवेशन की अध्यक्षता करें। डॉ. बाबासाहेब ने इस निमंत्रण को स्वीकार कर, अपने स्वभाव के अनुसार काफी परिश्रम के साथ एक आलेख तैयार किया। इस आलेख को उन्होंने सभा सचिव के पास भेज दिया। इस आलेख में आर्यसमाज के वर्ण-व्यवस्था विषयक विचारों पर प्रहार किया गया था। जाति और वर्ण-व्यवस्था तोड़ने की आर्यसमाज की पद्धति से उनके गम्भीर मतभेद थे। इस आलेख को पढ़ने के बाद लाहौर के आर्यसमाजियों ने यह निर्णय लिया कि इसमें कुछ संशोधन हो। आलेख में आर्य समाज पर लगाये गए आरोप वापिस लिए जाएँ। डॉ. बाबासाहेब इस प्रकार के बौद्धिक समझौते के विरुद्ध थे। इस सम्बन्ध में परिषद् के सचिव से उनका लम्बा पत्र-व्यवहार हुआ। किसी भी स्थिति में अपने आलेख में परिवर्तन करने को वे तैयार नहीं थे। उनके अनुसार उनके निष्कर्षों का तर्कों द्वारा उत्तर दिया जा सकता है। उनकी अभिव्यक्ति-स्वतंत्रता का संकोच उन्हें मान्य नहीं था। आर्यसमाजी भी समझौता करने को तैयार नहीं थे। वास्तव में यह समझौता भी नहीं था, अभिव्यक्ति की स्वतंत्रता का यह प्रश्न था। परिणामतः परिषद् ने 'जात-पाँत तोड़ो' अधिवेशन के अध्यक्ष के रूप में डॉ. बाबासाहेब के चुनाव को ही रद्द कर दिया। 15 मई, 1936 को डॉ. बाबासाहेब ने एक पत्र में लिखा—"अध्यक्ष के विचार स्वागत समिति को पसन्द नहीं थे, इसलिए अध्यक्ष की ही नियुक्ति रद्द कर देना यह विश्व इतिहास की शायद पहली ही घटना हो। सवर्ण हिन्दू मुझे इस सभा का अध्यक्ष-पद दे रहे थे और उसे मैं स्वीकार कर रहा था, यह भी मेरे जीवन की पहली घटना थी; परन्तु उसका समापन इस प्रकार नियुक्ति रद्द होने में हुआ।"[3]

58 पृष्ठ के इस आलेख में बहुत विस्तार के साथ हिन्दू समाज-रचना का विश्लेषण किया गया है। इस समाज-रचना में स्थित विषमता को समाप्त कर उसकी पुनर्रचना के सम्बन्ध में मौलिक सुझाव दिये गए हैं। अब तक के सभी समाज-सुधारकों के प्रयत्नों का मूल्यांकन भी इसमें किया गया है। श्री मधु लिमये ने इस आलेख को "समतावादी समाज-व्यवस्था का एक मौलिक घोषणा-पत्र कहा है।"[4] फ्रेंच राज्यक्रान्ति के घोषणा-पत्र की तरह इसका भी महत्त्व है, ऐसी विद्वतजनों की मान्यता है।

कांग्रेस द्वारा आरम्भ की गई सामाजिक सुधार परिषद् की कठोर समीक्षा करते हुए वे कहते हैं कि विषम समाज रचना भावुकता अथवा आदर्शों से समाप्त होनेवाली नहीं है। इसके लिए परिवर्तित मानसिकता और ठोस कार्यक्रमों की आवश्यकता है। हिन्दुओं के 'पारिवारिक सुधार आन्दोलन' और 'हिन्दू समाज पुनर्रचना के आन्दोलन'—ऐसा स्पष्ट वर्गीकरण वे करते हैं। आज तक के (1935 तक) आन्दोलन केवल पारिवारिक प्रश्नों को सुलझाने के लिए ही किए गए। सम्पूर्ण समाज की पुनर्रचना की बात कहीं की ही नहीं गई, इसे वह स्पष्ट करते हैं। "विधवा-विवाह, वृद्ध-विवाह, बाल-विवाह आदि सुधारों का सम्बन्ध 'व्यक्ति' और 'परिवार' के साथ है, समाज रचना के साथ नहीं है। उच्चवर्णियों की रुचि पारिवारिक सुधारों में ही अधिक रही। इसी में उनके हित सम्बन्ध सुरक्षित रहे। जाति या वर्णभेद नष्ट करने की आवश्यकता उन्हें महसूस ही नहीं हुई। जाति और वर्ण के कारण उपेक्षित समाज की यातना को वे समझ ही नहीं पाये। विधवा-विवाह, वृद्ध-विवाह आदि स्त्री विषयक समस्याएँ उनके अपने वर्ण में ही अधिक कठोर थीं, इस कारण उनके सामाजिक सुधार उनके वर्ण तक ही सीमित रहे। समाज-रचना में परिवर्तन हो, इस प्रकार की दृष्टि अंग्रेजों की सत्ता यहाँ आने के बाद ही पनपी। जाति-व्यवस्था के मूल में श्रम-विभाजन का सिद्धान्त काम कर रहा है, ऐसी स्थापना आर्यसमाजियों की रही है। डॉ. आंबेडकर जी ने कहा—"जाति-संस्था केवल श्रम-विभाजन नहीं है, वह श्रमिकों का भी विभाजन है। केवल श्रमिकों का विभाजन करके ही वह रुकती नहीं, अपितु श्रमिकों के एक-एक समूह को वह नीचे से ऊपर की ओर, एक-दूसरे पर रखती जाती है और सबसे भयंकर बात यह है कि यह क्रमबद्धता जन्म के आधार पर हमेशा के लिए चिपका दी जाती है। विश्व के किसी भी देश में श्रम-विभाजन को श्रमिकों के सामाजिक स्तर के साथ चिपकाया नहीं गया है।"[5]

उद्योग-व्यवसाय चुनने की स्वतंत्रता इस समाज-रचना ने नहीं दी है। अपनी

भीतरी ऊर्जा-शक्ति के अनुरूप उद्योग-व्यवसाय चुनने की स्वतंत्रता समाज और व्यक्ति की कार्यक्षमता की दृष्टि से अत्यन्त जरूरी है। इस प्रकार के चुनाव की स्वतंत्रता को ही हिन्दू समाज ने छीन लिया है। बात केवल यहीं तक सीमित नहीं है, अपितु श्रम के अनेक व्यवसायों को परम्परा ने घृणास्पद घोषित किया। न केवल उन व्यवसायों को, अपितु उन व्यवसाय करनेवाली जातियों को भी घृणा और तिरस्कार से देखा है। इस कारण मनुष्य की ऊर्जा शक्ति, उसकी संवेदनक्षमता ही नष्ट होती गई। जब सम्पूर्ण समाज किसी समूह को तिरस्कार, उपेक्षा और अस्पृश्य के रूप में देखता है तो उस समूह का संवेदनशून्य बनना एक स्वाभाविक प्रक्रिया है। इस कारण एक आर्थिक संस्था की दृष्टि से भी वे जाति संस्था को एक विशेष जहरीली संस्था के रूप में देखते हैं। एक ऐसी संस्था जो मनुष्य की प्राकृतिक ऊर्जाशक्ति और संवेदनक्षमता को तथाकथित सामाजिक नियमों में जकड़कर खत्म कर देती है।

जाति और वर्ण के संरक्षण के लिए कुछ लोग जीवशास्त्र का आधार लेते हैं। जीवशास्त्र विषयक अनेक वैज्ञानिकों के सिद्धान्तों का आधार लेते हुए वे वंशवाद का खंडन करते हैं। प्रो. बेटसन के 'मेंडवेस् प्रिंसिपल्स ऑफ हेरीडिटी' ग्रन्थ से उद्धरण देते हुए वे वंश-सिद्धान्तों का खंडन करते हैं। वे लिखते हैं—"जाति पद्धति आधुनिक सन्ततिशास्त्र का मूर्त रूप नहीं है, उलटे जन्मत: जिन्हें श्रेष्ठ सामाजिक स्थान मिला था ऐसे कुटिल और स्वार्थी हिन्दुओं की उद्दामवृत्ति का मूर्त रूप ही जाति संस्था है।"[6] हिन्दू समाज की मानसिकता का विश्लेषण करते हुए वे यह स्पष्ट करते हैं कि आदर्श हिन्दू वही कहलाता है जो अपने दड़बे में चूहे की तरह सुरक्षित रहता है। किसी भी बाहरी प्रभाव को वह स्वीकार नहीं करता। इसके परिणामस्वरूप ही हिन्दू अखंड एकसंघ और राष्ट्रवादी नहीं बन सका है। केवल रूढ़ियों और श्रद्धाओं की समानता से राष्ट्र एक नहीं होता। उस राष्ट्र में स्थित वस्तुओं पर सबका अधिकार हो तो ही राष्ट्रीयत्व का एहसास बढ़ता है। यहाँ तो मन्दिर से लेकर कुएँ तक प्रत्येक के अपने-अपने स्वतंत्र हैं। सभी के अधिकार की चीजें यहाँ नाम मात्र हैं। तो फिर राष्ट्रीयत्व कैसे सम्भव है? दूसरी महत्त्वपूर्ण बात सहभाग की है। कार्य धार्मिक हो या सामाजिक या राष्ट्रीय, प्रत्येक को समान रूप से भाग लेने की स्वतंत्रता होनी चाहिए। 'स्वतंत्रता है' ऐसा एहसास प्रत्येक को होना चाहिए। यह एहसास ही राष्ट्रीयत्व की अभिवृद्धि के लिए कारणीभूत होता है। इन दोनों बातों का अभाव हिन्दू धर्म में है।

हिन्दुओं का साहित्य कुछ विशिष्ट वंशों के गान से भरा हुआ है। एक जाति

की श्रेष्ठता बतलाते-बतलाते दूसरी जाति की निन्दा की गई है। एक की महानता बतलाते हुए दूसरे की निकृष्टता यहाँ स्पष्ट की जाती है। इस कारण एक जाति दूसरी जाति को अपना शत्रु मानती है। इस तरह—"हिन्दू समाज केवल जाति की क्रमबद्धता ही नहीं है अनेक शत्रु गुटों का वह समूह है।"[7]

जाति-व्यवस्था से जो दोष हिन्दू समाज में आए उसका विस्तृत विश्लेषण करते हुए वे यह सवाल उठाते हैं कि क्या इन दोषों से हम मुक्त हो सकते हैं? जाति-व्यवस्था नष्ट कैसे की जा सकती है? जाति-व्यवस्था नष्ट करने के लिए सर्वप्रथम उपजातियाँ नष्ट करनी चाहिए, ऐसी एक धारणा है। यह धारणा कैसे गलत है इसे वे स्पष्ट करते हैं। उपजातियाँ नष्ट करने के इस प्रयत्न में जातियाँ अधिक मजबूत और शक्तिशाली बनेंगी इसे वे सप्रमाण सिद्ध करते हैं। कुछ लोग आन्तरजातीय सहभोजन की कल्पना रखते हैं। उनके अनुसार यह उपाय भी अधूरा है।

'आन्तरजातीय विवाह'—यही एक मात्र उपाय जाति-व्यवस्था तोड़ने के लिए है, ऐसा वे सुझाते हैं। रक्त सम्बन्धों के कारण ही आत्मीयता की भावना तैयार होती है। इसी कारण आन्तरजातीय विवाह अधिकाधिक होते जाएँ तो जाति के बन्धन कमजोर होते जाएँगे। एक-दूसरे के प्रति अधिक आत्मीयता तैयार होती जाएगी। जाति-व्यवस्था मनुष्य-निर्मित है, वह नष्ट की जा सकती है। जाति एक काल्पनिक व्यवस्था है, एक मानसिक वृत्ति है। किसी की मानसिकता को बदलना आसान काम नहीं है। हिन्दू जाति का पालन करते हैं, इसका एक मात्र कारण यह है कि हिन्दू मूलतः धार्मिक हैं। जाति को धार्मिकता से जोड़ा गया है। मूल धर्म ने ही एक गलत अमानवीय व्यवस्था का समर्थन किया है। शास्त्रों में जाति-धर्म की परम्परा को बनाए रखा है। शास्त्रों की हँसी उड़ाकर यह व्यवस्था खत्म होने वाली नहीं है। इसके विरोध में प्रखर बुद्धिवाद और समतावादी समाज-रचना के प्रति प्रतिबद्धता की नितान्त आवश्यकता है। जाति और वर्णाधिष्ठित लोगों के आचरण के मूल में हजारों वर्षों से चली आयी श्रद्धाएँ हैं, समर्थन करनेवाला शास्त्र है, इस कारण वो शास्त्र और परम्परा पर टूट पड़ना और उन पर के विश्वासों को खत्म कर देना जरूरी है। आन्तरजातीय विवाह का नारा लगाकर काम नहीं होगा, शास्त्रों का खंडन करना होगा। शास्त्रों की केवल नई व्याख्या से बात बननेवाली नहीं है, शास्त्रों को पूर्णतः नकारना और उनकी पवित्रता को भी अमान्य करना जरूरी है। उनकी इसी मान्यता के कारण आर्यसमाजी रूठ गए थे। आर्यसमाजी वेदों की श्रेष्ठता को छोड़ने को तैयार नहीं थे। जन्माधिष्ठित वर्णव्यवस्था के स्थान पर कर्माधिष्ठित

वर्ण-व्यवस्था में उनका विश्वास था। इस विश्वास के कारण समूह शास्त्रों से फिर जुड़ने वाला था। शब्दों की अलग व्याख्या करने से मानसिकता बदल नहीं सकती। इससे आर्यसमाज फिर से एक स्वतंत्र जाति में बदल जाएगा और सम्पूर्ण समाज जहाँ का वहाँ रहेगा, ऐसी उनकी स्थापना थी। आर्यसमाज व्यक्ति के कर्मों की ओर ऊँच-नीच की दृष्टि से देखता है। शारीरिक श्रम करनेवालों को वह 'शूद्र' ही कहता है। उन्होंने कहा, "जब-जब आदर्श और काल्पनिक वर्ण-व्यवस्था का प्रचार करते हैं, तब-तब जातियों से चिपक कर जीने का एक बहुत बड़ा आधार जनसामान्य को मिल जाता है। इस कारण वर्ण-व्यवस्था की काल्पनिक उपयोगिता का समर्थन कर आप (आर्यसमाजी) सामाजिक सुधार का बहुत बड़ा नुकसान करते जा रहे हैं।" वर्ण-व्यवस्था की जड़ों पर ही आघात की आवश्यकता है। जब तक यह जड़ें तोड़ नहीं डाली जाएँगी, तब तक अस्पृश्यता की मानसिकता समाप्त नहीं हो सकती। अस्पृश्यता और जातिभेद नष्ट करने के लिए शास्त्रों से आधार ढूँढ़ने का प्रयत्न वास्तव में कीचड़ से कीचड़ को साफ करने का हास्यास्पद प्रयत्न है।

इस सम्पूर्ण आलेख में पूरी तटस्थता और निर्भयता के साथ भारतीय समाज-रचना की चिकित्सा करते हुए, उसे नष्ट करने हेतु आन्तरजातीय विवाहों का खुला प्रतिपादन किया गया है। इस प्रकार के विवाह बहुत तेजी से और बहुत बड़ी संख्या में होने चाहिए, ऐसा वे आग्रह करते हैं। शास्त्र के प्रति उनके विचारों के कारण ही आर्य समाज ने उन्हें यह आलेख पढ़ने नहीं दिया। डॉ. बाबासाहेब ने इस आलेख को प्रकाशित किया और देशभर के समाज-सुधारकों और विद्वत् जनों के पास प्रतिक्रिया के लिए भिजवा दिया। महात्मा गांधी जी ने 'हरिजन' में इस पर एक टिप्पणी लिखकर अपनी घोर असहमति व्यक्त की। वर्ण-व्यवस्था का खंडन तथा शास्त्रों के प्रति डॉ. आंबेडकर जी के अनुद्गार उन्हें मान्य नहीं थे। इस सम्बन्ध में श्री सन्तरामजी और गांधीजी की टिप्पणियाँ प्रकाशित हुईं। महात्मा गांधीजी की टिप्पणियों पर बाद में डॉ. आंबेडकर जी ने विस्तृत उत्तर दिया। उन्होंने लिखा :

1. जातिभेद के कारण ही हिन्दुओं का नाश हुआ है।
2. वर्णव्यवस्था के आधार पर हिन्दू समाज का पुनर्गठन असम्भव है। वर्ण व्यवस्था कानूनन बन्द करनी चाहिए।
3. वर्णव्यवस्था के आधार पर हिन्दू समाज का पुनर्गठन श्रेयस्कर नहीं है; क्योंकि यह व्यवस्था सामान्य जनता को ज्ञान का अधिकार नकार

कर उसकी अधोगति करती है और शस्त्र का अधिकार नकार कर उसे पौरुषहीन बनाती है।

4. हिन्दू समाज के पुनर्गठन की आवश्यकता ऐसे धर्मतत्त्वों के आधार पर सम्भव है जिनका सम्बन्ध समता, स्वतंत्रता तथा बन्धुभाव से जुड़ा है।
5. इस उद्‌देश्य की सफलता के लिए जातिभेद तथा वर्ण को, जिस पर धर्म का आधार है, उस आधार को ही नष्ट करना चाहिए।
6. शास्त्रों के जब भगवत्‌वाणी मानने की मानसिकता खत्म हो जाएगी तभी जाति और वर्ण का आधार नष्ट हो सकता है।

अपने पूरे विवेचन में वे यह सिद्ध करते हैं कि हमारे चिन्तन का मूल आधार 'मनुष्य' होना चाहिए। इस मनुष्य को उसके मानवीय अधिकार उपलब्ध करा देना हमारी नैतिक जिम्मेदारी है। शास्त्रों ने मानवीय अधिकार ही छीन लिए इसलिए उनको नकारना जरूरी है। वास्तव में यह आलेख आज भी प्रासंगिक है। इस आलेख के एक-एक शब्द के पीछे डॉ. बाबासाहेब की मनुष्य के प्रति निष्ठा और श्रद्धा व्यक्त होती है।

1940 में डॉ. आंबेडकर जी की एक पुस्तक 'थॉट्स ऑन पाकिस्तान' प्रसिद्ध हुई। इस पुस्तक के माध्यम से मुसलमानों के सम्बन्ध में उनके विचारों को हम जान सकते हैं। मुसलमानों के प्रति उनकी अपनी विशिष्ट धारणाएँ हैं और आश्चर्य इस बात का है कि ये धारणाएँ कट्टर हिन्दुत्ववादियों की तरह ही हैं। "मुसलमान एक राष्ट्र है। इस देश पर जिनकी निष्ठाएँ संशय से भरी हुई हैं उन मुसलमानों को हिन्दुस्तान में रहने की अपेक्षा हिन्दुस्तान के बाहर चले जाना अधिक योग्य है।" भीतरी दंगों की अपेक्षा इन दोनों धर्मों के लोग अलग-अलग हिस्सों में चले जाएँ ऐसा वे कहते हैं। पाकिस्तान का समर्थन करते हुए उन्होंने कहा है—"देश-विभाजन हमें मान्य करना चाहिए। केवल मान्य ही नहीं अपितु आगे के दंगों को रोकने के लिए हिन्दू-मुसलमानों की जनसंख्या की अदला-बदली भी होनी चाहिए।"[8] पूरी निर्भीकता के साथ उन्होंने इस्लाम की प्रतिगामिता को स्पष्ट किया है। मुसलमानों की मानसिकता जनतंत्र के अनुकूल नहीं है, उनकी राजनीति मुख्यत: धर्म पर आधारित होती है। मुसलमान समाज-सुधार के विरोध में होते हैं। उन्हें अपना धर्म वैश्विक धर्म लगता है। अपने धर्म के प्रति उनमें अहंकार है। वे अपने धर्म को शाश्वत मानते हैं। इस्लाम के जिस बन्धुभाव की प्रशंसा की जाती है, वह वास्तव में सर्वव्यापक और शाश्वत नहीं है। उनका बन्धुत्व उनके धर्मावलम्बियों तक ही सीमित है। अन्य

धर्मियों के प्रति इनमें तिरस्कार होता है। उनकी राजनिष्ठा भी धर्मनिष्ठा से जुड़ी होती है। इसे स्पष्ट करते हुए वे कहते हैं—"मुसलमानों में अब (1940) एक नई चेतना विकसित हो रही है। उन्हें स्वतंत्र राष्ट्र दे देना चाहिए। अखंड हिन्दुस्तान कभी भी सेंद्रिय और एकजीव हो नहीं सकता।"[9]

उनके इन विचारों के कारण उन दिनों उन पर भयंकर टीका हुई। पाकिस्तान का उन्होंने समर्थन किया था इसलिए मुसलमान खुश थे। उनके विचारों का खंडन करने के लिए बाद में अनेक ग्रन्थ प्रकाशित हुए। इनमें डॉ. राजेन्द्रप्रसाद का ग्रंथ उल्लेखनीय है।

मुसलमानों से सम्बन्धित आंबेडकर जी के विचारों की सीमाएँ स्पष्ट हैं। वास्तव में धर्म के आधार पर लोगों की अदला-बदली की बात कहकर उन्होंने अप्रत्यक्ष रूप से हिन्दू राष्ट्र को ही मान्यता दी थी। इस प्रकार के हिन्दू राष्ट्र में दलितों की और भी दुर्गति सम्भव है। विभाजन के बाद पाकिस्तान में हिन्दुओं पर जब अत्याचार शुरू हुए तब उन्होंने दलितों को हिन्दुस्तान लौटने के लिए कहा। दलित बन्धुओं से आह्वान करते हुए उन्होंने कहा—"हैदराबाद संस्थान के मुसलमानों पर अथवा मुस्लिम लीग पर विश्वास रखने से दलित समाज को धोखा होगा। हिन्दू समाज दलितों की ओर तिरस्कार की वृत्ति से देखता है, इसलिए मुसलमान अपने मित्र हैं, ऐसा दलित न मानें, उनकी ऐसी धारणा उनके लिए घातक सिद्ध होगी।"[10] उनके विचारों से ऐसा लगता है कि मुसलमान और खासकर भारतीय मुसलमानों के प्रति वे पूर्वाग्रहदूषित थे। करीब पचास वर्ष की इस लम्बी यात्रा के बाद यह स्पष्ट है कि मुसलमान इस देश और संस्कृति के प्रति उतनी ही गहराई से जुड़े हुए हैं जितनी गहराई से हिन्दू। तत्कालीन समाज में इन दोनों के सम्बन्धों से जो तनाव पैदा हुए थे उस कारण शायद बाबासाहेब उपर्युक्त निष्कर्षों पर पहुँचे थे। भारतीय मुसलमान धर्मांतरित मुसलमान हैं। इस सम्पूर्ण सामाज-व्यवस्था में अछूतों की तरह वह भी नकारा गया है। भयंकर दरिद्रता उसमें भी है। हिन्दू जाति व्यवस्था उसमें भी घुस गई है। वह धर्मान्ध है इसलिए उसको नकारा जाए, यह कोई तर्क नहीं है। डॉ. बाबासाहेब के विचारों में जो गतिशीलता है, उससे यह निष्कर्ष निकाला जा सकता है कि वे अगर कुछ और वर्ष रहते तो शायद अपने विचारों में परिवर्तन कर लेते।

हिन्दू कोड बिल की चर्चा में उन्होंने जो विचार व्यक्त किए हैं उससे उनके स्त्री-विषयक विचार स्पष्ट हो जाते हैं। हिन्दू कोड बिल मुख्यत: स्त्रीमुक्ति के लिए ही था। इस देश में स्त्री को जो गौण स्थान दिया गया है, उसे नष्ट कर स्त्री भी एक

मनुष्य है ऐसी मानसिकता विकसित होनी चाहिए ऐसा उनका प्रयत्न था। 'दलित' और 'स्त्री' उनके चिन्तन के दो प्रमुख केन्द्रबिन्दु थे। दलितों के लिए संवैधानिक व्यवस्था करने के बाद वे स्त्रियों के लिए वैसी ही व्यवस्था करना चाह रहे थे। हिन्दू कोड बिल के अन्तर्गत स्त्री को विवाह, तलाक, उत्तराधिकार और दत्तक-विधान की स्वतंत्रता वे देना चाह रहे थे। आन्तरजातीय विवाह को कानूनी संरक्षण देने की उनकी इच्छा थी। जो परिवार अन्य जाति के लड़के को दत्तक लेना चाहते हैं उन्हें वे वैसी स्वतंत्रता देना चाह रहे थे। अर्थात् इस प्रकार की व्यवस्था से वे स्त्री को पुरुष के बराबर लाना चाह रहे थे और ठीक इसी समय जाति-प्रथा को नष्ट करने की कोशिश भी कर रहे थे।

सम्पूर्ण देशभर की जनता के लिए लागू होनेवाले धर्मातीत ऐसे 'समान नागरी कानून' के वे आग्रही प्रतिपादक थे। विवाह, तलाक या उत्तराधिकार का कानून बनाते समय धर्म का आधार ही क्यों लिया जाए, ऐसा उनका प्रश्न था। संसद में उन्होंने कहा—"समान नागरी कानून होना ही चाहिए। हिन्दू, मुसलमान और ईसाई धर्म पर आधारित कानूनों में जहाँ मतभेद के मुद्दे हैं, उन्हें विचारपूर्वक हल करना चाहिए। सबमें कुछ समानता के मुद्दे भी हैं। केवल मतभेदों के मुद्दों से बात नहीं बन सकती। समान नागरी कानून हमारा अन्तिम उद्देश्य है।"[11]

अखिल भारतीय सेड्यूल्ड कास्ट फेडरेशन के 30-1-45 को कानपुर में हुए अधिवेशन में भाषण देते हुए उन्होंने यह स्पष्ट किया कि सामाजिक समता की इस लड़ाई में दलितों को ही महत्त्वपूर्ण भूमिका निभानी है। कमजोर वर्ग को संघटित होकर अपने अधिकार खुद ही प्राप्त करने चाहिए। "मैं अस्पृश्य समाज को राजनीतिक अधिकार दिला देने के लिए प्रयत्नशील हूँ। देश की स्वतंत्रता के लिए काम करनेवाले बहुत-से युवक हैं। दलित युवकों का उद्धार उन्हें खुद करना है। दलितों के उद्धार से ही सचमुच का स्वराज्य सम्भव है।"[12]

शिक्षा सम्बन्धी उनके विचार बहुत ही स्पष्ट और सरकार की जिम्मेदारी की ओर संकेत करनेवाले हैं। समाज के सबसे सामान्य, शोषित और उपेक्षित व्यक्ति तक शिक्षा की सुविधाएँ पहुँचनी चाहिए, ऐसा उनका आग्रह था। परम्परा से नकारे गए वर्ग को उच्च शिक्षा हेतु अधिक खर्च करना न पड़े ऐसी व्यवस्था हो, ऐसा उनका आग्रह था। विश्वविद्यालय की भूमिका पर प्रकाश डालते हुए उन्होंने कहा—'स्नातक और छात्रों के पाठ्यक्रम द्वारा सांस्कृतिक प्रगति करने के लिए महाविद्यालयों और विश्वविद्यालयों को एकत्र होना जरूरी है।"[13]

शिक्षा को वे दुधारू शस्त्र मानते हैं। "चरित्रहीन और विनयहीन शिक्षित व्यक्ति पशु से भी अधिक भयंकर होता है। सुशिक्षित मनुष्य का ज्ञान और उसकी शिक्षा जनहित के विरोध में जा रही हो, तो ऐसा व्यक्ति समाज के लिए शाप साबित होता है।"[14] शिक्षा सम्बन्धी उनके इन विचारों में और प्रेमचन्द के विचारों में अद्भुत समानता है। प्रेमचन्द भी शिक्षा को 'कुशिक्षा और सुशिक्षा' में बाँटते हैं। डॉ. आंबेडकर शिक्षा की अपेक्षा चरित्र को अधिक महत्त्व देते थे। तत्कालीन युवकों की धर्मविरोधी वृत्ति से उन्हें दु:ख होता था।

उनकी एक प्रसिद्ध पुस्तक है 'अस्पृश्य मूलत: कौन थे और वे अस्पृश्य कैसे बने?' प्रस्तुत शोध ग्रंथ छ: प्रकरणों में बाँटा गया है। करीब डेढ़ सौ पन्ने के इस ग्रन्थ में अध्ययन के प्रति उनकी प्रामाणिकता स्पष्ट हो जाती है। उपर्युक्त प्रश्न के उत्तर की खोज के लिए उन्होंने वेद, उपनिषद, स्मृति, बौद्ध ग्रन्थ, धर्मशास्त्रों का इतिहास, ब्राह्मण ग्रंथ आदि का बहुत ही सूक्ष्म अध्ययन कर अपने सिद्धान्तों को आधार दिया है। यह विद्वत्तापूर्ण ग्रंथ आज भी विशिष्ट और प्रामाणिक माना जाता है। अछूतों की निर्मिति के सम्बन्ध में उनकी स्थापनाएँ मौलिक हैं। ग्रंथ के अध्ययन से निम्नलिखित निष्कर्ष प्राप्त होते हैं :

1. अस्पृश्य और सवर्ण हिन्दुओं में वंश-भेद नहीं है।
2. अस्पृश्यों के उदय के पूर्व हिन्दू और अस्पृश्य, इनमें जो अन्तर था वह विजित और विजेता का था—टोलियों में संघटित लोग (ट्राईब्स मैन) और बाहरी आक्रमण से बिखरे लोग (ब्रोकन मैन)। जो बिखरे हुए थे, जो पराजित हुए थे, वे ही कालप्रवाह में अस्पृश्य घोषित किए गए।
3. अस्पृश्यता का आधार जैसे वंश-भेद नहीं है, वैसे ही उद्योग व्यवसाय भी उसका आधार नहीं है।
4. अस्पृश्यों की उत्पत्ति के दो कारण हैं :
   (अ) ब्राह्मण बौद्धों का जैसे तिरस्कार करते थे और उनसे द्वेष रखते थे, वैसा ही तिरस्कार और द्वेष वे पराजित लोगों का भी करते थे।
   (ब) बौद्ध धर्म के प्रचार-प्रसार के कारण औरों ने गोमांस भक्षण त्याग दिया, परन्तु पराजित समूह गोमांस भक्षण करते रहे।
5. चांडाल और अस्पृश्य, ये पर्यायवाची शब्द नहीं हैं। अस्पृश्य चांडाल से भिन्न हैं।

6. चांडालों का वर्ग धर्मसूत्र के कालखंड में निर्मित हुआ, परन्तु उसके कई वर्षों बाद—करीब चार सौ ईसवी में—अस्पृश्यों की निर्मिति हुई।[15]

पूरे देशभर के गाँवों में अस्पृश्य बाहर क्यों रहते हैं, इसका विश्लेषण करते हुए वे यह स्पष्ट करते हैं कि आदिमकाल में स्थित टोलियों में सतत लड़ाइयाँ हुआ करती थीं। ये टोलियाँ जब स्थायी समाज में परिवर्तित हो गईं तब अन्य स्थानों पर से विस्थापित टोलियों के लोग इनके यहाँ आए। तब उन्हें गाँव के भीतर प्रवेश नहीं दिया गया। उन्हें गाँव के बाहर ही रहना पड़ा। न केवल भारत में अपितु दुनिया के कई देशों में विस्थापितों को गाँव के बाहर ही रुकना पड़ता था। आर्य-द्रविड़ों के संघर्ष में विजयी आर्यों ने द्रविड़ों को जीत लिया और उन्हें 'शूद्र' बनाया। इसके पूर्व द्रविड़ों ने आदिवासियों को जीता था और उन्हें 'अस्पृश्य' बनाया था। द्रविड़ और नाग इन दोनों को वे एक ही वंश के सिद्ध करते हैं। बाद में आर्यों ने नाग लोगों को विस्थापित कर दिया और उन्हें 'अस्पृश्य' घोषित किया। मानववंश शास्त्र के आधार पर वे यह स्पष्ट करते हैं कि "विभिन्न वंशों सम्बन्धी निर्णय लेने का आधार अगर वांशिक शरीर रचना शास्त्र है तो उसके आधार पर अगर हम हिन्दू समाज की विभिन्न जातियों का मूल्यांकन करें (सिर, आँख, नासिका, ठुड्डी, रंग, कद आदि) तो यह सिद्ध हो जाएगा कि अस्पृश्य, आर्य और द्रविड़ वंश एक-दूसरे से कहीं पर भी भिन्न नहीं हैं। शरीर के विभिन्न अंगों के मापन से यह सिद्ध होगा कि ब्राह्मण और अस्पृश्य एक ही वंश के लोग हैं। अगर ब्राह्मण आर्य हैं तो अस्पृश्य भी आर्य हैं।"[16]

अछूतों के प्रति सवर्णों में जो तिरस्कार की भावना है उसके मूल कारणों की खोज करते हुए वे यह सिद्ध करते हैं कि अस्पृश्य मूलतः बौद्ध थे। ढाई हजार साल पहले जब सम्पूर्ण देश बौद्धमय हो चुका था तब ब्राह्मणों ने धीरे-धीरे अनेक षड्यंत्रों के साथ बौद्ध-धर्म के प्रभाव को कम करना शुरू किया। शंकराचार्य ने दार्शनिक स्तर पर जाकर जब हिन्दू धर्म की पुनर्स्थापना की तब समाज का बहुत बड़ा तबका सत्ता, शक्ति और आतंक के कारण हिन्दू धर्म में लौटा। परन्तु एक तबका ऐसा था जो बौद्ध धर्म छोड़ने को तैयार नहीं था। इस तबके के साथ काफी ज्यादतियाँ हुईं। उन्हें विस्थापित किया गया। उन पर अस्पृश्यता लादी गई। वे बौद्ध धर्म छोड़ नहीं रहे थे इसलिए उनके प्रति द्वेष भाव रखा गया तथा उन्हें तिरस्कृत किया जाने लगा।

मृत गाय का मांस भक्षण और अस्पृश्यता, इनमें अत्यन्त गहरा सम्बन्ध है। अस्पृश्यता के लिए यही एक मुख्य कारण है—ऐसी स्थापना वे करते हैं। अस्पृश्य

हिन्दुओं से भिन्न हो जाते हैं इसी गोमांस भक्षण के कारण, गोमांस भक्षण की परम्परा का विवेचन करते हुए वे यह सिद्ध करते हैं कि गोमांस भक्षण मूलतः ब्राह्मणी धर्म का अनिवार्य लक्षण था। ऋग्वेद, आपस्तम्भ-धर्मसूत्र, अश्वलायन-गुह्यसूत्र आदि के आधार पर वे यह सिद्ध करते हैं कि ब्राह्मण गोमांस भक्षण करते थे। बाद के कालखंड में बौद्ध धर्म के गुणों को स्वीकार कर उसे हिन्दू धर्म का एक अंग बनाने हेतु ब्राह्मणों ने गोमांस भक्षण को धीरे-धीरे कम कर दिया। वास्तव में ब्राह्मणों के बहुत पूर्व, बौद्धधर्म के प्रभाव के कारण समाज के बहुसंख्यांक वर्ग ने गोमांस भक्षण त्याग दिया था। बौद्ध धर्म के बढ़ते हुए प्रसार को रोकने की चिन्ता ब्राह्मणों को थी। "बौद्ध धर्म द्वारा पराजित हो जाने के कारण अपनी प्रतिष्ठा और सत्ता वापिस मिलाने के लिए वे प्रयत्नशील थे। जनता के मन पर बौद्ध धर्म का प्रभाव इतना गहरा था कि उसे रोकने के लिए बौद्ध धर्म के तत्वों को आत्मसात कर, उन तत्वों के अत्यधिक प्रसार को रोकना सम्भव नहीं था।...गोमांस भक्षण त्याग करने के मूल में ब्राह्मणों का उद्‌देश्य बौद्ध भिक्षुओं के वर्चस्व को छीन लेना था। इसी कारण उन्होंने गोमांस भक्षण छोड़ दिया। परिणामस्वरूप अभी भी जो जातियाँ गोमांस भक्षण करती थीं उनकी निन्दा उन्होंने शुरू की।"[17] गुप्त राजाओं ने चौथे शतक में गोहत्या के लिए मृत्युदंड घोषित कर दिया। साधारणतः इसी समय अस्पृश्य जाति का जन्म हुआ। इस प्रकार "अस्पृश्यता का जन्म बौद्ध धर्म और ब्राह्मणवाद के संघर्ष से हुआ है। इसी संघर्ष से भारत का इतिहास भरा पड़ा है।"[18]

डॉ. बाबासाहेब आंबेडकर जी के सामाजिक विचारों को जानने के लिए उनके द्वारा स्थापित और संशोधित सिद्धान्तों को जान लेना जरूरी है। उनके ग्रन्थों के मूल अध्ययन से ही इस पर अधिक अधिकार से बात की जा सकती है। अन्य समाज सुधारकों की तुलना में आम्बेडकरजी की अपनी कुछ विशेषताएँ हैं। चिन्तन के स्तर पर सामाजिक पुनर्रचना सम्बन्धी विचारों को स्पष्ट करना, उन्हें सिद्ध करना और उसी समय उन विचारों के आधार पर सामाजिक आन्दोलनों की मोर्चेबन्दी करना—यह आंबेडकर जी के समाज सुधारक व्यक्तित्व की विशेषता है। वे सम्पूर्ण समाज की पुनर्रचना की बात कर रहे थे। समाज-रचना की इस पुरानी इमारत को दुरुस्त करने के स्थान पर वे उसे पूर्णतः गिराकर नई इमारत बाँधना चाह रहे थे। अन्य समाज सुधारकों में और आंबेडकर जी में यहीं पर अन्तर है। छोटे-मोटे उपचार से विषमता का यह रोग समाप्त नहीं हो सकता ऐसी उनकी धारणा थी। समग्र व्यवस्था की पुनर्रचना के लिए उसकी नींव ही उखाड़ देनी जरूरी है, ऐसा

वे मानते थे। वर्ण और जाति-व्यवस्था की नींव पर हिन्दू समाज की इमारत खड़ी हुई है। इस नींव को खत्म कर समता, बन्धुता और करुणा की नींव पर नई इमारत खड़ी करनी होगी, ऐसा उनका दृढ़ विश्वास था।

उनके सामाजिक विचारों का केन्द्रबिन्दु 'मनुष्य' है। वे किसी विशिष्ट जाति या वर्ण के विरोध में नहीं थे, वे समग्र वर्ण और जाति-व्यवस्था के विरोध में थे। वे ब्राह्मण या सवर्ण के विरोध में नहीं थे। वे एक ऐसी समाज व्यवस्था के लिए प्रयत्नशील थे जहाँ मनुष्य मनुष्य के प्रति आदर रखता हो, जहाँ मनुष्य मनुष्य के प्रति प्रेम, बन्धुता और मानवीयता से जुड़ा हो, जहाँ मनुष्य मनुष्य का शोषण न करता हो। मनुष्य को उसके न्याय का हक दिला देने के लिए वे संघर्षरत थे। ठीक इसी समय इतिहास के गम्भीर अध्ययन से समतावादी समाज रचना के लिए आवश्यक दर्शन और चिन्तन की अभिव्यक्ति भी वे कर रहे थे।

सन्दर्भ

1. हिन्दुची जातिप्रथा व ती मोडण्याचा मार्ग, डॉ. बाबासाहेब आंबेडकर, पृ. 14
2. वही, पृ. 14
3. वही, पृ. 36
4. डॉ. बाबासाहेब आंबेडकर, मधु लिमये।
5. हिन्दुची जातिप्रथा व ती मोडण्याचा मार्ग, डॉ. बाबासाहेब आंबेडकर, पृ. 50
6. वही, पृ. 54
7. वही, पृ. 56
8. डॉ. बाबासाहेब आंबेडकर, धनंजय कीर, पृ. 413
9. वही, पृ. 345
10. वही, पृ. 413
11. डॉ. बाबासाहेब आंबेडकर, भालचन्द्र फड़के, पृ. 249
12. डॉ. बाबासाहेब आंबेडकररांचे प्रासंगिक विचार, रमेश रघुवंशी, पृ. 44
13. महामानव डॉ. बाबासाहेब आंबेडकर, प्रभाकर दीघे, पृ. 144
14. वही, पृ. 144
15. अस्पृश्य मूळचे कोण?, डॉ. बाबासाहेब आंबेडकर, पृ. 5
16. वही, पृ. 65
17. वही, पृ. 118-119
18. वही, पृ. 152

डॉ. आंबेडकर के धार्मिक विचार

पिछले पृष्ठों में हमने डॉ. बाबासाहेबजी के सामाजिक विचारों का अध्ययन प्रस्तुत किया है। उनके सामाजिक विचारों और धार्मिक विचारों में अन्तर करना वास्तव में एक कठिन काम है। भारतीय समाज रचना की विषमता को समझ लेने के लिए वे हिन्दू धर्म के विश्लेषण को आवश्यक मानते हैं।

डॉ. बाबासाहेब के बचपन से ही धार्मिक संस्कार थे। उनके पिता कबीरपन्थी थे। सारी बौद्धिकता और विद्वत्ता के बावजूद वे धार्मिक थे; परन्तु उनकी धार्मिकता में कर्मकांड और रूढ़ियों को स्थान नहीं था। 1917 से उनका सार्वजनिक जीवन शुरू हुआ। तब से लेकर 1935 तक वे हिन्दू धर्म में सुधार लाने के लिए प्रयत्नशील रहे। वे चाहते थे कि हिन्दू धर्म अधिक उदारता से अछूतों को स्वीकार करे, उन्हें उनके मानवीय अधिकार लौटा दे। हिन्दू धर्म के प्रति उनकी शिकायत थी कि वह विषमता का समर्थन करता है। "जो धर्म विषमता का समर्थन करता है, उसके विरोध का निर्णय हमने लिया है। अगर हिन्दू धर्म अस्पृश्यता का धर्म है, तो उसे समानता का धर्म बनना चाहिए। अगर हिन्दू धर्म सामाजिक समता का धर्म बनना चाहता है तो अस्पृश्यों को मन्दिरों में मुक्त प्रवेश देकर बात बननेवाली नहीं है। इसके लिए चातुर्वर्ण्य निर्मूलन की नितान्त आवश्यकता है। इस धर्म और समाज की विषमता की जड़ चातुर्वर्ण्य व्यवस्था है। चातुर्वर्ण्य ही अस्पृश्यता की जननी है। जातिभेद और अस्पृश्यता विषमता के अन्य रूप हैं। अगर इस जड़ को नष्ट नहीं किया गया तो अस्पृश्य वर्ग इस धर्म को निश्चित ही त्याग देगा।"[1]

इस उद्धरण से यह स्पष्ट है कि डॉ. बाबासाहेब हिन्दू धर्म की सीमाओं को बतलाते हुए उसमें शुद्धता का आग्रह कर रहे थे। तत्कालीन विद्धतजनों से, धर्म-प्रमुखों से वे बार-बार अपील कर रहे थे कि हिन्दू धर्म में स्थित इन दोषों को

प्रयत्नपूर्वक हटाया जाए। वे खुद, समानता की दिशा में इस धर्म को उन्मुख करने के लिए प्रयत्नशील थे। चवदार तालाब का सत्याग्रह, नाशिक के काळाराम मन्दिर प्रवेश सत्याग्रह इस बात के प्रमाण हैं। वर्णव्यवस्था की अशास्त्रीयता को वे अपने ग्रन्थों द्वारा सिद्ध कर रहे थे। परन्तु हिन्दू धर्म के तथाकथित ठेकेदार उनके इस प्रयत्न को गम्भीरता से ले नहीं रहे थे, उलटे वे इन सुधारों का विरोध ही कर रहे थे। महात्मा गांधीजी जैसे व्यक्ति भी आरम्भिक वर्षों में वर्णव्यवस्था का समर्थन कर रहे थे। वि. दा. सातवलेकर जी के लेख के दिये गए उत्तर में उन्होंने लिखा (पुरुषार्थ : जनवरी 1936), "हम हिन्दू हैं, हिन्दुओं के साथ ही जिएँगे, हिन्दुओं के साथ ही मरेंगे, हिन्दू हमारे साथ चाहे जैसा व्यवहार करें, पर हम हिन्दुओं की, हिन्दू धर्म की और हिन्दू देवी-देवताओं की प्रतिष्ठा को बनाए रखने के लिए ही अपना सर्वस्व अर्पित करेंगे—ऐसी घोषणा अस्पृश्य करें। उनकी इस सहनशीलता से द्रवित होकर किसी दिन सवर्ण उन्हें मानवीय अधिकार देंगे, तब तक हम प्रतीक्षा करें—ऐसी आपकी सलाह है। कोई दूसरा व्यक्ति भले ही इसे स्वीकार करे पर मैं इसे कतई स्वीकार कर नहीं सकता।" पत्र के अन्त में वे आक्रोश के साथ लिखते हैं, "मेरी दृष्टि में हिन्दू धर्म न होकर लोगों को पागल करने की जड़ी-बूटी है।"[2] हिन्दू धर्म की आत्मा विषमता की है, उसके शास्त्र विषमता का प्रचार करते हैं। ऊँच-नीच की धारणा इस धर्म की विशेषता है। इस धर्म के सिद्धान्त भले ही आकर्षक हों, परन्तु मानवीय अधिकार विशेष वर्ग तक ही सीमित किए गए हैं, ऐसी इनकी स्थापना है।

लाहौर के जात-पाँत तोड़क मंडल के लिए उन्होंने जो अध्यक्षीय भाषण तैयार किया था, उसमें भी हिन्दू धर्म विषयक उनकी धारणाएँ स्पष्ट हुई हैं। प्रस्तुत भाषण की विस्तृत समीक्षा हमने पिछले प्रकरण में की है। हिन्दू धर्म और समाज के पुनर्गठन के लिए जाति-व्यवस्था निर्मूलन जरूरी है और आन्तरजातीय विवाहों द्वारा जातिसंस्था नष्ट की जा सकती है, इसे उन्होंने अनेक प्रमाणों द्वारा सिद्ध किया है। "हिन्दुस्तान के विनाश के लिए हिन्दू धर्म द्वारा प्रचारित और स्थापित जाति-व्यवस्था कारणीभूत है इसे वे स्पष्ट करते हैं।"[3]

धर्म के उद्‌देश्य को समझाते हुए वे कहते हैं कि व्यक्ति के सद्‌गुणों का विकास यही सच्चे धर्म का अन्तिम उद्‌देश्य है। जिस कारण प्रजा का धारण होता है वही धर्म है—धर्म की इस व्याख्या से वे अपनी सहमति प्रकट करते हैं। प्रजा के धारण के लिए धर्म बन्धुभाव, समता और स्वतंत्रता के सद्‌गुणों के संस्कार डाले, ऐसी अपेक्षा होती है। अपेक्षा ही नहीं, किसी भी धर्म की यही अहम जिम्मेदारी होती है।

हिन्दू धर्म इन सद्गुणों के संस्कार पैदा नहीं करता इसलिए इसे नकारना पड़ता है। अस्पृश्यता के कारण ही करोड़ों व्यक्तियों के गुणों का विकास नहीं हो सका। ऐसा धर्म जो सदियों से एक पूरे वर्ग को मानवीय अधिकारों से वंचित करता है—धर्म कहलाने लायक नहीं रहता—ऐसी उनकी स्थापना है।

धर्म की आवश्यकता को स्पष्ट करते हुए उन्होंने कहा, "मैं आपको फिर से यह स्पष्ट कर देना चाहता हूँ कि धर्म मनुष्य के लिए है, मनुष्य धर्म के लिए नहीं है। जो धर्म तुम्हें मनुष्य के रूप में स्वीकार नहीं करना चाहता, जो धर्म तुम्हें पीने के लिए पानी नहीं देना चाहता, वह धर्म धर्म कहलाने लायक नहीं होता। जो धर्म तुम्हारे ज्ञान और शिक्षा के अधिकार छीन लेता है, जो धर्म तुम्हारे भौतिक उत्कर्ष में बाधाएँ पहुँचाता है, वह धर्म कहलाने लायक नहीं है। जो धर्म अपने अनुयायियों को अपने ही धर्मावलम्बियों से मानवीयता का आचरण करना नहीं सिखलाता, वह धर्म न होकर एक बीमारी है। जो धर्म अपने अनुयायियों को अमंगल जानवरों के स्पर्श को सहने को कहता है परन्तु उसी समय अपने ही धर्मावलम्बियों के स्पर्श को पाप घोषित करता है, वह धर्म न होकर विशुद्ध पागलपन है। जो धर्म कुछ वर्गों को धनसंचय नहीं करने देता, हाथों में शस्त्र लेने की इजाजत नहीं देता, वह धर्म-धर्म न होकर मनुष्य-जीवन की विडम्बना है। जो धर्म अज्ञानियों को अज्ञानी, निर्धनों को निर्धन रहने की सीख देता हो, वह धर्म न होकर भयावह कैदखाना है।"[4]

'बुद्ध और उसके धर्म का भवितव्य' नामक एक लेख डॉ. बाबासाहेब ने 1950 में लिखा था। लेख के आरम्भ में वे व्यक्ति जीवन में धर्म की आवश्यकता के चार प्रमुख कारण स्पष्ट करते हैं :

1. समाज की 'स्थिरता' और 'नियंत्रण' के लिए नीति की आवश्यकता होती है। इनमें से किसी एक के अभाव में समाज रसातल को जा सकता है। इसलिए किसी भी समाज को धर्म की आवश्यकता होती है।
2. धर्म अगर बना रहना हो तो उसे बुद्धिप्रामाण्यवादी होना चाहिए। विज्ञान बुद्धिप्रामाण्यवादी है।
3. केवल 'नीति की संहिता' का अर्थ धर्म नहीं है। धर्म की नीति-संहिता में स्वतंत्रता, समता और बन्धुता इन मूलभूत तत्त्वों को मान्यता प्राप्त होनी चाहिए।
4. दरिद्रता को पवित्र मानने का आग्रह किसी भी धर्म को नहीं करना चाहिए, अथवा 'दरिद्रता' का उदात्तीकरण भी नहीं होना चाहिए।[5]

उनके मतानुसार इन चारों की पूर्ति बौद्ध धर्म करता है। धर्म-परिवर्तन की घोषणा के बाद सिख, ईसाई और इस्लाम धर्म प्रमुखों ने उनसे सम्पर्क स्थापित किया। प्रत्येक का आग्रह था कि वे उनके धर्म में आएँ। दलितों की बहुत बड़ी संख्या अगर अपने धर्म में आ गई तो अपनी शक्ति बढ़ेगी ऐसी प्रत्येक की धारणा थी। 1936 के बाद कुछ वर्षों तक उन्हें सिख धर्म का आकर्षण था। सिख धर्म शक्ति का पूजक है। दलित ऐसे धर्म में जाएँ जिससे उनकी भारतीयता सुरक्षित रहे ऐसी उनकी धारणा थी। हिन्दुओं से वे कहते थे, कि "दलित अगर सिख धर्म में गए तो वे हिन्दू संस्कृति में ही रहेंगे।"[6] हिन्दू धर्म और हिन्दू संस्कृति में वे अन्तर करते थे। हिन्दू संस्कृति से उनका तात्पर्य भारतीय संस्कृति से था। वे इस बात को जानते थे कि धर्म-परिवर्तन सहज सम्भव है, परन्तु संस्कृति-परिवर्तन एक असम्भव-सी प्रक्रिया है। भारतीय संस्कृति से दलितों को काट देना उन्हें मान्य नहीं था और व्यवहारतः यह सम्भव भी नहीं है।

इस्लाम धर्म का उन्हें कभी भी आकर्षण नहीं था। उनकी सबसे बड़ी शिकायत यह थी कि इस्लाम धर्म जनतंत्र के अनुकूल नहीं है, और वे जनतंत्र के सबसे बड़े हिमायती थे। उन दिनों इस्लाम के अनुयायी जिस तरीके से स्वतंत्र राष्ट्र की बात कह रहे थे वह उन्हें स्वीकार्य नहीं थी। बहुसंख्यक हिन्दू समाज की मानसिकता इस्लाम के अनुकूल नहीं है। इस्लाम को कबूल कर वे अपने समाज के प्रति और भी तिरस्कार की भावना पैदा नहीं करवाना चाहते थे।

1935 से 1956 तक के कालखंड में आंबेडकर जी धर्ममंथन में डूबे रहे। दुनिया के प्रमुख धर्मों का वे अध्ययन कर रहे थे। प्रत्येक धर्म की सीमाओं से वे परिचित हो रहे थे। उनकी मेघावी प्रतिभा और तेजस्वी बुद्धिमत्ता को बौद्ध धर्म आकृष्ट कर रहा था। इस धर्म का अत्यन्त बारीकी से अध्ययन कर उन्होंने अन्ततः इसी धर्म में दीक्षा लेने का निर्णय लिया था। उनका यह निर्णय भावुकता से भरा हुआ नहीं था। बौद्ध धर्म का नया भाष्य उन्होंने प्रस्तुत किया। परम्पराग्रस्त, रूढ़िग्रस्त, जड़ और भ्रष्ट बौद्ध धर्म को शुद्ध करने का उनका प्रयत्न था और यह काम उन्होंने पूरी निष्ठा के साथ किया। अन्य धर्मों के प्रति उनकी यह शिकायत थी कि ये धर्म अपरिवर्तनशील होने का दावा करते हैं। प्रचलित सभी धर्मों की नींव 'श्रद्धा' है। ईश्वरी कृपा प्राप्त करना और उसकी अवकृपा से बचना यह 'धर्ममार्ग' है। इसके सिवा बाकी सभी अधर्म और निषिद्ध माना गया है। 'परमेश्वर' और 'श्रद्धा' इसके सिवा 'धर्म' में किसी और बात को स्थान ही नहीं है। मनुष्य की बुद्धि, उसके विचार, चर्चा आदि

को किसी भी धर्म ने मान्यता नहीं दी है। इस कारण ईश्वर के अस्तित्व के सम्बन्ध में चर्चा ही नहीं की जा सकती। जिन्हें ईश्वर की कृपा प्राप्त है, उन्हें ही धर्म-चर्चा का अधिकार यहाँ प्राप्त है। इसी वृत्ति के कारण 'धर्मपीठ' तैयार होते हैं और इन धर्मपीठों में स्थित आचार्य, महन्त और ब्राह्मणों का राज्य शुरू हो जाता है। ईश्वर के नाम पर इनका राज अखंड रूप से चलने लगता है। यह सब ईश्वर के नाम पर चलता है, इस कारण उसमें परिवर्तन की सम्भावनाएँ ही खत्म हो जाती हैं। इसी कारण सभी ईश्वरीय धर्म ईश्वर की तरह अनादि, अनन्त, सर्वस्पर्शी, सर्वगामी, सनातन और अपरिवर्तनीय हो जाते हैं। ऐसे धर्म मनुष्य की बुद्धिमत्ता को चुनौती नहीं दे सकते। सिद्धार्थ नामक व्यक्ति ने जिस 'धर्म' की बात कही है वह इन प्रचलित धर्मों में एकदम भिन्न है। एक व्यक्ति द्वारा अनेक व्यक्तियों से कहा गया यह धर्म है। "इस धर्म में गूढ़ शक्ति को किसी भी प्रकार का स्थान नहीं है। ईश्वरी कृपा या अवकृपा, वरदान या शाप, स्वर्ग या नरक इसकी कोई गुंजाइश इस धर्म में नहीं है। सिद्धार्थ का यह धर्म हाड़-मांस के व्यक्ति द्वारा उसके ही जैसे हाड़-मांस के लोगों के लिए, उनकी ही भाषा में, उनके ही शब्दों में कहा गया है। इस धर्म में 'श्रद्धा' के लिए कोई स्थान नहीं है। उलटे किसी व्यक्ति या वस्तु पर अन्धश्रद्धा न रखने का आग्रह इसमें किया गया है। प्रश्न करो, शंकाएँ उपस्थित करो, विचार करो और अगर तुम्हारे विवेक को मान्य हो तो ही स्वीकारो—ऐसा इस धर्म का आग्रह है। सिद्धार्थ कहीं पर भी सर्वज्ञता का दावा नहीं करता। वह किसी का सन्देश देने की बात नहीं करता। वास्तव में वह किसी भी प्रकार का आदेश नहीं देता। कोई निर्णायक बात नहीं करता। और यही इस धर्म की शक्ति है।"[7]

डॉ. आम्बेडकरजी जैसी प्रतिभा को बौद्ध धर्म आकृष्ट क्यों कर गया इसका उत्तर उनके उपर्युक्त विवेचन में मिलता है। हिन्दू धर्म की वर्ण-व्यवस्था की कल्पना, इस्लाम की कट्टरता और जनतंत्र से उसका विरोध, ईसाई धर्म की साम्राज्यवादिता और रंगभेद की नीति का खुला समर्थन—इस कारण वे इन धर्मों से नाराज थे। समता, बन्धुता और स्वतंत्रता के मूल्यों का समावेश जिस धर्म में हो उसकी खोज में वे भटक रहे थे। बौद्ध धर्म में उन्हें यह मूल्य मिले। गौतम बुद्ध की मृत्यु के बाद बौद्ध धर्म में अनेक अन्धश्रद्धाएँ और कर्मकांड घुस गए थे। बाद के सैकड़ों वर्षों में इसके कई पन्थ-उपपन्थ बने। ढाई हजार वर्ष की परम्परा में मुक्त बौद्ध धर्म खो-सा गया था। डॉ. बाबासाहेब मूल बौद्ध धर्म को उसकी तेजस्विता के साथ प्रस्तुत करना चाह रहे थे। 'बुद्ध एंड हिज धम्मा' में उन्होंने यह कार्य पूर्ण किया है।

यह ग्रन्थ केवल बौद्ध धर्म की महिमा को ही स्पष्ट नहीं करता, उसका नया भाष्य प्रस्तुत करता है। हिन्दू धर्म की तरह यह ग्रन्थ केवल बौद्ध धर्म की भी एक सीमा थी। बाइबल, कुरान या जेन्दावस्ता की तरह बौद्ध धर्म का कोई एक मूल धर्मग्रन्थ नहीं है। इस धर्म के नाम पर अनेक ग्रन्थ तथा सैकड़ों भाष्य उपलब्ध हैं। कुछ को परम्परा ने बहुत महत्त्व दिया है, कुछ में मतभेद या मीमांसा-भेद है। उसके दार्शनिक सिद्धान्त, संघ-सम्बन्धी नियम, उसकी शिक्षा आदि को लेकर अराजकता की स्थिति है। इन सबके बीच से मार्ग निकालकर बौद्ध धर्म के मूलभूत तत्वों को प्रस्तुत करना काफी परिश्रम का काम था। बौद्ध धर्म की श्रेष्ठता को सिद्ध करने हेतु उन्होंने इस चुनौती को स्वीकार किया। सिद्धार्थ गौतम को बुद्ध पद प्राप्त हो जाने के बाद उनके चरित्र के सभी प्रसंग, उनके सभी वचन, प्रवचन, उनके सन्दर्भ, इन सब पर की टीकायें, भाष्य, विभिन्न बौद्ध पन्थों का साहित्य, इन सबका गम्भीर अध्ययन डॉ. बाबासाहेब ने किया। 1935 से 1956 तक यह अध्ययन चलता रहा। बुद्ध के स्वतंत्र जीवन-दर्शन की खोज उन्होंने की। बुद्ध धम्म का महल इसी जीवन-दर्शन की नींव पर खड़ा है। इस जीवन-दर्शन की खोज में आम्बेडकर जी ने अपनी सारी बुद्धिमत्ता, विद्वत्ता, गवेषणापूर्ण वृत्ति, शास्त्रीय दृष्टि के दाँव पर लगा दी। इतने प्रदीर्घ अध्ययन के बाद परम्परागत बुद्ध चरित्र की कई विसंगतियाँ उनके ध्यान में आ गईं।

बुद्ध चरित्र और बौद्ध दर्शन की नई सीधी-सादी तर्कबुद्धि और वैज्ञानिक दृष्टि पर आधारित व्याख्या करना वास्तव में एक साहस का कार्य था। यह ग्रन्थ वास्तव में बीसवीं शताब्दी का एक नया भाष्य था। इस भाष्य की नैतिकता को पढ़कर विद्वानों ने इसकी तुलना 'नए बाइबल' के साथ की है। यह भाष्य उन्होंने नव बौद्धों के लिए तैयार किया है। "बौद्ध धर्म का स्वीकार, यह एक प्रासंगिक विषय नहीं है। वह राजनीतिक भी नहीं है। वह केवल सामाजिक ही नहीं है अपितु एक नए जीवन-दर्शन को स्वीकारने का यह प्रश्न है। इस कारण बौद्ध धर्म में प्रवेश एक विशिष्ट काल की घटना न होते हुए निरन्तर चलनेवाली प्रक्रिया है, ऐसी उनकी धारणा थी। इसलिए नवबौद्धों को स्थायी रूप से मार्गदर्शन करनेवाला, सतत अध्ययन और चिन्तन के लिए घर-घर में रखने के लिए, सार्वजनिक और व्यक्तिगत अध्ययन और प्रवचन के लिए इस अभिनव ग्रन्थ की निर्मिति उन्होंने की है।"[8]

बौद्ध धर्म के सम्बन्ध में उनके निष्कर्ष इस प्रकार के हैं :

1. "बुद्ध का धम्म परलोक के सम्बन्ध में नहीं है। इहलोक से ही उसका सम्बन्ध है।

2. वह न स्वर्गवादी है, न नरकवादी है; वह पृथ्वीवादी है।
3. यह धम्म व्यक्तिगत मोक्ष की बात नहीं करता, सामाजिक मुक्ति का सन्देश देता है।
4. यह धम्म निरीश्वरवादी, अनात्मवादी, भौतिकवादी और बुद्धिवादी है।
5. यह धम्म अपरिवर्तनीय नहीं है, परिवर्तनवाद का खुला समर्थक है।
6. अपने 45 वर्ष के धर्मप्रसार कार्य में खुद बुद्ध ने अपने धम्म में उसकी शिक्षा में, उसके आचार-विचारों में, नियम-उपनियमों में सतत परिवर्तन किए हैं। अर्थात् बौद्ध धर्म विकसनशील है।
7. यह धम्म विचारशील है।"[9]

इन अनेक विशेषताओं के कारण विश्व के अन्य धर्मों की तुलना में बौद्ध धर्म की मौलिकता को वे स्पष्ट करते जाते हैं। अन्य धर्मों की तुलना में बुद्ध धम्म आधुनिक, वैज्ञानिक निष्कर्षों पर, कसौटियों पर श्रेष्ठ सिद्ध होता है। आधुनिक युग की चुनौतियों को वह स्वीकार कर सकता है। बुद्धिवाद, सामाजिक सत्ता, बन्धुता, स्वतंत्रता, समाजवाद, जनतंत्र आदि आधुनिक मूल्यों के आलोक में इस धम्म को सिद्ध किया जा सकता है। ऐसा आंबेडकर जी का दावा था। इस धम्म की उपर्युक्त शक्तियों से अपने अनुयायी परिचित हो जाएँ इस उद्देश्य से उन्होंने इस ग्रन्थ की रचना की। यह ग्रन्थ उन्होंने अंग्रेजी भाषा में लिखा है। इसके मूल में इतनी ही दृष्टि थी कि इस धम्म की जीवंतता और आधुनिकता को विश्व के सभी लोग जान लें। बौद्ध धम्म वैश्विक धर्म बने।

बौद्ध धर्म के संस्थापक सिद्धार्थ को वे एक मनुष्य के रूप में ही देखते हैं। उसका चरित्र महामानव का चरित्र नहीं एक मनुष्य का चरित्र है। एक ऐसे मनुष्य का जो मनुष्यमात्र को दु:खों से मुक्त करना चाह रहा था।

बौद्ध धर्म की विशेषता उसके 'संघ' में है। इस संप में सभी बो खुला प्रवेश था। इसी संघ को बुद्ध ने 'त्रिशरण' और 'पंचशील' दिया। समाज-परिवर्तन के लिए भिक्खु बुद्ध ने संघ की आवश्यकता पर बल दिया। संघ स्वयंभू शासित थे। सम्पूर्ण समाज ही स्वयंभू शासित हो ऐसी बुद्ध की अपेक्षा थी।

बुद्ध की विचार-पद्धति और तर्कमीमांसा में शब्दप्रामाण्य, ग्रन्थप्रामाण्य को कहीं पर भी स्थान नहीं है। प्रत्यक्ष प्रमाण और अनुमान, इस पर ही बुद्ध का तर्कशास्त्र खड़ा है। बुद्ध ने एक स्थान पर कहा है, "मेरे शब्दों को प्रमाण न मानो। तुम्हारी बुद्धि अथवा अनुभव से जो बात जँचती हो उसे ही सत्य मानो। इस विश्व

में अन्तिम और अपरिवर्तनीय कुछ भी नहीं है। परिवर्तन और सतत परिवर्तन यही सत्य है।"[10] डॉ. बाबासाहेब बुद्ध के इन वाक्य से अत्यधिक प्रभावित थे। दुनिया के और धर्म और धर्मग्रन्थ शब्दप्रामाण्य को महत्त्व देते हैं, परन्तु बुद्ध ऐसा कोई दावा नहीं करते। अपने उत्तराधिकारी के रूप में वे अपने धम्म की ओर इशारा करते हैं। किसी भी प्रश्न पर अगर निर्णय लेना हो तो भिक्खु संघ में उसकी खुली चर्चा हो, ऐसा उनका आग्रह था। इस चर्चा में अगर सहमति न हो रही हो तो मतदान से निर्णय लिया जाए, ऐसा उनका आग्रह था। जनतंत्र पर निष्ठा रखनेवाले बाबासाहेब को इसी कारण बौद्ध धर्म श्रेष्ठ लगा। जिन प्रश्नों के कारण व्यक्ति का विवेक कुंठित हो जाता है, अंधश्रद्धा का आरम्भ होता है, ऐसों की चर्चा को ही बुद्ध ने वर्जित किया। ये प्रश्न हैं :

1. मैं कौन हूँ? कहाँ से आया हूँ? कहाँ जाऊँगा? इन तीनों प्रश्नों की चर्चा उन्होंने बन्द कर दी।
2. आत्मा-सम्बन्धी सभी कल्पनाओं को उन्होंने 'बकवास' कहा। शरीर संवेदना, चेतना और अनुभव इनमें किसी को भी 'आत्मा' मानने से उन्होंने इनकार किया।
3. विश्व-विकास का आरम्भ किसी विशिष्ट क्षण में हुआ है यह कल्पना भी उन्होंने अस्वीकृत कर दी।
4. ईश्वर ने मनुष्य की निर्मिति की अथवा ब्रह्म के शरीर से मनुष्य की उत्पत्ति हुई—इस सिद्धान्त को भी उन्होंने नकारा।
5. आत्मा के अस्तित्व को भी उन्होंने नकारा।

जिन उपर्युक्त प्रश्नों को बुद्ध ने नकारा है उसी की सर्वाधिक चर्चा दुनिया के अन्य धर्मों में हुई है। यही वे प्रश्न हैं जिनके आधार पर अन्धश्रद्धा और कर्मकांडों की शुरुआत होती है, धर्मपीठ बनते है, मनुष्य और मनुष्य में अन्तर किया जाता है। इन्हीं प्रश्नों के आधार पर ईश्वर के तथाकथित मध्यस्थ या दलाल सामान्य आदमियों का शोषण करते हैं। सत्ता, प्रतिष्ठा या सम्पत्ति की प्राप्ति कर लेते हैं। यही वे प्रश्न थे जिनका उत्तर देते-देते हिन्दू धर्म में वर्ण-व्यवस्था का जन्म हुआ था। इन प्रश्नों को बुद्ध ने नकारा। इसलिए डॉ. बाबासाहेब उनकी ओर आकृष्ट हुए। इसका अर्थ यह नहीं है कि बौद्ध धर्म एक नकारात्मक धर्म है। बुद्ध ने निम्नलिखित मूल्यों को मान्य किया है :

1. कार्यकारणभाव का महान सिद्धान्त।
2. मनुष्य और ईश्वर में जो कुछ घटित होता है वह ईश्वरीय इच्छा के अनुसार ही घटित होता है—दैववाद के इस सिद्धान्त को नकारते हुए उन्होंने शास्त्रीय सिद्धान्त दिया। आत्मा की मुक्ति अथवा मोक्ष के स्थान पर उन्होंने निर्वाण का तत्त्व स्वीकारा।

बुद्ध के अनुसार सभी वस्तुओं में 'मन' श्रेष्ठ है। सभी बातों का केन्द्रबिन्दु मन है। मन ही वस्तुओं की निर्मिति करता है। मन ही वस्तु पर सत्ता चलाता है। सभी मानसिक क्रियाओं का नियंत्रण और नेतृत्व मन करता है। मन को संस्कारित करना बहुत महत्त्व की बात है। सभी अच्छाइयों और बुराइयों का मूल स्रोत 'मन' है। इस कारण 'मन शुद्धि' सच्चे धर्म का सार है। केवल मन की शुद्धि से बात पूरी नहीं होती, उसके अनुसार 'आचरण' की आवश्यकता है।

उपर्युक्त विशेषताओं के कारण आंबेडकर जी को बौद्ध धर्म आधुनिक मनोविज्ञान के निकट का लगा। परिवर्तन के प्रति प्रखर प्रतिबद्धता और व्यक्ति के मन के प्रति निष्ठा इन दो कारणों से उन्हें यह धर्म अधिक वैज्ञानिक लगा। इसके अलावा 'बुद्ध और मार्क्स' नामक अपने एक भाषण में उन्होंने बौद्ध धर्म की एक और विशेषता को स्पष्ट किया है।

बुद्ध और मार्क्स को वे एक-दूसरे का शत्रु अथवा प्रतिस्पर्धी के रूप में नहीं देखते। इन दोनों के बीच स्थित साम्यभेद को वे स्पष्ट करते हैं। इन दोनों में साम्य अधिक है। हिंसा के सिवा दूसरा भेद ही नहीं है, इस कारण उन्होंने 'बौद्ध-साम्यवाद' शब्द का प्रयोग किया है। कम्युनिज्म में से हिंसा निकाल दी जाय तो 'बुद्ध' ही शेष रह जाता है! भौतिकता, अनीश्वरवाद, अनात्मवाद—इन मूलभूत मूल्यों में दोनों में अद्‌भुत समानता है। बुद्धिवाद, वैज्ञानिक दृष्टि और अंधश्रद्धा का विरोध—इनमें भी समानता है। स्वतंत्रता, समता, बन्धुता, सामाजिक न्याय, शोषण-मुक्ति, मनुष्य की प्रतिष्ठा—इन मूलभूत भूमिकाओं के सम्बन्ध में दोनों में अद्‌भुत समानता है। अलबत्ता इन भूमिकाओं तक पहुँचने के दोनों के मार्ग भिन्न हैं। बुद्ध की 'दुख मीमांसा' और मार्क्स की 'शोषण मीमांसा' में आंबेडकर अधिक साम्य दिखाई देता है। बुद्ध व्यक्तिगत सम्पत्ति के विरोध में थे। भिक्खु संघ में व्यक्तिगत सम्पत्ति पर सम्पूर्ण रोक लगा दी गई थी। इस बात को आम्बेडकर जी बार-बार दुहराते हैं।

"बुद्ध का धम्म व्यक्तिनिष्ठ न होकर समाजनिष्ठ है। बौद्ध दर्शन—'धर्म' अथवा 'रिलीजन' शब्द के अन्तर्गत नहीं आता, वह 'धम्म' अथवा फिलॉसफी ऑफ

रिलीजन है। बौद्ध धम्म ने 'नैतिकता' को सर्वाधिक महत्त्व दिया। यह 'नैतिकता' ही धम्म है। उसके अभाव में समाज-धारणा सम्भव ही नहीं है। यह नैतिकता, स्वतंत्रता, समता और बन्धुता के संवर्धन के लिए ही होनी चाहिए। परिवर्तित समाज मन की विविध प्रवृत्तियों पर सम्यक नियंत्रण रखने का कार्य इस नैतिकता को करना है। डॉ. बाबासाहेब इसी नैतिकता को 'धम्म' कहते हैं। (बुद्ध एंड हिज धम्मा) एक स्थान पर इसी नैतिकता को उन्होंने जनतंत्र 'डेमोक्रेसी' कहा है (ॲनी रिलेशन ऑफ कास्ट)।"[11]

आंबेडकर जी के धर्म-विषयक विचारों के उपर्युक्त विश्लेषण से यह स्पष्ट है कि वे धर्म को मनुष्य की उन्नति का एक साधन मात्र मानते थे। धर्म मनुष्य के लिए है अथवा मनुष्य धर्म के लिए है, ऐसा प्रश्न उठाते हुए वे इसका स्वयं उत्तर देते हैं, "जो धर्म हमारी चिन्ता करता हो, हमें अवसर प्रदान करता हो, उसके लिए हम प्राण तक देने के लिए तैयार हैं। जो धर्म हमारी परवाह ही नहीं करता, उसकी परवाह हम क्यों करें? मनुष्य के लिए धर्म को वे अनिवार्य मानते हैं। धर्म उनकी दृष्टि में 'विशुद्ध नैतिकता' का दूसरा नाम है।"[12] युवकों की धर्मविरोधी वृत्ति से उन्हें दुःख होता था। वे इस बात पर विश्वास रखते थे कि धर्म में व्यक्ति की आशा को, उसके परिश्रम और उसकी जिद को बनाए रखने की अद्भुत शक्ति होती है। विशेषतः गरीबों के जीवन में धर्म बहुत अहम् भूमिका निभाता है, ऐसी उनकी स्थापना थी। धर्म के कारण ही व्यक्ति निराशा से बाहर आ सकता है, आत्महत्या से विमुख हो सकता है, अधिक साहस से परिस्थिति के साथ संघर्ष कर सकता है, ऐसा उनका विश्वास था। एक ओर धर्म व्यक्ति के आचरण को नियंत्रित करता है तो दूसरी ओर वह उसे भविष्य के प्रति आस्थावान बनाए रखता है। इन्हीं कारणों से धर्म को नकारना उनके लिए सम्भव नहीं था।

दलित समाज को हिन्दू धर्म से निकालकर बौद्ध धर्म में प्रवेश करवाते समय उनका यह अटूट विश्वास था कि बौद्ध धर्म के श्रेष्ठ मूल्यों को दलित अपनाएँगे, प्रखर बुद्धिवाद, अनात्मवाद और स्वयंभू शासन की वृत्ति को स्वीकार करते हुए वे संघटित होंगे, संघर्ष करेंगे और अपनी यातनाओं से मुक्त हो जाएँगे। समाज जैसे-जैसे अधिक बुद्धिवादी होता जाएगा, वैसे-वैसे वह बौद्ध धर्म की ओर आकृष्ट होता जाएगा—ऐसी उनकी मान्यता थी। उनकी मृत्यु के चौंतीस वर्ष बाद अगर हम भारतीय समाज की ओर देखें तो स्पष्ट हो जाएगा कि बाबासाहेब के सपनों को हम अभी तक मूर्त रूप दे नहीं सके हैं।

सन्दर्भ

1. महामानव डॉ. बाबासाहेब आंबेडकर, प्रभाकर दिघे, पृ. 140
2. डॉ. बाबासाहेब आंबेडकर, भालचन्द्र फड़के, पृ. 186
3. डॉ. बाबासाहेब आंबेडकर, धनंजय कीर, पृ. 281
4. वही, पृ. 283-284
5. वही, पृ. 435
6. वही, पृ. 288
7. डॉ. आंबेडकर आणि त्यांचा धम्म, प्रभाकर वैद्य, पृ. 133-134
8. वही, पृ. 117
9. वही, पृ. 120
10. वही, पृ. 137
11. डॉ. आंबेडकर तत्त्वज्ञान : प्रचिती आणि आविष्कार, ताराचन्द खांडेकर, पृ. 77
12. महामानव बाबासाहेब आंबेडकर, प्रभाकर वैद्य, पृ. 137

डॉ. आंबेडकर के राजनीतिक विचार

डॉ. आंबेडकर मूलतः समाज-सुधारक थे। 'समाज-सुधारक' कहने की अपेक्षा उन्हें सम्पूर्ण भारतीय समाज-व्यवस्था को नई पद्धति से बाँधने के लिए प्रयत्नशील व्यक्ति के रूप में देखना अधिक औचित्यपूर्ण होगा। परम्परा द्वारा नकारे गए एक समूह को मानवीय अधिकार दिलाने के लिए उन्होंने जो आन्दोलन किए, जो संघर्ष किया और धर्म और परम्परा का जो गवेषणापूर्ण अध्ययन प्रस्तुत किया, वह अपने आप में विशिष्ट है। वे इस बात को जान चुके थे कि हिन्दू मानसिकता में इतनी सहजता से परिवर्तन सम्भव नहीं है। दलितों को उनके मानवीय अधिकार सवर्णों के हृदय-परिवर्तन से प्राप्त नहीं हो सकते, इन मानवीय अधिकारों को राजनीति में सक्रिय हिस्सा लेकर खींच लेना होगा, इस निर्णय पर वे आ चुके थे।

वे जनतांत्रिक व्यवस्था के जबरदस्त समर्थक थे। परन्तु जनतंत्र बहुसंख्यकों के मतों पर निर्णय लेता है और इस निर्णय-प्रक्रिया में परम्परा से नकारे गए समाज को स्थान मिलना असम्भव ही है! इसलिए दलितों को उनके अधिकार प्राप्त करा देने के लिए, इस निर्णय-प्रक्रिया में हिस्सेदारी माँगना जरूरी ही नहीं, अपरिहार्य भी था। 1917 से वे लगातार इस निर्णय-प्रक्रिया में हिस्सेदारी माँग रहे थे। वे इस निष्कर्ष पर पहुँच चुके थे कि जब तक दलितों को राजनीति में साझेदारी प्राप्त नहीं होगी तब तक उन्हें उनके अधिकार प्राप्त नहीं हो सकते। इसलिए वे राजनीतिक मोर्चे पर दलितों के हक की लड़ाई लड़ रहे थे :

1. प्रखर बुद्धिमत्ता और तटस्थ संशोधन वृत्ति के सहारे वे भारतीय जाति-व्यवस्था, वर्ण-व्यवस्था, अस्पृश्यों की उत्पत्ति आदि की खोज कर इन सबकी निरर्थकता को सप्रमाण सिद्ध कर रहे थे।
2. 1917 से वे लगातार पहले अंग्रेजों से और बाद में भारतीय संसद से

दलितों के राजनीतिक अधिकारों की माँग कर रहे थे।

3. विविध प्रतीकात्मक आन्दोलनों, सत्याग्रहों, भाषणों और लेखों द्वारा वे दलित और सवर्णों में वैचारिक परिवर्तन की कोशिश कर रहे थे। दलितों को उनकी 'अस्मिता' का एहसास करा रहे थे।

उनके राजनीतिक विचारों को जानने के लिए उनके आर्थिक, सामाजिक और धार्मिक विचारों को समझ लेना जरूरी है। अपने राजनीतिक विचार उन्होंने स्वतंत्र पुस्तक रूप में कहीं लिखे नहीं हैं। 'रानडे, गांधी और जीना', 'फेडरेशन व्हर्सेस फ्रीडम', 'स्टेट्स एंड माइनोरिटीज', 'थॉट्स ऑन पाकिस्तान', 'थॉट्स ऑन लिंग्वेस्टीक स्टेट्स' आदि प्रकाशित ग्रन्थ, भारतीय संविधान सभा और संसद में दिये गए भाषण, उनके द्वारा स्थापित स्वतंत्र मजदूर पार्टी, सेड्यूल्ड कास्ट फेडरेशन और उनके सपनों में स्थित रिपब्लिकन पार्टी आदि के घोषणा-पत्र—इन सबके आधार पर उनके राजनीतिक विचारों को प्रस्तुत किया जा सकता है।

बाबासाहेब ने अस्पृश्य और दलितों के लिए जो संघर्ष किए हैं, उनकी मुक्ति के लिए जो दर्शन प्रस्तुत किया है वह किसी जाति या वर्ण तक सीमित नहीं है। वे एक ऐसी राजनीतिक व्यवस्था चाह रहे थे जिसमें धर्म, राज्य, सत्ता, पूँजीवाद, पौरोहित्यवाद आदि द्वारा स्त्री और पुरुष का शोषण समाप्त हो जाए। "उनके समग्र राजनीतिक विचारों के केन्द्र में 'मनुष्य' है। इस मनुष्य की स्वतंत्रता को नष्ट करनेवाले आर्थिक, धार्मिक, सामाजिक और राजनीतिक बन्धनों के विरोध में वे अपने विचार प्रस्तुत करते हैं। उनका राजनीतिक दर्शन व्यक्ति और समाज के परस्पर सम्बन्धों से, परस्पर अनुभव और एहसास के साथ जुड़ा हुआ है।"[1]

उनके राजनीतिक विचार व्यक्ति और समाज की मूलभूत आवश्यकताओं तक ही सीमित नहीं हैं। रोटी, कपड़ा और मकान की पूर्ति से सत्ता की जिम्मेदारी खत्म होती है, ऐसा वे नहीं मानते। इन जरूरतों के अलावा मनुष्य के सामाजिक, धार्मिक और सांस्कृतिक मूल्यों को भी वे महत्त्व देते हैं।

'धर्म एक अफीम की गोली है'—मार्क्स की यह उक्ति उन्हें मान्य नहीं थी। ठीक उसी प्रकार किसी भी धर्म में स्थित पौरोहित्यवाद भी उन्हें मान्य नहीं था। जनतंत्र की व्याख्या करते हुए उन्होंने लिखा—"जनतंत्र सार्वजनिक जीवन जीने की पद्धति है। जनतंत्र की जड़ें व्यक्ति के सामाजिक सम्बन्धों में खोजनी पड़ती हैं। जनतंत्र एक ऐसी शासन-प्रणाली है, जिसके द्वारा आर्थिक और सामाजिक क्षेत्र में

बिना रक्त की एक बूँद बहाए क्रान्तिकारी परिवर्तन लाए जा सकते हैं।"[2] भारतीय संविधान बनाते समय उन्होंने व्यक्ति के मूलभूत अधिकारों के सम्बन्ध में आक्रामक भूमिका निभाई थी। रंग, वर्ण, जाति और लिंग के परे जाकर मनुष्य की मनुष्य के रूप में पहचान हो—ऐसा उनका आग्रह था। ऐसी पहचान अगर हो तो जनतंत्र मजबूत हो सकता है, ऐसा उनका विश्वास था।

जनतांत्रिक व्यवस्था की सफलता के लिए मजबूत विरोधी दल की आवश्यकता का वे प्रतिपादन करते हैं। "एक ही व्यक्ति अथवा एक ही राजनीतिक दल के हाथों अगर सत्ता सुरक्षित रह जाए तो ऐसी स्थिति में उस राष्ट्र में संसदीय प्रणाली और जनतंत्र की हत्या हो जाती है, अराजकता की स्थिति पैदा हो जाती है—ऐसा वे महसूस करते थे।"[3] मजबूत विरोधी दल सत्ताधारियों पर नियंत्रण रख सकता है, उन्हें जनहित की ओर मोड़ सकता है, ऐसा उनका विश्वास था।

1936 में उन्होंने स्वतंत्र मजदूर पार्टी की स्थापना की। उनकी धारणा थी कि भारतीय राजनीति में सम्पन्न और उच्च वर्ण ही अधिक सक्रिय हैं। ऐसी सत्ता किसानों और मजदूरों को न्याय नहीं दे सकती। सामाजिक, राजनीतिक और आर्थिक समता की लड़ाई के लिए मजबूत और प्रभावपूर्ण विरोधी दल की आवश्यकता है और इसीलिए उन्होंने स्वतंत्र मजदूर दल की स्थापना की। इस दल के घोषणापत्र से यह स्पष्ट है कि वे किस प्रकार की समाज-व्यवस्था चाह रहे थे। मजदूरों की एक सभा में उन्होंने कहा था—"दुनिया में दो ही वर्ग हैं—गरीब और अमीर, शोषित और शोषक। एक और मध्यवर्ग है, पर वह संख्या में बहुत छोटा है। किसान और मजदूर शोषित हैं। इसी कारण उन्हें संघटित होना जरूरी है।"[4]

स्वतंत्र मजदूर पार्टी के घोषणा-पत्र में उनके राजनीति-विषयक विचार अधिक स्पष्ट शब्दों में व्यक्त हुए हैं। यह घोषणा-पत्र कई हिस्सों में बँटा हुआ है। आर्थिक नीति के अन्तर्गत वे यह स्पष्ट करते हैं कि :

1. कृषि की ओर व्यवसाय के रूप में देखा जाए। इस व्यवसाय को आर्थिक सहायता की अत्यधिक आवश्यकता है। इसके लिए भू-विकास बैंक, को-ऑपरेटिव क्रेडिट सोसायटीज, मार्केटिंग सोसायटीज की स्थापना की जाए।
2. कृषि व्यवसाय आज (1936) घाटे में है, क्योंकि जमीन के छोटे-छोटे टुकड़े किए गए हैं, कृषि पर बहुत बड़ी जनसंख्या निर्भर है। इस जनसंख्या

को दूसरे व्यवसायों की ओर मोड़ना जरूरी है।

3. उद्योग व्यवसाय की शिक्षा देने वाले शिक्षा-केन्द्र शुरू करने जरूरी हैं।
4. जनहित की दृष्टि से देश के बड़े उद्योगों का राष्ट्रीयकरण होना जरूरी है।
5. देश की अर्थ-व्यवस्था का लाभ विशिष्ट वर्ग को ही होता है। बहुत बड़े वर्ग पर अगर अन्याय होता हो तो इस व्यवस्था को बदलना, परिवर्तित करना या नष्ट करना जरूरी है।
6. जमीन जोतनेवाले की ही जमीन होनी चाहिए।
7. मजदूरों का शोषण कम कर उनके वेतन पर सरकारी नियंत्रण चाहिए। उन्हें उनकी छुट्टियों और काम की अवधि, सवेतन छुट्टी, बोनस, पेंशन आदि देने की कानूनी व्यवस्था जरूरी है।

सामाजिक सुधार के अन्तर्गत

1. सामाजिक बहिष्कार को कानूनन बन्द करना होगा।
2. संविधान और कानून से प्राप्त अधिकारों का उपभोग करते समय किसी व्यक्ति या वर्ग को अगर आतंकित किया जाए अथवा बहिष्कृत किया जाए तो उसे कानूनन अपराधी घोषित किया जाना चाहिए।
3. धर्म के नाम पर इकट्ठी होने वाली सम्पत्ति का दुरुपयोग न हो इस हेतु सार्वजनिक धर्मादाय संस्थाएँ निर्माण कर उन पर नियंत्रण रखने के लिए कानून बनाने चाहिए।

शिक्षा सम्बन्धी विचार

1. नि:शुल्क और अनिवार्य रूप से प्राथमिक शिक्षा की व्यवस्था हो।
2. साक्षरता प्रचार के लिए अशिक्षित, प्रौढ़ शिक्षा की योजना हो।
3. औद्योगिक शिक्षा पर विशेष बल हो।
4. दलित, अस्पृश्य और पिछड़ी जातियों के प्रतिभासम्पन्न और बुद्धिमान युवकों को उच्च शिक्षा के लिए सरकारी कोष की व्यवस्था हो।
5. प्रादेशिक विश्वविद्यालयों की स्थापना हो।

बाद में रिपब्लिकन पार्टी के जो मार्गदर्शक तत्त्व उन्होंने बनाए थे, उससे भी उनके राजनीतिक विचार अधिक स्पष्ट हो जाते हैं। इसके अन्तर्गत उन्होंने कहा :

1. सभी भारतीयों को समता का व्यवहार मिलना चाहिए।
2. जीवन के सभी क्षेत्रों में ऐसी व्यवस्था हो, जिससे प्रत्येक व्यक्ति अपनी बुद्धि और प्रतिभा के अनुसार अपना विकास कर सके।
3. प्रत्येक भारतीय को धार्मिक, आर्थिक और राजनीतिक स्वतंत्रता मिले।
4. प्रत्येक भारतीय को समान अवसरों का अधिकार मिले।
5. प्रत्येक भारतीय अपनी जरूरतों से और भय से मुक्त हो जाए। उसे इन दोनों से मुक्त रखने की जिम्मेदारी राज्य की है।
6. एक व्यक्ति दूसरे व्यक्ति का, एक वर्ण दूसरे वर्ण का, एक राष्ट्र दूसरे राष्ट्र का शोषण न करे।[5]

जनतंत्र और संसदीय प्रणाली के सम्बन्ध में उनके अपने स्वतंत्र विचार हैं। प्रौढ़ मताधिकार के कारण जनसामान्य की सरकार प्रस्थापित होने की केवल सम्भावना मात्र होती है। परन्तु ऐसी प्रणाली के लोगों के द्वारा, लोगों के लिए चलाई गई सरकार अस्तित्व में आएगी ही ऐसी गारंटी नहीं होती—ऐसा स्पष्ट संकेत भी वे देते हैं।

जनतांत्रिक व्यवस्था परिवर्तनशील व्यवस्था है—ऐसा वे कहते हैं। इंग्लैंड की जनतांत्रिक व्यवस्था के इतिहास को प्रस्तुत करते हुए वे उपर्युक्त सिद्धान्त को सिद्ध करते हैं। जनतंत्र की सफलता के लिए उसके अनुकूल पृष्ठभूमि की जरूरत होती है। उनके मतानुसार किसी भी देश की समाज-रचना में निम्नलिखित बातें हों तो ही जनतंत्र की सफलता सम्भव होती है :

1. उस समाज-व्यवस्था में विषमता अधिक मात्रा में न हो।
2. वहाँ विरोधी दल का अस्तित्व हो।
3. कानून और प्रशासन में समानता हो। ये एक-दूसरे के लिए पूरक हों, विरोधक नहीं।
4. संवैधानिक नैतिकता के पालन की वृत्ति जनता तथा शासक में हो। असंवैधानिक आचरण न हो।
5. बहुसंख्यकों की दादागीरी न चलती हो।
6. उस समाज में नैतिक मूल्यों को सर्वोपरि महत्त्व दिया जाता हो। नैतिक मूल्य आचरण में प्रस्थापित हुए हों।
7. जागृत जनमत हो। देश के प्रशासन के प्रति जनता संवेदनशील हो। देश में घटित घटनाओं, पारित कानूनों के प्रति उनमें अत्यधिक जागरूकता हो।"[6]

जनतांत्रिक प्रणाली उपर्युक्त नींव पर खड़ी होती है। दरिद्रता, अशिक्षा, जाति और वर्णभेद जनतंत्र के लिए बहुत बड़े खतरे होते हैं। उनके मतानुसार वर्गीय समाज-रचना जनतंत्र के लिए हमेशा खतरनाक साबित हुई है। क्योंकि "वर्गीय समाज में एक ओर जुल्म, झूठा अहंकार, दुरभिमान, लोभ और स्वार्थ फैला हुआ होता है तो दूसरी ओर स्वतंत्रता, अस्मिता, स्वाभिमान और प्रतिष्ठा का पूर्ण अभाव होता है। असुरक्षितता, दरिद्रता तथा भय का आतंक भी ऐसे समाज में होता है।"[7]

जनतंत्र को वे सामाजिक संघटन के रूप में देखते हैं। इसी कसौटी पर वे जनतंत्र की समीक्षा करते हैं। समाज में स्थित प्रत्येक नागरिक को इतनी फुर्सत मिलनी चाहिए कि वह सांस्कृतिक दृष्टि से अपनी प्रगति कर सके। इस प्रकार की समाज-व्यवस्था में जनतंत्र अधिक सुरक्षित रह सकता है। आम आदमी को सुरक्षितता का एहसास हो यह जरूरी है। ऐसी व्यवस्था में मानवी अधिकारों को सर्वोपरि महत्त्व दिया जाना चाहिए। व्यक्ति-विकास के अनुकूल समाज-रचना यह जनतंत्र की सीढ़ियाँ हैं। अनुकूलता की सीढ़ियों को पार करते हुए ही यह व्यवस्था अपने आदर्शतम लक्ष्य तक पहुँच सकती है—ऐसी उनका विश्वास था। अर्थात् राजनीतिक जनतंत्र अस्तित्व में लाने के पूर्व 'सामाजिक जनतंत्र' मजबूत करना जरूरी है। 'सामाजिक जनतंत्र' (समता, बन्धुता, स्वतंत्रता) का निर्माण अगर नहीं हो पाया तो राजनीतिक जनतंत्र किसी भी क्षण खत्म हो सकता है—ऐसा इशारा वे देते हैं।

'सामाजिक जनतंत्र' की उनकी कल्पना में दो प्रमुख बातें अन्तर्निहित थीं—अपने सहयोगियों के प्रति बन्धुत्व की भावना, समता की दृष्टि और कठोर सामाजिक बन्धनों से मुक्ति। 'विशेष अधिकारप्राप्त समूह' और 'अधिकारहीन समूह' जनतंत्र के लिए विसंगत होते हैं। उच्च राजनीतिक लक्ष्य की प्राप्ति के लिए उच्च सामाजिक लक्ष्य भी होने जरूरी हैं। तभी इन दोनों में संगति और संवाद की सम्भावना होती है। इन दो लक्ष्यों के समन्वय से युक्त जनतंत्र के वे हिमायती थे।

उनके अनुसार 'राजनीतिक जनतंत्र' के चार प्रमुख आधार होते हैं :

1. व्यक्तिविकास का लक्ष्य।
2. व्यक्ति को कुछ अदेय (किसी और को जो दिये नहीं जा सकते ऐसे अधिकार) अधिकार होते हैं। इन अधिकारों की गारन्टी संविधान दे।
3. कुछ विशेष अधिकारों को पाने के लिए उसे अपने संवैधानिक अधिकार छोड़ने न पड़ें।

4. कुछ व्यक्तियों को अथवा किसी वर्ग को अन्य व्यक्तियों या अन्य वर्ग पर नियंत्रण या शासन करने का अधिकार किसी भी स्थिति में दिया न जाता हो।
5. प्रत्येक व्यक्ति को शासन पर टीका करने का या सत्ता प्राप्त करने का अधिकार प्राप्त हो।

कानून के सम्बन्ध में उनकी यह स्पष्ट धारणा थी कि कानून व्यक्ति द्वारा व्यक्ति के लिए बनाए जाते हैं। "कानून के लिए मनुष्य नहीं है, कानून ने मनुष्य को बनाया नहीं है अपितु मनुष्य ने मनुष्य के सुख के लिए कानून बनाए हैं।"[8] कानून में सतत संशोधन की आवश्यकता होती है। परन्तु यह संशोधन भी सबकी सहमति से ही होना चाहिए। सभी के लिए, सभी स्थानों पर एक ही कानून हो। उसी में सभी का हित सुरक्षित होता है। कानून सामाजिक हो, मानवीय हो अर्थात् उसका परिणाम सार्वत्रिक हो। शिक्षा द्वारा कानून का महत्त्व सिद्ध हो, उसका प्रचार-प्रसार हो, परन्तु कानून की ओर जनता भय की दृष्टि से न देखे। कानून निम्नलिखित पाँच मानवीय मूल्यों पर आधारित होने चाहिए। भारतीय संविधान के घोषणापत्र में इन मूल्यों का उल्लेख उन्होंने कर दिया था :

1. कानून लोगों के हित के लिए होता है।
2. कानून स्वच्छन्द अथवा भय के स्रोत से मुक्त होता है।
3. कानून धर्म-निरपेक्ष होता है।
4. वह ईश्वरीय प्रेरणा से नहीं बनता, वह मनुष्य की प्रेरणा से तथा मानव पुरस्कृत होता है।
5. जरूरत तथा समयानुसार उसमें संशोधन, परिवर्तन किया जा सकता है।

डॉ. आंबेडकर जनतंत्र को एक जीवन-पद्धति मानते हैं। वे व्यक्ति की श्रेष्ठता पर बल देते हैं और सत्ता के परिवर्तन को एक साधन मानते हैं। कुछ संवैधानिक अधिकार देने मात्र से जनतंत्र की नींव पक्की हो जाती है, इस पर उनका विश्वास नहीं था। उनकी जनतांत्रिक व्यवस्था की कल्पना में 'नैतिकता' और 'सामाजिकता', ये दो प्रमुख मूल्य रहे हैं। जीवन्त मनुष्यों को नियंत्रित करने के लिए, उन्हें इकट्ठे जीने के लिए आवश्यक सामाजिक, आर्थिक और राजनीतिक मूल्यों की निर्मिति के लिए प्रत्येक की साझेदारी आवश्यक है, ऐसा वे मानते हैं। उनकी जनतंत्र की

कल्पना स्थितिवादी अथवा जड़वादी न होकर गतिशील तथा समाज-परिवर्तन के लिए प्रतिबद्ध ऐसी कल्पना है।

जनतंत्र की सुरक्षितता और उसकी सफलता के लिए डॉ. आंबेडकर जी निम्नलिखित उपाय समझाते हैं :

1. **संवैधानिक कार्य**—हिंसात्मक तथा रक्त से सनी क्रान्ति के मार्ग का उन्होंने खंडन किया है। ठीक इसी प्रकार सविनय कानून-तोड़ आन्दोलन, असहयोग और सत्याग्रह के मार्गों को भी उन्होंने त्याज्य माना है। इन उपायों को वे 'अराजकता का व्याकरण' कहते हैं।
2. **व्यक्तिपूजा का त्याग**—श्रेष्ठ व्यक्ति अथवा महामानव के प्रति कृतज्ञता अथवा श्रद्धा व्यक्त करना गलत नहीं है, ऐसा वे कहते हैं। आत्मा के उद्धार के मार्ग के रूप में वे भक्ति की श्रेष्ठता को स्वीकार करते हैं, परन्तु राजनीति में 'भक्ति' अथवा 'व्यक्ति-पूजा' का मार्ग अध:पतन का मार्ग है, इसे वे स्पष्ट करते हैं। ऐसी भक्ति या व्यक्ति-पूजा से देश में तानाशाही विकसित होने लगती है—ऐसी उनकी मान्यता है।
3. **राजनीतिक जनतंत्र से सामाजिक जनतंत्र की ओर**—सामाजिक जनतंत्र की नींव मजबूत करने से ही राजनीतिक जनतंत्र सुरक्षित रह सकता है। सामाजिक जनतंत्र जीवन का एक क्रम ही है ऐसा वे कहते हैं। इसी कारण स्वतंत्रता, समता और बन्धुता को वे जीवनतत्त्व मानते हैं।

राजनीति में समता और आर्थिक क्षेत्र में विषमता—इस दृश्य को बदलना जरूरी है। इन दोनों के बीच की यह विसंगति जल्द-से-जल्द समाप्त होनी जरूरी है। निकट भविष्य में अगर ऐसा नहीं हो सका तो, "विषमता में जो छटपटा रहे हैं, ऐसे वर्ग जनतंत्र के मुखौटे का पर्दाफाश कर देंगे—ऐसा इशारा वे संविधान सभा में देते हैं।"[9]

उनका यह विश्वास था कि 'सामाजिक चेतना' के अभाव में जनतंत्र अपनी आत्मा को ही खो बैठता है। जब तक 'सामाजिक जनतंत्र' नहीं होगा तब तक 'सामाजिक चेतना' भी विकसित नहीं हो पाएगी। सामाजिक जनतंत्र का अगर अभाव हो तो 'मूलभूत अधिकार' बेमतलब के हो जाएँगे। वास्तव में व्यक्ति के मूलभूत अधिकार कानून द्वारा संरक्षित नहीं होते, वे संरक्षित होते हैं सामाजिक और नैतिक चेतना द्वारा। किसी व्यक्ति अथवा वर्ग के मूलभूत अधिकारों का अगर समाज का बहुसंख्यक वर्ग विरोध कर रहा हो, मान्यता नहीं दे रहा हो, आचरण

के स्तर पर स्वीकार न कर रहा हो, तो दुनिया का कोई कानून, कोई संसद, कोई न्यायालय उस व्यक्ति या वर्ग को उसके अधिकार वास्तविक अर्थ में वापिस नहीं दिला सकता।

उनके आरम्भिक लेखों के अध्ययन से यह स्पष्ट हो जाता है कि एक सफल जनतंत्र के लिए वे कृषि सम्बन्धों के सामाजिकीकरण पर बल दे रहे थे। इस देश की व्यवस्था में किसानों का अक्सर शोषण हुआ है, वर्ण और जाति के सर्वोच्च शिखर पर बैठे हुए जातियों और वर्णों ने 'श्रमिकों', 'आदिवासियों' और 'किसानों' को उत्पादन की एक मशीन मात्र माना है। इस मशीन के उत्पादन के सारे फायदे उन लोगों ने ही उठाए हैं। इस कारण उत्पादन के सम्बन्धों को नए ढंग से पुनररचित करने का आग्रह वे कर रहे थे। इस सम्बन्ध में उन्होंने कुछ उपाय सुझाए हैं :

1. सम्पूर्ण कृषि भूमि का राष्ट्रीयकरण किया जाए। जमींदारी और भूमि के मालिकों को भूमि का पैसा दिया जाए।
2. सामूहिक खेती शुरू की जाए। श्रमिकों और मज़दूरों को मजदूरी की गारंटी दी जाए।

अपने एक प्रसिद्ध ग्रन्थ 'स्टेट एंड मायनोरिटीज' में अपनी इस उपर्युक्त योजना को उन्होंने विस्तारपूर्वक समझाया है। इस प्रकार के क्रान्तिकारी मार्ग सुझाकर भी वे 'मार्क्सवाद' या 'कम्युनिज्म' से अपने मतभेद बार-बार स्पष्ट करते हैं।

दलितों के लिए वे विशेष प्रतिनिधित्व की माँग कर रहे थे। इस सन्दर्भ में साइमन-कमीशन ने उनसे पूछा कि अगर प्रत्येक अल्प संख्यांक जाति या समूह विशेष प्रतिनिधित्व माँगने लगा तो बहुसंख्यांकों का क्या होगा? तब आंबेडकर जी ने उत्तर दिया कि ऐसी स्थिति में समाज दो वर्गों में विभाजित हो जाएगा—पूँजीपति और मजदूर। मजदूरों के आन्दोलनों के सम्बन्ध में उनके दो प्रमुख आक्षेप थे—

1. अस्पृश्यता के कारण अस्पृश्य मजदूरों को मीलों के अधिक फायदेमन्द विभागों में काम नहीं दिया जाता।
2. दलित वर्ग साहूकारों के पंजे में फँस गया है। इस कारण उसकी आर्थिक स्थिति कमजोर हो गई है। मजदूर नेता साहूकारों के खिलाफ आवाज नहीं उठाते। वे कहते, दलित वर्ग के दो मुख्य शत्रु हैं—(अ) ब्राह्मण-धर्म (आ) पूँजीवाद।

1938 की मुम्बई विधिसभा में औद्योगिक कलह सम्बन्धी एक विधेयक प्रस्तुत किया गया था। इस विधेयक में 'हड़ताल' का विरोध किया गया था। इस विधेयक पर बोलते हुए उन्होंने कहा, "हड़ताल स्वतंत्रता का अधिकार है।" इस विधेयक ने हड़ताल पर पाबन्दी लगाकर मजदूरों को गुलामगिरी की अवस्था तक पहुँचाया है। यह विधेयक मजदूरों की नागरी स्वतंत्रता पर पाबन्दी लगाने वाला है। यह प्रतिगामी और पाशवी है। इस विधेयक ने जनतंत्र का मजाक उड़ाया है।"[10] इस वक्तव्य से यह स्पष्ट है कि वे हड़ताल के समर्थक थे।

वे समाजवादी व्यवस्था के समर्थक थे। वर्गप्रधान अथवा वर्गाधिष्ठित समाज को मान्यता देना जनतंत्र के विरोध में है, अयथार्थ है, ऐसा उन्हें लगता था। वे पददलितों के कट्टर समर्थक थे। दरिद्रता पर हमला उनके समाजवाद की प्रेरणा थी। व्यक्तिगत सम्पत्ति का अधिकार और व्यक्तिगत लाभ के लिए किए जानेवाले प्रयत्नों पर किसी भी प्रकार का नियंत्रण न होना उन्हें गलत लगता था। व्यक्तिगत सम्पत्ति का अधिकार समाप्त किया जाना चाहिए ऐसा उनका आग्रह था। समाज के आर्थिक सम्बन्ध दो मूलभूत कल्पनाओं पर आधारित होने चाहिए, इस पर उन्होंने बल दिया है। 'राज्य समाजवाद' (स्टेट सोशलिज्म) और 'संवैधानिक कानून और संसदीय जनतंत्र' यह वे दो कल्पनाएँ हैं। आर्थिक विषमता से मुक्त होने के लिए राज्य का नियंत्रण आवश्यक है ऐसी उनकी मान्यता थी। इसका अर्थ यह नहीं कि वे मार्क्सवादी समाजवाद के समर्थक थे। उन्होंने स्पष्ट कहा है, "राज्य में अधिकाधिक उत्पादकता निर्माण होनी चाहिए। आर्थिक क्षेत्र पर नियंत्रण रखने की स्वतंत्रता, राज्य को होनी चाहिए। ठीक उसी समय निजी उद्योग-धन्धों को विकास के अवसर मिलने चाहिए और सम्पत्ति का न्याय्य विभाजन होना चाहिए।"[11] अर्थव्यवस्था पर राज्य के सम्पूर्ण नियंत्रण और एकाधिपत्य (स्टेट मोनोपली) के वे विरुद्ध थे। कृषि योग्य भूमि का राष्ट्रीयकरण, सामुदायिक खेती, औद्योगिक क्षेत्र में सौम्य स्वरूप का समाजवाद और बीमा का राष्ट्रीयकरण इस रूप में अर्थ-व्यवस्था की पुनर्रचना उन्हें अभिप्रेत थी। निजी सम्पत्ति को वे नष्ट नहीं करना चाहते थे। राज्य नियंत्रण और निजी सम्पत्ति में सन्तुलन बनाए रखना जरूरी है ऐसा उनका आग्रह था।

वे राज्य समाजवाद के समर्थक थे पर उसके लिए जनतांत्रिक समाजवाद को त्यागने की उनकी इच्छा नहीं थी। नियोजित अर्थव्यवस्था की यशस्विता के लिए वे जनतंत्र को त्यागने के लिए तैयार नहीं थे। संसदीय जनतंत्र की आवश्यकता तो है ही। उसे बनाए रखते हुए राज्य समाजवाद का स्वीकार संविधान और कानून की

चौखट में किया जाना चाहिए। पूँजीपति वर्ग की अमर्याद महत्त्वाकांक्षाओं पर नियंत्रण का वे आग्रह कर रहे थे। गांधीजी की ट्रस्टीशिप की कल्पना उन्हें हास्यास्पद लगती थी। पूँजीवादी वर्ग अपने शोषण के समर्थन के लिए आध्यात्मिक परिभाषाओं का आधार लेता है। इस कारण गरीब पिछले जन्मों के कर्मों के कारण गरीब हुए—ऐसी भाषा अपने आप आ जाती है। उनका समाज-विषयक और जीवन-विषयक दृष्टिकोण आध्यात्मिक नहीं था। इसी कारण गांधीजी के ट्रस्टीशिप सिद्धान्त का उन्होंने विरोध किया।

भारत के सभी दलित, शोषित और श्रमिकों को एक झंडे के नीचे लाकर उनका एक राजनीतिक दल वे बनाना चाह रहे थे। उनके पूर्व भारत में 'डिप्रेस्ड क्लासेस मिशन' नाम की संस्था कार्यरत थी। पर उसका स्वरूप राजनीतिक नहीं था। 1935 के कानून के अन्तर्गत 1937 में चुनाव घोषित हुए। दलितों का अपना कोई राजनीतिक दल नहीं था। ऐसी स्थिति में 1936 में उन्होंने 'स्वतंत्र मजदूर दल' की स्थापना की। इस राजनीतिक दल के घोषणापत्र का विस्तार से विवेचन हमने पिछले पृष्ठों में किया है। इस दल की ओर से वे विधिमंडल में गए। अगले कुछ वर्षों में इसी स्वतंत्र मजदूर दल का रूपान्तर उन्होंने 'शेड्यूल कास्ट फेडरेशन' में किया। जीवन के अन्तिम समय में वे 'रिपब्लिकन पार्टी' की योजना बना रहे थे। प्रगतिशील शक्तियों को संघटित होकर चुनाव के मैदान में उतरना चाहिए ऐसा उनका आग्रह था। इन दलों का ह्रास अथवा नाश वास्तव में राष्ट्र पर आया हुआ संकट है ऐसा उन्हें लगता था। एक ही पार्टी के हाथ में निरन्तर सत्ता रहना जनतंत्र के लिए घातक है। जनतांत्रिक मानसिकता का अभाव इससे स्पष्ट हो जाता है ऐसी उनकी धारणा थी। जनतंत्र में सरकार चलाने के लिए पार्टी तो चाहिए ही पर उसमें कम-से-कम दो पार्टियाँ तो अनिवार्य रूप से चाहिए।

किसी भी राजनीतिक पार्टी की संघटना तीन पद्धतियों से विस्तारित होती है। इस विस्तार का विश्लेषण उन्होंने इस प्रकार किया है—(1) पार्टी का नेतृत्व, (2) व्यावसायिक राजनीतिज्ञ, (3) पार्टी के प्रति भावनिक निष्ठा। वास्तव में तीसरी पद्धति के कारण ही पार्टी फलती-फूलती है। ऐसे लोगों की निष्ठा ही पार्टी को बढ़ाती है। दूसरी पद्धति के लोग पार्टी के कार्य की दृष्टि से आवश्यक होते हैं। पार्टी की एकत्रित कृति के लिए ऐसे व्यावसायिक नेता आवश्यक होते हैं। वास्तव में, राजनीतिक पार्टी का अर्थ है जनमत व्यक्त करने और उस जनमत को क्रियाशील करने का साधन। पार्टियाँ जनमत तैयार करती हैं, उसे मार्गदर्शन करती हैं, उस पर

प्रभाव डालती हैं और अन्ततः जनमत को नियंत्रित भी करती हैं। उनके अनुसार पार्टियों को दो प्रमुख काम करने चाहिए :

1. वे जनता से घनिष्ठ सम्बन्ध प्रस्थापित करें।
2. जनता के बीच वे प्रचार का कार्य करें। जो पार्टी जनता को संघटित नहीं कर सकती वह 'पार्टी' इस संज्ञा से अभिहित हो नहीं सकती। उन्हें दुःख इस बात का था कि प्रगतिशील पार्टियों के पास केवल नेतृत्व है। पार्टी की यंत्रणा नहीं है। उनका जनसम्पर्क भी नहीं है। जनतंत्र में दो पार्टियों की आवश्यकता होती है। ठीक इसी प्रकार इन दोनों में सन्तुलन बनाए रखने के लिए तीसरी पार्टी की भी आवश्यकता है—ऐसा उन्हें लग रहा था। राजनीतिक सत्ता सामाजिक प्रगति की पूँजी है इसी कारण दीन, दलित, शोषित और श्रमिकों की एक तीसरी पार्टी होनी चाहिए, इस निष्कर्ष पर वे आ चुके थे। और इसी दृष्टि से 'मजदूर पार्टी', 'शेकाफे' और अन्त में 'रिपब्लिकन' का प्रयोग उन्होंने किया।

एक भाषा, एक जीवन-पद्धति और एक धर्म राष्ट्रीयता के आधार हैं, ऐसा वे मानते हैं। इसी कारण भाषा के आधार पर राज्यों की पुनर्रचना उन्हें मान्य नहीं थी। भाषा के सम्बन्ध में वे हिन्दी के आग्रही प्रतिपादक थे। प्रत्येक प्रदेश की अधिकृत राजभाषा केन्द्र सरकार की ही अधिकृत राजभाषा होनी चाहिए। इस शर्त पर "मैं भाषिक प्रान्त रचना को मान्यता देने को तैयार हूँ"[12] ऐसा उन्होंने कहा है। अनेक भाषी प्रान्तों की तुलना में एक भाषी प्रान्तों में जनतंत्र का विकास अधिक गति से होता है। इसी कारण हिन्दी ही एकमात्र राजभाषा होनी चाहिए। भावनात्मक सुसंवाद और राष्ट्रीय एकात्मता, हिन्दी के कारण अधिक तेजी से हो सकती है, ऐसा उनका विश्वास था। हिन्दी के लिए वे देवनागरी लिपि को स्वीकृति देते हैं।

"भाषिक प्रान्त रचना अगर करनी ही है तो 'एक भाषा और अनेक राज्य' इस सूत्र को स्वीकार किया जाए, 'एक राज्य एक भाषा' को नहीं। एक राज्य एक भाषा के कारण उत्तर भारत के एकत्रीकरण की और दक्षिण भारत के विभक्तिकरण की प्रक्रिया शुरू हो जाएगी"[13] ऐसा उनका भय था। किसी भी स्थिति में भारत का कोई भी विभाग भौगोलिक, आर्थिक और जनसंख्या की दृष्टि से अधिक बलवान और बड़ा न हो ऐसा उनका आग्रह था! दूसरे अर्थों में वे छोटे-छोटे राज्यों के समर्थक थे। उन दिनों राज्य पुनर्रचना की जो योजना उन्होंने प्रस्तुत की थी उसमें उत्तर प्रदेश

को तीन राज्यों में, बिहार को दो में, मध्यप्रदेश को दो में बाँट दिया था। एक बार राज्यसभा में उन्होंने कहा था, "मुझे हिन्दी के प्रति अधिक प्रेम है, परन्तु हिन्दी-भाषी लोग ही हिन्दी के सबसे बड़े शत्रु हैं और यही मेरे लिए चिन्ता की बात है।"[14]

भारत की विदेश नीति शान्ति, साम्यवाद और मुक्त जनतंत्र के सह-अस्तित्व और सीटो करार के विरोध में है ऐसा उनका मत था। जनतांत्रिक प्रणाली बनाए रखने के लिए सीमा सुरक्षा की सर्वाधिक आवश्यकता है, इस कारण हमारी जो सहायता करना चाहते हैं उन सबसे हमें मैत्री के सम्बन्ध प्रस्थापित करने चाहिए, ऐसा उनका आग्रह था। सोवियत यूनियन से मैत्री उन्हें मान्य नहीं थी। रूस जनतंत्र के लिए एक खतरा है—इन शब्दों में उन्होंने अपना विरोध व्यक्त किया था। भारत और चीन की मैत्री भी उन्हें सन्देहपूर्ण लगती थी। अपने देश की सुरक्षा खतरे में डालकर वे शान्ति का प्रचार करने के विरोध में थे। सैनिकी दृष्टि से हमें मजबूत होना चाहिए, आन्तरराष्ट्रीय स्तर पर किसी और राष्ट्र का अपमान करनेवाले अथवा उसकी स्वतंत्रता को कुचलनेवालों के प्रति स्नेह बनाए रखना उन्हें कायरता लगती थी। प्रत्येक राष्ट्र के स्वतंत्र अस्तित्व को मान्यता और शान्तिमय जीवन यह आंबेडकर जी की विदेश नीति के मूलभूत तत्त्व हैं। "हमें शान्ति चाहिए। वास्तव में युद्ध कोई भी नहीं चाहता। सवाल इतना ही है कि शान्ति के लिए हम कौन-सी कीमत दें?"[15]

उनके राजनीतिक विचारों के विवेचन में स्पष्ट है कि कुछ प्रश्नों पर उनके विचार बहुत ही स्पष्ट हैं और कुछ विचारों में विसंगतियाँ हैं। प्रखर राष्ट्रीयता और जनतंत्र के प्रति अगाध निष्ठा उनके राजनीतिक विचारों का सार है। इस प्रखर राष्ट्रनिष्ठा के लिए वे बड़ी-से-बड़ी कीमत देने को तैयार हैं। मजबूत विरोधी दल का वे आग्रह से प्रतिपादन करते हैं। आर्थिक पुनर्रचना में वे पूँजी पर नियंत्रण चाहते हैं और उसी समय रूस-विरोधी भूमिका लेते हैं। "वे ऐंग्लो-अमेरिकन सत्ता समूह के अनुकूल रूस-विरोधी सिया-चीन करार के अनुकूल और भारत की तटस्थता नीति के विरुद्ध थे।"[16]

उनके राजनीतिक विचारों का केन्द्रबिन्दु 'मनुष्य' है। इस मनुष्य की अस्मिता स्वाभिमान और स्वतंत्रता की रक्षा सत्ता और राजनीति करें ऐसा उनका आग्रह था। मनुष्य की मूलभूत आवश्यकताओं की पूर्ति हो और समाज के प्रत्येक वर्ग को सत्ता में साझेदारी मिले, संसदीय प्रणाली में ही ऐसी राजनीति सम्भव है—ऐसी उनकी धारणा थी। मनुष्य की प्रतिष्ठा के लिए वे संघर्षरत थे। भारतीय संविधान में उन्होंने

इस 'मनुष्य की प्रतिष्ठा' की। भारतीय राजनीति में इस मनुष्य की प्रतिष्ठा हुई है कि नहीं यह प्रश्न बाबासाहेब की जन्म शताब्दी पर अन्तरमुख होकर सोचने के लिए बाध्य करने वाला है।

राजनीतिक विचार

आंबेडकर जी के राजनीतिक विचारों को किसी विशिष्ट चौखट में बिठलाने का प्रयत्न इधर कई वर्षों से हो रहा है। विशेषत: महाराष्ट्र के विचारकों में इस सम्बन्ध में दो परस्पर विरोधी धारणाएँ मिलती हैं। प्रत्येक का अपना स्कूल है। एक वर्ग यह मानता है कि आंबेडकर जी के विचार मार्क्स के बहुत निकट हैं। बुद्ध-धम्म का उनका जो भाष्य उपलब्ध है, उसके आधार पर वे यह सिद्ध करना चाहते हैं कि आंबेडकर जी ने बुद्ध और मार्क्स के विचारों में समन्वय डाल कर एक नए, विशुद्ध मानवतावादी साम्यवाद को मजबूत किया है। मार्क्स के विचारों में स्थित हिंसा के मार्ग को अस्वीकार कर उन्होंने मार्क्स को भारतीय मानस के अनुकूल ढालने का सफल प्रयास किया है। प्रसिद्ध विचारक श्री रावसाहेब कसबे इस विचारधारा के प्रतिपादक रहे हैं। उनके अलावा सर्वश्री बाबुराव बागुल, नामदेव ढसाळ, नारायण सुर्वे, प्रभाकर वैद्य, तारचन्द खांडेकर इस स्कूल के अन्तर्गत आते हैं। श्री रावसाहेब कसबे ने अत्यन्त परिश्रमपूर्वक 'आंबेडकर आणि मार्क्स' इस ग्रन्थ की रचना की है। श्री प्रभाकर वैद्य की 'आंबेडकर आणि त्यांचा धम्म', श्री ताराचन्द खांडेकर की 'आंबेडकर तत्वज्ञान : प्रचीती आणि आविष्कार', बाबुराव बागुल का 'आंबेडकर भारत' इसी विचारधारा को दृढ़ करनेवाले ग्रन्थ हैं।

दूसरी ओर श्री राजा ढाले तथा अन्य कार्यकर्ताओं के भाषण और लेख इस बात को प्रमाणित करना चाहते हैं कि आम्बेडकरजी मार्क्सवाद के विरोधक थे। साम्यवादी व्यवस्था की उन्होंने कटु आलोचना की है। किसी और की विचारधारा के साथ उनके विचारों की तुलना ही गलत है। आंबेडकर जी के विचारों को वे 'आंबेडकरवाद' कहकर उसकी स्वतंत्र प्रतिष्ठापना करना चाहते हैं। उनके अपने स्वतंत्र राजनीतिक विचार थे। वे मूलत: सामाजिक पुनर्रचना के पक्षधर थे। उन पर मार्क्स को थोपना, उनके विचारों के प्रति अन्याय करना है, ऐसा इनका कहना है। श्री रावसाहेब कसबे 'आंबेडकर आणि मार्क्स' में उनके भाषणों, लेखों तथा ग्रन्थों में से सैकड़ों उद्धरण देते हुए कहते हैं कि उनका बुद्ध धम्म मार्क्सवाद का

परिवर्तित रूप ही है। 20 नवम्बर, 1956 को काठमांडू में हुए 'विश्व बौद्ध मातृसंघ' के परिषद में आंबेडकर जी ने 'बौद्ध धर्म व साम्यवाद' इस विषय पर एक प्रदीर्घ भाषण दिया था। इस भाषण में उन्होंने बुद्ध और मार्क्स के विचारों में जो समानता है, उसको स्पष्ट किया था। "बुद्ध ने मार्क्स की तरह 'शोषण' शब्द का प्रयोग नहीं किया है। किन्तु उसने अपने धर्म को 'दु:ख' की नींव पर खड़ा किया है। कार्ल मार्क्स द्वारा प्रस्तुत 'शोषण' तथा बुद्ध द्वारा प्रयुक्त 'दु:ख' इन दोनों शब्दों का अर्थ एक ही है—इसे सिद्ध करने का प्रयत्न बाबासाहेब ने किया है। वे यह जानते थे कि बौद्ध धर्म की परम्परा में दु:ख शब्द की व्याख्या भिन्न ढंग से की है। इस कारण इस पारम्परिक विश्लेषण को उन्होंने नकारा और कहा, "बुद्ध को अभिप्रेत दु:ख का विश्लेषण परम्परा ने पुनर्जन्म, जन्म-मरण का चक्र इस अर्थ में किया है। परन्तु मुझे यह विश्लेषण मान्य नहीं है। मुझे लगता है कि बौद्ध-साहित्य में कई ऐसे स्थान हैं जिन में 'दु:ख' शब्द का प्रयोग 'दरिद्रता' के अर्थ में हुआ है। इस कारण बुद्ध और मार्क्स के दर्शनों के अध्ययन से स्पष्ट है कि इन दोनों दर्शनों का आधार एक ही है।"[17] वे कई बार कहा करते थे कि जो धर्म साम्यवाद को उत्तर नहीं दे पाएगा वह जीवित रह ही नहीं पाएगा। "इसी कारण साम्यवाद को उत्तर देने के लिए, साम्यवाद के अधिकांश तत्त्वों को स्वीकार करते हुए वे बौद्ध धर्म को प्रस्तुत करना चाह रहे थे।"[18] आंबेडकर जी के ग्रन्थों का गम्भीर और सूक्ष्म विश्लेषण प्रस्तुत करते हुए श्री रावसाहेब कसबे अपने उपर्युक्त ग्रन्थ में यह स्पष्ट कर देते हैं कि आंबेडकर जी की विश्लेषण पद्धति पर मार्क्सवादी विश्लेषण पद्धति का कैसा प्रभाव है। वे लिखते हैं—"डॉ. आंबेडकर जी मार्क्स के 'ऐतिहासिक भौतिकवाद' को कहीं पर भी नकारते नहीं। मार्क्स के आर्थिक विश्लेषण सम्बन्धी सिद्धान्त का अर्थ 'भौतिकवाद ही सत्य है'—इसे वे स्वीकारते हैं। उनके 'रानडे, गांधी और जिना' इस पुस्तक में वे यह स्वीकारते हैं कि इतिहास की निर्मिति में तत्कालीन परिस्थितियाँ—वे व्यक्तिगत हों या सामाजिक—महत्त्व की होती हैं। इसके साथ ही व्यक्ति का विचार भी होना चाहिए इस पर वे बल देते हैं। आंबेडकर जी के एक प्रोफेसर एडविन आर. ए. सेलिग्मन ने मार्क्सवाद की सीमाओं से उन्हें परिचित कराया था। परन्तु उन्होंने यह भी कहा था कि मार्क्सवाद का सिद्धान्त अत्यन्त महत्त्वपूर्ण है। भविष्य में बौद्धिक तथा वैज्ञानिक क्षेत्र में इसका महत्त्व बढ़नेवाला है। आंबेडकर जी सेलिग्मन के केवल शिष्य ही नहीं थे अपितु वैज्ञानिक प्रगति और बौद्धिक विकास से प्रतिबद्ध भी थे।[19]

पिछले कुछ वर्षों से आंबेडकर जी के विचारों में और मार्क्सवाद के विचारों में समानता खोजनेवालों की संख्या बढ़ती जा रही है। मार्क्सवाद ने परिवर्तन की प्रक्रिया में बाधा उपस्थित करनेवाली शक्तियों में 'वर्ण और जाति' को माना नहीं था। क्योंकि वह जिस समाज-व्यवस्था से आए थे, वहाँ ऐसी विषमता नहीं थी। भारत के वामपंथियों ने सामाजिक विषमता के खिलाफ कभी जेहाद नहीं छेड़ा। उलटे इस जलते प्रश्न को वे नकराते गए। इस कारण उनकी विचारधारा का प्रचार-प्रसार भी नहीं हुआ। इस देश के परिवर्तनवादी और वामपंथी विचारक भविष्य में आंबेडकर जी को टालकर नहीं जा सकते। मार्क्स और आंबेडकर जी के विचारों के समन्वय से ही क्रान्तिकारी शक्तियाँ यहाँ पनप सकती हैं, इस निष्कर्ष पर अब आना पड़ेगा। 'मार्क्सवाद और आंबेडकरवाद' ये दो जीवंत और सशक्त राजनीतिक संकल्पनाएँ हैं। इन दोनों की तात्विक चर्चा करने के बजाय इनमें समानताएँ ढूँढ़कर क्रियाशील होने की आज आवश्यकता है।[20]

इस देश के भविष्य को अब श्रमिक, दलित, पीड़ित और व्यथित ही आकार दे सकते हैं। इनकी आकांक्षाओं के दबाव से ही भारतीय राजनीति को दिशा मिलनेवाली है। श्रमिकों और दलितों के संघटन की आज अत्यधिक आवश्यकता है। इन दोनों में ऐसा संघटन न हो ऐसा प्रयत्न पूँजीवादी तथा अन्य शक्तियाँ करेंगी। ऐसे समय आंबेडकर और मार्क्स के विचारों के आधार पर इन दोनों को इकट्ठे लाना समय का तकाजा है। समता, बन्धुता, मैत्री और जनतांत्रिक मूल्यों को बनाए रखने के लिए इस तीसरी शक्ति का उभरना जरूरी है। 'रिपब्लिकन पार्टी' को जन्म देकर डॉ. बाबासाहेब यही करना चाह रहे थे। वे वामपंथी थे या नहीं यह प्रश्न भिन्न है, परन्तु वे इस समाज-व्यवस्था की पुनर्रचना करना चाह रहे थे। एक ऐसे समाज की रचना करना चाह रहे थे जहाँ शोषण नहीं होगा, जहाँ सामाजिक विषमता नहीं होगी, वास्तव में यही मार्क्सवाद है, यही आंबेडकरवाद है और यही बुद्ध धम्म है।

सन्दर्भ

1. आंबेडकर : तत्त्वज्ञान प्रचिती आणि आविष्कार, ताराचन्द खांडेकर, पृ. 124
2. डॉ. आंबेडकर : ए क्रिटीकल स्टडी, व्ही. एन. कुबेर
3. आंबेडकर : तत्त्वज्ञान प्रचिती आणि आविष्कार, डॉ. ताराचन्द खांडेकर, पृ. 125
4. डॉ. बाबासाहेब आंबेडकर, भालचन्द्र फड़के, पृ. 203
5. डॉ. आंबेडकर : तत्त्वज्ञान प्रचिती आणि आविष्कार, डॉ. ताराचन्द खांडेकर, पृ. 131

6. डॉ. आंबेडकर : विचार मन्थन, श्री वा. ना. कुबेर, पृ. 212
7. वही, पृ. 212
8. वही, पृ. 212
9. वही, पृ. 216
10. वही, पृ. 218
11. वही, पृ. 221
12. वही, पृ. 228
13. वही, पृ. 235
14. वही, पृ. 239
15. वही, पृ. 252
16. वही
17. बुद्ध आणि मार्क्स, रावसाहेब कसबे, पृ. 246
18. वही, पृ. 253
19. आंबेडकर आणि मार्क्सवाद, रावसाहेब कसबे, पृ. 300
20. वही, पृ. 22

डॉ. आंबेडकर और भारतीय संविधान

29 अगस्त, 1947 के दिन संविधान समिति ने संविधान का मसौदा तैयार करने हेतु एक लेखन समिति गठित की। इस लेखन समिति के अध्यक्ष पद का सम्मान डॉ. बाबासाहेब आंबेडकर जी को दिया गया। भारतीयों की इच्छा, आकांक्षा और उद्‌देश्यों को मूर्त रूप देने के लिए स्वतंत्र भारत ने उन्हें 'स्मृतिकार', 'महामुनि', 'मनु' के स्थान पर बिठला दिया। यह घटना भारतीय इतिहास में एक महान चमत्कार की घटना है। जिस व्यक्ति ने 20 वर्ष पूर्व मनुस्मृति का दहन किया था, उसी विद्रोही को नई स्मृति बनाने के लिए निमंत्रित किया गया। सम्भवत: नियति ने सवर्ण हिन्दुओं से उनके अब तक के अन्याय-अत्याचारों का बदला लिया था।

संविधान तैयार करने के कार्य में आंबेडकर पूर्ण एकाग्र हो गए। 'राष्ट्र ने एक बहुत बड़ी जिम्मेदारी मुझ पर सौंपी है। अपनी पूरी शक्ति केन्द्रीभूत कर मुझे यह काम करना चाहिए'—ऐसी उनकी नम्र भावना थी। इसके लिए उन्होंने कितना परिश्रम किया था, इसका अंदाजा लेखन समिति के एक सदस्य टी.टी. कृष्णाम्माचारी के पाँच नवम्बर 1948 के भाषण से स्पष्ट होता है। सभागृह का ध्यान अपनी ओर आकृष्ट करते हुए उन्होंने कहा, "यह सभागृह इस बात से परिचित है कि लेखन समिति के कुल सात सदस्यों में से (एन. गोपालस्वामी अय्यंगार अल्लादि कृष्णस्वामी अय्यर, के.एम. मुंशी, सर मोहम्मद सादुल्ला, एन माधव, मेनन, डी. पी. खैतान) एक ने त्यागपत्र दे दिया। उसकी जगह भरी नहीं गई। एक सदस्य की मृत्यु हो गई, उसकी भी जगह खाली है। एक सदस्य अमेरिका गए उनका स्थान भी रिक्त है। चौथे सदस्य रियासत सम्बन्धी कार्य में उलझे हुए हैं इस कारण उनकी सदस्यता नाम मात्र है। एक-दो सदस्य दिल्ली से बहुत दूर हैं। उनकी तबियत बिगड़ जाने के कारण वे लेखन समिति की बैठकों में उपस्थित ही नहीं हो सके। अन्तत:

हुआ यही कि संविधान की सारी जिम्मेदारी अकेले आंबेडकर जी को ही सँभालनी पड़ी। ऐसी स्थिति में उन्होंने जिस पद्धति और परिश्रम से काम किया उस कारण वे इस सभागृह के आदर के पात्र हैं। राष्ट्र उनका सदैव ऋणी रहेगा।"[1]

भारतीय संविधान की प्रस्तावना संविधान के उद्देश्यों के प्रस्तावों पर आधारित है। 22 जनवरी, 1946 को इस 'प्रस्तावना' (प्री-ॲम्बल) का स्वीकार संविधान समिति ने किया। इस प्रस्तावना को डॉ. बाबासाहेब ने पूरी एकाग्रता, विवेक और मानवीय मूल्यों को ध्यान में रखकर लिखा है। इस प्रस्तावना की प्रशंसा विश्व-भर के इस विषय के विशेषज्ञों ने की है। पंडित ठाकुरदास भार्गव ने इस प्रस्तावना को 'संविधान की आत्मा', 'संविधान का अर्थ विषद करनेवाली यंत्रणा', 'संविधान की कुंजी' कहा है। सर अर्नेस्ट बार्कर ने कहा है, "पश्चिमी राजनीतिक परम्परा के तत्त्वों को आत्मसात कर स्वतंत्र जीवन-मूल्यों की अभिव्यक्ति इसमें हुई है।"[2]

आंबेडकर भारत को संघराज्य के रूप में देख रहे थे। संविधान संघ राज्य स्वरूप का होगा इसकी घोषणा उन्होंने की। संघराज्य के कारण दो प्रकार की शासन पद्धतियाँ स्थापित हुईं : (1) केन्द्रीय शासन, (2) प्रदेश का शासन। संविधान ने ही केन्द्र और प्रदेश का निर्माण किया है। उन्हें संविधान से ही अधिकार प्राप्त हुए हैं। आंबेडकर संघराज्य के आग्रही प्रतिपादक थे। प्रदेश की सरकार के अधिकारों पर केन्द्र का आक्रमण न हो, इसके साथ ही केन्द्र का नियंत्रण प्रदेशों पर हो। अमेरिका की तरह वे केन्द्र और प्रदेश के सम्बन्धों को ढीला-ढाला रखना नहीं चाहते थे। भारतीय संविधान, प्रदेशों को अपने स्वतंत्र संविधान बनाने के अधिकार नहीं देता। राष्ट्रीय और भावनात्मक एकता के लिए संघराज्यों की आवश्यकता है—ऐसा उनका विश्वास था। भारतीय संविधान को समझाते हुए उन्होंने कहा, "अन्य संघराज्यों के संविधान अधिक दृढ़ और स्थायी स्वरूप के हैं, उनमें परिवर्तन असम्भव-सा है। भारतीय संविधान प्रगतिशील और परिवर्तनशील है।"[3]

भारतीय संविधान में केन्द्र अधिक मजबूत है। उसे अत्यधिक अधिकार प्राप्त हुए हैं। डॉ. बाबासाहेब इस व्यवस्था का समर्थन करते हैं।

21 फरवरी, 1948 के दिन लेखन-समिति के सदस्यों ने संविधान सभा के अध्यक्ष को संविधान का मसौदा प्रस्तुत किया। 4 नवम्बर, 1948 को यह मसौदा सभागृह के सम्मुख प्रस्तुत करते हुए आंबेडकर जी ने कहा :

1. मसौदा समिति ने 'सार्वभौम जनतांत्रिक जनसत्ताक राज्य' इस संकल्पना

को मान्य किया है। संविधान फेडरल स्वरूप का होगा, परन्तु 'फेडरेशन' शब्द का प्रयोग न करते हुए 'यूनियन' शब्द का प्रयोग किया।

2. जनतांत्रिक मूल्यों पर आधारित सरकार को दो मुख्य कसौटियों पर खरा उतरना चाहिए :
   (अ) सरकार स्थिर हो (आ) और वह जिम्मेदारीपूर्ण हो।
3. संविधान दो प्रकार का होगा :
   (अ) यूनिटरी (एकसंघ) (ब) यूनियन (संघराज्य)
4. संविधान के अनुसार दो प्रकार के राज्य बनेंगे, परन्तु नागरिकत्व एक ही प्रकार का होगा।
5. किसी भी 'राज्य' को अपना स्वतंत्र संविधान बनाने का अधिकार नहीं होगा। इस कारण कोई भी 'राज्य' अपना स्वतंत्र अस्तित्व घोषित नहीं कर सकता।
6. सम्पूर्ण भारत में एक ही न्याय मंडल होगा। देशभर में एक ही प्रकार के मौलिक अधिकार होंगे। महत्त्वपूर्ण स्थानों पर केन्द्रीय सेवा बनी रहेगी।
7. संविधान के अनुकूल प्रशासकीय पद्धति होगी।
8. भारतीय भूमि जनतंत्र विरोधी रही है। इस कारण जनतांत्रिक मानसिकता विकसित करनी होगी।
9. 'ग्राम स्वराज्य' के कारण भारत का नाश हुआ है। देहात अज्ञान, अन्धश्रद्धा के केन्द्र रहे हैं। इस कारण 'ग्राम-राज्य' को इकाई न मानकर 'व्यक्ति' को इकाई माना जाए।
10. संविधान में उल्लिखित मौलिक अधिकार अनियंत्रित नहीं हैं। मौलिक अधिकारों के साथ मार्गदर्शक तत्वों की योजना भी की गई है।
11. सत्ता किसके हाथ में हो, इसका निर्णय इस देश का मतदाता लेगा। इसी में भारतीय संविधान की कसौटी है।
12. केन्द्र सरकार अधिक शक्ति सम्पन्न हो।
13. इस देश के बहुसंख्यक और अल्पसंख्यक दोनों गलत मार्गों का अनुसरण कर रहे हैं। अल्पसंख्यकों के अस्तित्व को नकारना यह बहुसंख्यकों की भूल है और अल्पसंख्यक हमेशा अल्पसंख्यक रहे यह भी गलत है। अल्पसंख्यक एक स्फोटक शक्ति के रूप में यहाँ हैं। उनकी भावनाओं का अगर स्फोट हुआ तो देश की संरचना ही उध्वस्त हो जाएगी।[4]

उनके इस प्रस्ताविक भाषण के बाद संविधान समिति में उपर्युक्त मुद्दों पर विस्तृत चर्चा होती रही।

यहाँ यह प्रश्न उठाया जा सकता है कि डॉ. बाबासाहेब संविधान सभा में कार्य करने को तैयार क्यों हो गए? अपने राजनीतिक जीवन के आरम्भ से ही वे कांग्रेस और उसकी नीतियों के कट्टर विरोधी थे। महात्मा गांधीजी की नीतियों पर पूरी आक्रामकता से टूट पड़ने वाले वे उन दिनों एकमात्र व्यक्ति थे। संविधानसभा तो कांग्रेसियों से ही भरी हुई थी। बावजूद इसके उन्होंने सहकारिता का हाथ कैसे और क्यों बढ़ाया। उनके कांग्रेस विरोध के मूल में कांग्रेसियों की दलितविरोधी नीति थी। इस सम्बन्ध में वे किसी भी प्रकार का समझौता करना नहीं चाहते थे। तो अब कौन-सी स्थितियाँ आईं? इस सम्बन्ध में उन्होंने यह स्पष्ट किया है कि "दलितों के हितों के लिए ही उन्होंने इस जिम्मेदारी को सँभाला है।"[5] एक दूसरा कारण यह था कि वे अब समझ चुके थे कि सत्ता कांग्रेसियों के हाथों में ही रहने वाली है। सत्ता से दूर रहकर संघर्ष करते रहें तो दलितों को अधिक कुछ मिल नहीं पाएगा। स्वतंत्र भारत के संविधान में ही दलितों की सुरक्षितता की व्यवस्था करनी जरूरी है। इस कारण उन्होंने इस सदस्यता को स्वीकार किया। तीसरा कारण यह था कि स्वयं नेहरू, सरदार पटेल और डॉ. राजेन्द्रप्रसाद चाहते थे कि आंबेडकर जी संविधान सभा में आएँ। बंगाल का विभाजन हो, उसका एक हिस्सा जब नवगठित पाकिस्तान में गया, तब बाबासाहेब की संविधान-सभा की सदस्यता अपने आप रद्द हो गई। उन्हें चुनकर तो लाना था। तब डॉ. राजेन्द्रप्रसाद जी ने 30 जून, 1947 को मुम्बई के तत्कालीन मुख्यमंत्री श्री बालासाहेब खेर को जो पत्र लिखा है वह इस दृष्टि से अत्यधिक महत्त्वपूर्ण है। वे लिखते हैं, "हम लोगों ने यह अनुभव किया है कि संविधान सभा तथा अन्य समितियों में डॉ. आंबेडकर जी ने जो कार्य किया है, वह बहुत महत्त्वपूर्ण है। उनकी सेवाओं से हम मुक्त होना नहीं चाहते।"[6] सरदार पटेल ने भी मावळणकरजी को इसी आशय का पत्र लिखते हुए कहा है कि "उनकी सेवाओं की इस वक्त देश को अत्यधिक आवश्यकता है।"[7] दलितों की संवैधानिक रक्षा, देश की बदलती राजनीति और प्रमुख नेताओं का आग्रह, इस कारण डॉ. आंबेडकर जी संविधान-सभा में गए और पूरी निष्ठा और परिश्रम के साथ उन्होंने न-भूतो-न-भविष्यति कार्य कर बतलाया।

संविधान वास्तव में व्यक्ति जीवन और शासन-प्रशासन की नैतिकता के नियमों का दूसरा नाम है। परन्तु 'संवैधानिक नैतिकता' का मतलब 'प्राकृतिक भावना'

नहीं है, वह जन्मत: होती नहीं है, वह निर्मित और विकसित करनी पड़ती है, ऐसा उनका मत था।

'मौलिक अधिकारों' की समस्या जनतंत्र की एक जटिल समस्या होती है। किसी भी देश के जनतंत्र की सफलता इसी बात पर निर्भर होती है कि उसके संविधान में कितने मौलिक अधिकार दिए गए हैं। मौलिक अधिकारों को संविधान में समाविष्ट करना तथा कार्यकारी मंडल एवं विधि-सभा द्वारा उनका उल्लंघन न हो ऐसी व्यवस्था करना जरूरी हो जाता है। उन दिनों इस पर चर्चा करते समय कुछ सदस्यों ने कहा था कि 'मौलिक अधिकारों' पर किसी भी प्रकार का नियंत्रण नहीं होना चाहिए। अगर उन पर अंकुश लगाया गया तो उन्हें मौलिक अधिकार कहें ही क्यों, ऐसा उनका सवाल था। इन सभी आरोपों का उत्तर देते हुए डॉ. बाबासाहेब ने कहा, "मौलिक अधिकार निरंकुश ही होते हैं। जो अधिकार मौलिक नहीं होते वे अनुबंध द्वारा प्राप्त होते हैं और जो मौलिक अधिकार होते हैं वे कानून द्वारा प्रस्थापित किए जाते हैं।"[8] भारतीय संविधान में मौलिक अधिकारों का विस्तृत विवेचन किया गया है। इसकी जरूरत यहाँ की विषम सामाजिक रचना के कारण हुई।

मौलिक अधिकारों के दो प्रमुख लक्ष्य होते हैं—प्रत्येक नागरिक स्वयं अपने इन अधिकारों को प्रस्थापित करे और संसद या प्रदेश की विधि-सभा आगे जो भी कानून बनाएगी, उन पर इन मौलिक अधिकारों का नियंत्रण हो। दूसरे शब्दों में संसद या देश की किसी भी प्रदेश की विधि-सभा को इन मौलिक अधिकारों के विरुद्ध किसी भी प्रकार का कानून बनाने का कोई अधिकार नहीं होगा। जो भी कानून बनेंगे वे इन्हीं मौलिक अधिकारों की सुरक्षा के लिए बनेंगे। इस सम्बन्ध में बोलते हुए उन्होंने कहा, "सबको समान अवसर प्राप्त हो। इस सूत्र को अगर कार्यान्वित करना है तो किसी भी वर्ग या जाति पर किसी भी प्रकार का नियंत्रण नहीं होना चाहिए!"[9]

श्री के. टी. शहा ने संविधान की पहली धारा में एक संशोधन सुझाया था। उनका संशोधन था, "भारत धर्मनिरपेक्ष समाजवादी राज्यों का संघ रहेगा।" डॉ. आंबेडकर जी ने इस संशोधन का विरोध करते हुए कहा, "संविधान एक विशिष्ट स्वरूप की समाज रचना में जीने के लिए लोगों को बाध्य न करे। क्योंकि राज्य और केन्द्र के विविध अंगों को नियंत्रित करने हेतु बनाई गई एक यंत्रणा—इतना ही संविधान का स्वरूप होना चाहिए। संविधान में इन सब बातों के समावेश की कोई जरूरत नहीं है। क्योंकि इससे जनतंत्र पद्धति का ही नाश होगा। किसी देश की

समाज रचना का यही विशिष्ट स्वरूप होगा ऐसी व्यवस्था अगर संविधान में की जाए तो जनता को किस प्रकार की व्यवस्था चाहिए इसकी स्वतंत्रता ही छीन लेने जैसी है—इसलिए यह संशोधन अनावश्यक है। ऐसे संशोधन से विधिमंडल तथा कार्यकारी मंडल को विशिष्ट नीति से बाँधने जैसा है।" परन्तु इसके आगे उन्होंने जो कहा वह और भी महत्त्वपूर्ण है। मार्गदर्शक तत्त्वों को उधृत करते हुए उन्होंने कहा, "जिन मार्गदर्शक तत्वों की ओर मैं आपका ध्यान आकृष्ट कर रहा हूँ, उनके आशय तथा मार्गदर्शन से यह स्पष्ट है कि समाजवादी व्यवस्था का आग्रह संविधान में है। बावजूद इसके अगर आपका आग्रह है तो समाजवाद का अर्थ क्या है, इसे मैं समझ नहीं पा रहा हूँ।"[10] संविधान में किसी भी धर्म का आग्रह न हो ऐसा उनका कहना था। समाज पद्धति में सुधार लाने के लिए धार्मिक स्वतंत्रता की आवश्यकता है। क्योंकि यह समाज-पद्धति अन्याय, विषमता, भेदाभेद से ग्रसित है और ये सारी बातें मौलिक अधिकारों के विरोध में हैं।

संविधान की 21वीं धारा की चर्चा का उपसंहार करते हुए उन्होंने कहा, "जनता की जेब से कर रूप में इकट्ठी सम्पत्ति का उपयोग किसी विशिष्ट जाति के फायदे के लिए किया न जाए। ठीक उसी प्रकार सरकारी तिजोरी का पैसा धार्मिक शिक्षा के लिए भी उपयोग में न लाया जाए। धर्म-प्रचार करनेवाली संस्था को इसमें से अनुदान भी न दिया जाए।" अपने वक्तव्य को और अधिक स्पष्ट करते हुए उन्होंने कहा, "इस देश में स्थित धर्म केवल समाज से विमुख ही नहीं है। वे समाज-विरोधी भी हैं। प्रत्येक जाति या धर्म अपनी आवश्यकतानुसार धार्मिक शिक्षा दे सकते हैं। इसकी स्वतंत्रता संविधान ने दी है। पर इसके लिए सरकार पैसे नहीं देगी। परन्तु सरकार धर्म सम्बन्धी शोध कार्य को प्रोत्साहित करेगी, अनुदान देगी। 'धार्मिक शिक्षा' और 'धर्म सम्बन्धी शोध' इन दोनों में उन्होंने अन्तर किया है।" संवैधानिक उपाय योजना के अधिकार संविधान ने ही दिए हैं। इन उपायों की योजनाओं का अधिकार वास्तव में संविधान की आत्मा ही है ऐसा उन्होंने कहा। संविधान ने सर्वोच्च न्यायालय को भी इसी प्रकार के अधिकार दिए हैं। व्यक्ति की सुरक्षितता और संरक्षण हेतु किया गया यह सर्वश्रेष्ठ उपाय है इस पर उन्होंने बल दिया। एक स्थान पर उन्होंने कहा कि "प्रत्येक व्यक्ति को अधिकार देना जरूरी है। परन्तु जब राज्य का अस्तित्व ही खतरे में आता है तब उन अधिकारों पर नियंत्रण डालना भी जरूरी है।"[11]

संविधान की 22वीं धारा के अनुसार व्यक्ति को तीन प्रकार के अधिकार प्राप्त

होते हैं : (1) किसी व्यक्ति को जब गिरफ्तार किया जाए तब उसे उसकी गिरफ्तारी का कारण बतलाना अनिवार्य है, (2) उसकी इच्छा के अनुसार उसे वकील देना या किसी की सलाह लेने की स्वतंत्रता देना, और (3) गिरफ्तार व्यक्ति या स्थानबद्ध व्यक्ति को गिरफ्तारी के चौबीस घंटों के भीतर मजिस्ट्रेट के सम्मुख प्रस्तुत किया जाए और वहाँ सुनवाई होने के बाद ही उसे जेल में रखा जाए। ये सारे अधिकार निर्बाध तथा निरंकुश स्वरूप के हैं, इसे उन्होंने स्पष्ट किया।

'मौलिक अधिकार' से युक्त प्रकरण की अठारहवीं धारा में 'अल्पसंख्यक' शब्द का प्रयोग हुआ है। परन्तु सर्वसामान्य अर्थ में यहाँ इसका प्रयोग नहीं हुआ है। उनतीस व तीसवीं धारा में अल्पसंख्यकों सम्बन्धी विशेष व्यवस्था की गई है। उनकी संस्कृति, भाषा और लिपि को संरक्षण देकर केवल तकनीकी दृष्टि से ही संविधान उनकी रक्षा नहीं करता अपितु व्यापक अर्थ में उसने उन्हें संरक्षण दिया है और इस संरक्षण का जोरदार समर्थन आंबेडकर जी ने किया है। अल्पसंख्यकों ने बहुसंख्यकों का राज्य पूरी निष्ठा के साथ स्वीकार किया है। परन्तु ये 'बहुसंख्यक' राजनीतिक दृष्टि से बहुसंख्यक न होकर 'जातीय दृष्टि से बहुसंख्यक' हैं और इसलिए खतरे ज्यादा हैं इसे उन्होंने स्पष्ट किया। इन्हीं खतरों के कारण नौकरियों में अल्पसंख्यकों को आरक्षण और संरक्षण की आवश्यकता है, इस पर उन्होंने बल दिया। अनुसूचित जातियाँ सामाजिक दृष्टि से अस्पृश्य समझी जाती हैं, यह एक सामाजिक कलंक ही है। सामाजिक और राजनीतिक समता एक बार प्रस्थापित हुई और अनुसूचित जातियों की शैक्षणिक प्रगति हुई कि अन्य सब अड़चनें दूर हो जाएँगी—ऐसी उनकी धारणा थी। उनके अनुसार मौलिक अधिकारों का हक ही समता की प्रस्थापना है। समाज पद्धति में सुधार लाने के लिए ही स्वतंत्रता की आवश्यकता है। राजनीतिक क्षेत्र में अनुसूचित जातियों का प्रभाव बढ़ाने के लिए ही प्रौढ़ मताधिकार की व्यवस्था है—इसे उन्होंने स्पष्ट किया। अनुसूचित जातियाँ देशभर में बिखरी हुई हैं। रक्षण करने जैसी सम्पत्ति उनके पास नहीं है। आरक्षित स्थानों के अभाव में वे विधिमंडल के प्रतिनिधि बन ही नहीं सकते। ऐसे आरक्षित स्थान कम-से-कम दस वर्ष रहें—ऐसा उनका आग्रह था।

संविधान की छत्तीस से इक्यावन की सोलह धाराएँ मार्गदर्शक तत्त्वों में समाविष्ट हैं। नागरिकों के राज्य सम्बन्धी कर्तव्यों को इन धाराओं में निश्चित स्वरूप दिया गया है। ये मार्गदर्शक तत्त्व संविधान की अपनी खास विशेषता है। लिखित संविधान में मौलिक अधिकारों की योजना की गई है। परन्तु राजनीतिक जनतंत्र के साथ-साथ

आर्थिक और सामाजिक जनतंत्र प्राप्त करने हेतु इन मार्गदर्शक तत्त्वों की योजना की गई है—इसे उन्होंने स्पष्ट किया। इसका अर्थ ही यह है कि भविष्य में किस प्रकार के कानून बनें, वे कैसे कार्यान्वित किए जाएँ, इसका मार्गदर्शन इन तत्त्वों में किया गया है। इन तत्त्वों द्वारा शासकों के सम्मुख आर्थिक जनतंत्र का लक्ष्य रखा गया है। प्रदेश की सभी प्रदेश सरकारों पर इन मार्गदर्शक तत्त्वों द्वारा कुछ बन्धन और कुछ कर्तव्य लादे गए हैं। इन तत्वों के प्रकाश में ही राज्य काम करें, ऐसा संकेत है। शासन करनेवालों के सम्मुख संसदीय जनतंत्र की प्रणाली रखी गई है। 'एक व्यक्ति एक मत' इस प्रणाली की विशेषता है ऐसा स्पष्टीकरण उन्होंने दिया। मार्गदर्शक तत्त्वों के सम्बन्ध में उन्होंने कहा, "मेरी दृष्टि में मार्गदर्शक तत्त्वों का अत्यधिक महत्त्व है, हमारा लक्ष्य आर्थिक जनतंत्र है, इसे इन तत्वों में स्पष्ट किया गया है। केवल संसदीय प्रणाली की सरकार स्थापित करना, उसे एक निश्चित आर्थिक दिशा देना, यहाँ तक ही हमारा लक्ष्य सीमित नहीं है—इसे स्पष्ट करने के लिए ही इन तत्वों का समावेश संविधान में हमने किया है।"[12] संविधान की 37वीं धारा के अनुसार इन तत्त्वों के सम्बन्ध में न कोई न्यायालय के पास जा सकता है और न कोई सरकार के विरोध में दावा दाखिल कर सकता है, इसे उन्होंने मान्य किया। न्यायालय के निर्णयों पर इन तत्त्वों का परिणाम होता है इसे भी उन्होंने स्पष्ट किया। संविधान के पहले संशोधन विधेयक पर बोलते हुए संसद में 18 मई, 1951 को उन्होंने कहा, "संविधान के मार्गदर्शक तत्त्वों का अर्थ ही अधिकारों के तत्त्व हैं। और संविधान ने सरकार पर इसे लादा ही है।"[13] मौलिक अधिकार मार्गदर्शक तत्त्वों के सहायक हैं इसे उन्होंने बार-बार स्पष्ट किया है।

ग्रामसभा और ग्रामपंचायत के सम्बन्ध में आंबेडकर जी के विचार सबसे भिन्न, मौलिक और किसी को भी बेचैन करनेवाले रहे हैं। संविधान सभा के गांधीवादी सदस्य चाह रहे थे कि ग्राम पंचायतों की इकाई बनाकर संविधान लिखा जाए, ग्राम पंचायत जनतंत्र की नींव है ऐसा अनेक का दावा था। भारत का संविधान भारत की प्राचीन पद्धति की तरह हो, ग्राम पंचायत उसकी नींव हो ऐसा आग्रह अनेक सदस्य कर रहे थे। परन्तु संविधान के मसौदे में आंबेडकर जी ने 'देहात' या 'ग्राम' को इकाई न मानकर 'व्यक्ति' को इकाई माना। इस पर प्रक्षुब्ध चर्चा हुई। आपत्तियाँ उठाई गईं! इन सब आपत्तियों का उत्तर देते हुए उन्होंने कहा, " 'ग्राम' या 'देहात' के प्रति जिन्हें अभिमान है वे ये नहीं सोचना चाहते कि देहातों में घटित घटनाओं में या उसकी भविष्य की निर्मिति में गाँववालों का क्या योगदान रहा है। इस देश

में अनेक राजनीतिक घटनाएँ हुईं। हिन्दू, पठान, मोंगल, मराठा, शीख और अँगरेज बारी-बारी से इस देश पर राज्य करते रहे। पर पंचायतें जैसी-की-वैसी रहीं। शत्रुओं की सेना इन देशों से कूच कर रही थी परन्तु गाँववालों ने कभी भी किसी भी शत्रु का विरोध नहीं किया उलटे उनके लिए रास्ता बनाकर दिया। पंचायतों की इस निष्क्रियता का अहसास होते हुए भी उसके प्रति हम अभिमान कैसे रखें? महत्त्व टिके रहने का नहीं है। प्रश्न है किस स्तर पर ये टिके हैं। अत्यन्त कनिष्ठ और स्वार्थी स्तर पर यह टिके हैं। ग्राम पंचायतों ने इस देश का नाश ही किया है। हमारे देहात और हमारी पंचायतें स्थानिक अहंकारों की गन्दगी से युक्त, अज्ञान की गुफा, संकुचितता और जातिवाद के प्रतीक बन गए हैं। ऐसे पंचायतों को इकाई कैसे बना सकते हैं?"[14] उनके इस विवेचन पर हंगामा मचा। काफी विचार-विमर्श के बाद उन्होंने इस सम्बन्ध में एक संशोधन को स्वीकार किया। 'मार्गदर्शक तत्त्वों में ग्राम पंचायतों की स्थापना का प्रावधान' स्वीकार किया गया।

भारत के प्रधानमंत्री को सर्वाधिक अधिकार दिए जाएँ इस मत के वे थे। 'सामूहिक जिम्मेदारी' यह मंत्रिमंडल की आत्मा है। इसी पर मंत्रिमंडल की इमारत खड़ी है। इस कारण उन्हें अधिक अधिकार जरूरी हैं। दो पद्धतियों से अधिकार के ये तत्त्व क्रियान्वित किए जा सकते हैं—ऐसा उनका मत था :

1. प्रधानमंत्री की सलाह लिए बगैर किसी की भी नियुक्ति मंत्रिमंडल में नहीं की जा सकती;
2. प्रधानमंत्री की इच्छा के विरुद्ध किसी को भी मंत्रिमडल में रखा नहीं जा सकता। ऐसी व्यवस्था के कारण ही सामूहिक जिम्मेदारी का तत्त्व कार्यान्वित हो सकता है, इसे उन्होंने सिद्ध कर बतलाया।

भारतीय न्याय पद्धति की विशेषता स्पष्ट करते हुए उन्होंने कहा, "भारतीय संघ राज्य में दो प्रकार के प्रशासन (1) केन्द्र (2) प्रदेश चलते हैं परन्तु दो न्यायपद्धतियाँ नहीं। उच्च न्यायालय और सर्वोच्च न्यायालय ये दोनों वास्तव में एक ही हैं। नागरी कानून, मुजरिमों सम्बन्धी कानून ये सब एक ही पद्धति के हैं।"[15]

प्रत्येक प्रदेश में विधान परिषद हो या नहीं, इस सम्बन्ध में संविधान समिति ने कोई निर्णय नहीं लिया है। इसके अधिकार उन्होंने राज्य सरकारों को दिये हैं। विधानपरिषद और राज्यसभा में किसानों को प्रतिनिधित्व दिया जाए ऐसा आग्रह किया गया। बाबासाहेब का कहना था कि इस देश की अधिकांश जनता देहातों में ही

रहती है। चुने गए प्रतिनिधि इसी वर्ग से आते हैं इसलिए उन्हें अलग से प्रतिनिधित्व देने की जरूरत नहीं है।[16]

सक्षम शासक वर्ग के सिवा किसी भी प्रशासन को अपनी नीतियों में निरन्तरता बनाए रखना असम्भव है। इस कारण अखिल भारतीय स्तर पर प्रशासकीय व्यवस्था के सन्दर्भ में विशेष प्रावधान संविधान की एक अन्यतम विशेषता रही है। प्रशासन में सेवारत व्यक्तियों को सेवा शाश्वती की आवश्यकता है—इस पर उन्होंने बल दिया। प्रत्येक राज्य में स्वतंत्र पब्लिक सर्विस कमीशन हो और यह कमीशन कार्यकारी मंडल से स्वतंत्र हो, ऐसा उनका आग्रह था। यह कमीशन जाति-धर्म के परे सम्पूर्ण देश या प्रदेश विशेष का प्रतिनिधित्व करनेवाला हो, ऐसा आग्रह उन्होंने किया था।

प्रत्येक सांसद को संसद अथवा संसद की किसी समिति में किए गए भाषण के सम्बन्ध में न्यायालय में खींचा नहीं जाना चाहिए। सांसद को भाषण की स्वतंत्रता का अधिकार मिलना चाहिए, इस दृष्टि से संविधान उन्हें सम्पूर्ण संरक्षण दे ऐसी सूचना उन्होंने दी। दूसरे शब्दों में सांसदों को 'विशेषाधिकार' दिये जाने चाहिए, इस पर उनका बल था। ये प्रावधान तीन पद्धतियों से किए जा सकते हैं :

1. सांसद को किस प्रकार के विशेषाधिकार हैं, किन अधिकारों से उन्हें वंचित किया गया है, इसका विस्तारपूर्ण उल्लेख संविधान में किया जाए।
2. उपर्युक्त कानून के तहत संसद और सांसदों को विशेषाधिकार नहीं दिये गए थे। केवल भाषण की स्वतंत्रता थी।
3. ब्रिटिश पार्लमेंट के कनिष्ठ सभागृह (हाउस ऑफ कॉमन) में इस सम्बन्ध में जो प्रथाएँ हैं उन्हीं को स्वीकारने की सूचना उन्होंने दी। देश में आपात स्थिति निर्माण हुई हो और ऐसी स्थिति के सम्बन्ध में राष्ट्रपति का समाधान हुआ हो तो ही वे अध्यादेश जारी कर सकते हैं, उन्हें ऐसा अधिकार संविधान से दिया है, पर इसके लिए यह शर्त लगाई गई है कि उस समय संसद का अधिवेशन न हो। इस अध्यादेश को कानून का अर्थ प्राप्त होता है पर उसकी कालमर्यादा छोटी होती है इसे उन्होंने स्पष्ट किया।

संविधान धर्म ग्रन्थ की तरह पवित्र होते हुए भी जड़ या अपरिवर्तनीय नहीं होता, न ऐसा उसे होना चाहिए। काल और परिस्थिति के अनुसार उसमें परिवर्तन अपेक्षित है। अगर इस प्रकार के परिवर्तन उसमें कोई करना नहीं चाहता, या उसके

लिए विरोध करता है, तो ऐसे संविधान से प्रगति के बजाय दुर्गति ही होगी। इस कारण संविधान संशोधन जरूरी है। लोगों की बढ़ती आकांक्षाओं को पूर्ण करना, यह संविधान का महत्त्वपूर्ण दायित्व है। संविधान द्वारा स्थापित जनतांत्रिक सत्ता जब तक अस्तित्व में होती है तब तक संविधान संशोधन होते ही रहते हैं। ऐसे संशोधनों का अर्थ है, राष्ट्र की बढ़ती जरूरतों का प्रतिबिम्ब। संशोधन की व्यवस्था को नकारने का अर्थ है मृत पीढ़ी का जीवंत पीढ़ी पर राज। भूतकाल का वर्तमान काल पर राज्य। इन अनेक कारणों को देखते हुए उन्होंने संशोधन के प्रावधान का समर्थन किया। परन्तु इसका यह भी अर्थ नहीं कि संविधान की किसी भी धारा को कभी भी, कोई भी आसानी से बदल सकता है अथवा उसमें संशोधन कर सकता है। उन्होंने कहा, "सम्पूर्ण संविधान को तीन विभागों में बाँटा गया है। पहले विभाग में वे धाराएँ आती हैं, जिनमें केवल संसद-सभा के सदस्य बहुमत से संशोधन पारित कर सकते हैं। दूसरे विभाग में 2/3 बहुमत की शर्त रखी गई है। तीसरे विभाग में संसद के 2/3 बहुमत के साथ-साथ देश के प्रत्येक प्रदेश की विधान-सभाओं में मान्यता भी अनिवार्य कर दी गई है। यह संविधान-संशोधन विश्व भर में सबसे आसान तरीके का है, इसे उन्होंने अभिमानपूर्वक स्पष्ट किया।"[17]

संविधान की इन सारी विशेषताओं के बावजूद वे यह कहते थे कि केवल संविधान में स्थित प्रावधानों के कारण देश प्रगतिशील अथवा कल्याणकारी नहीं बन सकता। उसके लिए राजनीतिज्ञों की प्रामाणिकता और प्रशासन की प्रतिबद्धता जरूरी होती है। उन्होंने कहा, "संविधान मिला, स्वतंत्रता प्राप्त हो गई, इसका मतलब सब कुछ प्राप्त हुआ, ऐसा नहीं होता। जनतंत्र रूपी वृक्ष किसी भी मिट्टी में फल-फूल नहीं सकता। उसके लिए जरूरी होती है मूल्यविषयक दृष्टि। इस मूल्य-दृष्टि का विकास जरूरी है। इस दृष्टि का विकास हम कितना कर पाएँगे, उस पर से ही संविधान की श्रेष्ठता सिद्ध होनेवाली है।"[18]

संविधान के प्रति उनके मन में अत्यधिक श्रद्धा थी। संविधान संशोधन के वे पक्ष में थे। परन्तु बार-बार के संशोधन से उन्हें गुस्सा भी आता था। जनता की अनुमति के बगैर, सरकार जिस पद्धति से संशोधन-विधेयक पारित कर रही थी, उस पर उन्होंने कठोर टीका की। उन्होंने कहा, "संविधान की आयु केवल चार वर्ष और कुछ महीने की है (1954) परन्तु इतनी कम अवधि में इसमें दो बार संशोधन किए गए। इतनी तेजी से और इतनी विवेकहीनता से संविधान-संशोधन पारित करनेवाला सम्भवतः दुनिया का यह एक मात्र देश होगा।"

संविधान के प्रावधानों के अनुसार देश काम नहीं कर रहा है, समाज-परिवर्तन में गति नहीं आ रही है, इस कारण जीवन के उत्तरार्द्ध में उन्होंने उस पर कड़े प्रहार भी किए हैं।

'भारतीय संविधान', यह बाबासाहेब की इस देश को बहुत बड़ी देन है। इस देश की समाज-व्यवस्था में वे आमूल परिवर्तन चाह रहे थे। परिवर्तन की यह प्रक्रिया संविधान द्वारा घटित हो ऐसी उनकी धारणा थी। इस संविधान का मसौदा तैयार करने के लिए उन्होंने अपनी बुद्धि दाँव पर लगा दी थी। वे बार-बार कहा करते थे कि संवैधानिक मार्गों से चलकर अगर हम इस देश में समता, बन्धुता और मैत्री के मूल्यों को स्थापित नहीं कर पाएँगे, 'मनुष्य' की मूलभूत आवश्यकताओं की पूर्ति नहीं कर पाएँगे तो यह देश किसी दिन साम्यवाद के रास्ते से चलने लगेगा। अगर यह संविधान अपनी इस भूमिका को निभा नहीं पाएगा तो यह जलाने लायक ही रह जाएगा। उनका दृढ़ विश्वास जनतांत्रिक व्यवस्था पर था। जनतंत्र की सुरक्षा के लिए वे बड़ी से बड़ी कीमत देने को तैयार थे। उनके भीतर के प्रखर राष्ट्रवादी व्यक्तित्व की, जनतंत्र पर श्रद्धा रखने वाले एक प्रामाणिक मनुष्य की तथा हजारों वर्षों से नकारी गई जातियों को सम्मान तथा प्रतिष्ठा दिला देने के लिए संघर्षशील कार्यकर्ता की अभिव्यक्ति संविधान में हुई है। जनतंत्र, राष्ट्रवाद और समता, बन्धुता और मैत्री इन मूल्यों का समन्वय संविधान की विशेषता है। वास्तव में इन्हीं मूल्यों से उनके व्यक्तित्व की पहचान भी बनती है। विश्व के अन्य जनतांत्रिक देशों के संविधान में जो-जो भी उत्कृष्ट, मानवीय और नैतिक है उन सबका समन्वय संविधान में करने का प्रयत्न उन्होंने किया है। संविधान वास्तव में उनके व्यक्तित्व में स्थित श्रेष्ठ मूल्यों का दस्तावेज है।

यह सही है कि उनके अभाव से भी संविधान बन सकता था, "परन्तु डॉ. बाबासाहेब की महानता अगर किसी बात में है तो इसमें कि जाति, धर्म, वर्ग, भाषा आदि विभाजनकारी प्रवृत्तियाँ जब देश को भीतर से कुरेद रही थीं तब विभिन्न संस्कृतियों की निष्ठाओं को नियंत्रित करते हुए एकसंघ राष्ट्र निर्मिति से प्रेरित होकर प्रत्येक की स्वतंत्रता को सुरक्षित और सर्वांगीण विकास के अवसर प्राप्त करा देने वाला संविधान उन्होंने प्रस्तुत किया।"[19]

इस संविधान के अनुसार ही पिछले चालीस वर्षों से इस देश का कारोबार चल रहा है। सवाल है कि पिछले चालीस वर्षों में हम कहाँ से कहाँ तक आ चुके हैं? डॉ. बाबासाहेब के सपनों में जो भविष्य था, क्या हम उसे प्रत्यक्ष अनुभव कर रहे

हैं? उनकी जन्मशताब्दी के अवसर पर तो इस प्रकार के आत्मपरीक्षण की नितान्त आवश्यकता है। आश्चर्य इस बात का है कि संविधान लागू होने के चार-पाँच वर्षों के भीतर ही वे यह अनुभव कर रहे थे कि संविधान में अपेक्षित भारत का निर्माण शायद निकट भविष्य में सम्भव नहीं है। संविधान में दिए गए आश्वासनों की अगर पूर्ति नहीं हो पा रही हो तो उसके लिए जिम्मेदार कौन? उन्होंने इसका उत्तर उन्हीं दिनों दिया है—"इस नए संविधान के कारण देश पर अगर कोई आपत्ति आ भी जाए तो उसके लिए संविधान दोषी नहीं होगा, मनुष्य समूह की बदमाशियों के कारण ही ये आपत्तियाँ आई हैं, ऐसा उसका अर्थ होगा।"[20]

वास्तव में इस संविधान द्वारा उन्होंने शासकों, प्रशासकों, न्यायालयों तथा देश की सभी स्तर पर जनता पर कई जिम्मेदारियाँ डाल रक्खी हैं। मौलिक अधिकारों के साथ-साथ कर्तव्यों को भी उन्होंने जोड़ा है। अधिकारों की माँग करते हुए हम कर्तव्यों की उपेक्षा करते जा रहे हैं। संविधान में दलित तथा अन्य पिछड़ी जातियों को सुविधाएँ देने के प्रावधान हैं। परन्तु इन दिनों सवर्ण इन सुविधाओं के विरोध में न केवल बोल रहे हैं, अपितु इसके विरोध में आन्दोलन भी कर रहे हैं। समता, बन्धुता और मैत्री के मूल्यों को दफनाने के लिए शायद इनमें से कुछ लोग निकले हैं। इस देश की जातीय और वर्गीय मानसिकता फिर से एक बार उफन कर आ रही है। डॉ. बाबासाहेब आंबेडकर तथा संविधान सभा के अधिकांश सवर्ण सदस्यों के सपनों का हम कहीं अपमान तो नहीं कर रहे हैं? सवाल सुविधाओं और आरक्षणों का नहीं; सवाल समता, बन्धुता और मैत्री का है। कमजोरों को आरक्षण देकर उन्हें सबलों के साथ खड़े करने का है। संविधान के प्रति हमारी प्रतिबद्धता का प्रश्न फिर से उभरकर आया है! जरूरत है कमजोरों के संघटन की, परिश्रम की। डॉ. बाबासाहेब का सन्देश था, "पढ़ो, संघटित हो जाओ और संघर्ष करो।"

सन्दर्भ

1. डॉ. बाबासाहेब आंबेडकर, धनंजय कीर, पृ. 411
2. डॉ. आम्बेडकर : एक विचार मंथन, वा. ना. कुबेर, पृ. 129
3. वही, पृ. 1 31
4. डॉ. बाबासाहेब आंबेडकर, भालचन्द्र फड़के, पृ. 221
5. आंबेडकर : एक विचार मंथन, वा. ना. कुबेर, पृ. 1 26
6. डॉ. आंबेडकर, भालचन्द्र फड़के, पृ. 218-219

7. वही
8. डॉ. आंबेडकर : एक विचार मंथन, वा. ना. कुबेर, पृ. 133
9. वही, पृ. 133
10. वही, पृ. 134
11. वही, पृ. 135
12. वही, पृ. 139
13. डॉ. आम्बेडकर : विचार मंथन, वा. ना. कुबेर, पृ. 140
14. वही, पृ. 141
15. वही, पृ. 144
16. वही, पृ. 146
17. वही, पृ. 149
18. डॉ. बाबासाहेब आंबेडकर, भालचन्द्र फड़के, पृ. 235
19. आंबेडकर तत्त्वज्ञान : चीती आणि आविष्कार, ताराचन्द खांडेकर, पृ. 138
20. डॉ. बाबासाहेब आंबेडकरांचे प्रासंगिक विचार, रमेश रघुवंशी, पृ. 71

डॉ. आंबेडकर का प्रभाव : आज के सन्दर्भ में

आज 1990 में डॉ. आंबेडकर जी को जन्म लिए सौ वर्ष होते हैं। उनकी मृत्यु को चौंतीस वर्ष होते हैं। जन्मशताब्दी के बाद और मृत्यु के चौंतीस वर्ष बाद उनके स्मरण की जरूरत क्यों पड़ रही है? उन्हें हम एक ऐतिहासिक पुरुष के रूप में देखना चाहते हैं अथवा दलितों के उद्धारक के रूप में? उनके पुतले बनाकर उनकी पूजा करने में ही क्या हम सार्थकता का अनुभव करने वाले हैं? दूसरे शब्दों में आंबेडकर जी के विचार हमारे आज के वर्तमान और कल के भविष्य को क्या आकार दे सकते हैं? उनके विचारों का क्या हम तटस्थता से मूल्यांकन करना चाहते हैं? या उन्हें 'दलितों के नेता' तक ही सीमित रखकर देखने वाले हैं? अथवा धर्म और जाति के परे जाकर उनके विचारों को स्वीकार करनेवाले हैं? उनके व्यक्तित्व के मूल्यांकन के समय इस प्रकार के कई प्रश्न उठते हैं या उठाये जा सकते हैं।

किसी भी महापुरुष के विचारों की सबसे बड़ी शोकांतिका यही होती है कि बाद की पीढ़ी उन्हें पूजने मात्र लगती है। उनकी 'ऐतिहासिक भूमिका' को वह स्वीकारती तो है परन्तु उनके विचारों को वह किताबों में बन्द कर रखती है। अगर उस व्यक्ति के विचार विशिष्ट काल और सीमा में बद्ध हों तो बाद की पीढ़ी की ऐसी प्रतिक्रिया स्वाभाविक ही कहलाएगी, परन्तु उस व्यक्ति के विचार अगर गतिमान हों, नए सन्दर्भ और काल की दृष्टि से नया अर्थ देने की ताकत अगर उन विचारों में हो, तो वर्तमान पीढ़ी का उनके विचारों के प्रति यह व्यवहार अपने ऐतिहासिक दाय के प्रति बेईमानी का होगा। भारत जैसे देश में तो किसी महापुरुष के विचार और व्यक्तित्व को लेकर कई खतरे पैदा हो जाते हैं। संविधान बनने के पूर्व तक डॉ. आंबेडकर जी एक विवादास्पद व्यक्ति थे। परन्तु संविधान का मसौदा बनाने के बाद, उसके स्वरूप को देखकर और संविधान सभा में उनके

भाषण सुनकर उनके प्रति सारा सन्देह समाप्त हो चुका था। उस वक्त के सभी जातियों और धर्मों के व्यक्तियों ने निर्विवाद रूप से उन्हें 'राष्ट्र पुरुष' की संज्ञा दी थी। एक सुर में सबने उनकी राष्ट्रनिष्ठा, मनुष्य के प्रति उनकी प्रतिबद्धता, उनकी प्रतिभा और उनके विचारों को स्वीकार किया था। परन्तु उनकी मृत्यु के बाद उनके अनुयायियों ने और सवर्णों ने उन्हें एक जाति तक सीमित करने का प्रयत्न किया है। बाइबल में एक सुन्दर वाक्य आता है—"मनुष्य जब ईश्वर बनने की कोशिश करने लगा तब ईश्वर ने पृथ्वी पर अनुयायियों को भिजवा दिया।" स्पष्ट है कि बाबासाहेब के विचारों और स्वप्नों को प्रत्यक्ष में लाने के बजाय उनके अनुयायी उनके नाम की पूँजी बनाकर अपने व्यक्तिगत स्वार्थ पूर्ण करने में लग गए। दूसरी ओर सवर्णों ने बाबासाहेब को दलितों तक सीमित करने के षड्यंत्र शुरू किए। इस देश का सवर्ण अत्यन्त धूर्त और घाघ है। उसने आंबेडकर जी को जीते जी तो तकलीफें दीं ही; उनकी मृत्यु के बाद भी उनके विचारों की सतत उपेक्षा करने की कोशिश की है।

उनके अनुयायी उनकी श्रद्धापूर्वक पूजा करते हैं यह अत्यन्त स्वाभाविक है। हजारों वर्षों से नकारे गए इस समाज को उनकी अस्मिता और उनका स्वाभिमान वापिस दिलाकर उन्हें संवैधानिक सुविधाएँ आरक्षण और संरक्षण बाबासाहेब ने दिला दिया। इस कारण उनके प्रति ऐसी अटूट श्रद्धा स्वाभाविक है। सवाल लाखों-करोड़ों दलितों की उनके प्रति श्रद्धा का नहीं है। यह श्रद्धा तो अनंत काल तक बनी रहेगी। दुनिया की कोई ताकत अब इस श्रद्धा को न तोड़ सकती है न उसे रोक सकती है। इस श्रद्धा के वे पात्र थे। ऐसी श्रद्धा के कारण बाबासाहेब युगों तक इन लोगों के मन में रहने वाले हैं। ऐसी श्रद्धा इस वर्ग के लिए आवश्यक थी। पिछले ढाई हजार वर्षों से इस वर्ग के पास श्रद्धा व्यक्त करने के लिए कोई असाधारण व्यक्तित्व या महापुरुष नहीं था। अपने व्यक्तित्व, संघर्ष और कार्य के आधार पर वे इस श्रद्धा के पात्र बने। इस श्रद्धा ने लाखों-करोड़ों को नई जिन्दगी दी है, आस्था दी है, संवेदना दी है। इसी कारण बाबा इस वर्ग की अस्मिता के प्रतीक बन गए। इन लाखों-करोड़ों, भूखे, कंगाल, उपेक्षित, शोषित जनता की आशा के, आस्था के वे केन्द्रबिन्दु बन गए। उनका नाम हृदय में रखकर, उनकी तस्वीर आँखों में भरकर, उनके कार्य अपने जीवन के स्रोत मानकर लाखों लोग आज पूरी जिद के साथ संघर्ष कर रहे हैं। उनका व्यक्तित्व एक संजीवनी शक्ति बन चुका है। उनके लिए वे केवल सुधारक नहीं उद्धारक भी हैं। सवर्णों के जीवन में जो स्थान ईश्वर का है

वही स्थान, दलितों के जीवन में बाबा पा चुके हैं। 66 वर्ष की अपनी जिन्दगी में उन्होंने जो कुछ कर बतलाया उससे आनेवाले हजारों वर्षों के लिए करोड़ों जनता को वे आलोकित कर गए हैं। केवल, उनके प्रयत्न के कारण राजनीति से लेकर शिक्षा तक, शासन से प्रशासन तक, देश से विदेश तक, विज्ञान से धर्म तक इस वर्ग के लोग दिखाई दे रहे हैं। इस कारण उनके प्रति उनके अनुयायियों में अगाध निष्ठा दिखलाई देना अत्यधिक स्वाभाविक है। इन अनुयायियों ने डॉ. बाबासाहेब के व्यक्तित्व की, उनके नाम की पूँजी बनाकर अपने स्वार्थ साधे नहीं हैं अपितु उनके व्यक्तित्व से प्रेरणा लेकर वे औरों की तरह मंजिल की ओर बढ़ रहे हैं। इस कारण आक्रोश इन अनुयायियों के प्रति नहीं है अपितु उनसे है जिन्होंने बाबासाहेब के नाम पर इन लाखों-करोड़ों अनुयायियों की श्रद्धाओं को सतत भुनाने की कोशिश की है। यह कोशिश आज भी जारी है। ऐसे अवसरवादी नेताओं की इन सवर्णों से अधिक पटती है जो बाबासाहेब का नाम लेकर इनका और इनके पीछे आनेवाले लाखों अनुयायियों का अपने स्वार्थ के लिए उपयोग करते रहे हैं। इन नेताओं ने डॉ बाबासाहेब के नाम की दुहाई देकर, उनके नाम के नारे और जयजयकार देना सिखलाया है। लाखों-करोड़ों लोगों को उनके विचारों से, उनकी संघर्ष की वृत्ति से, उनकी ज्ञान साधना से जोड़ने का उन्होंने कभी प्रयत्न नहीं किया। वास्तव में ऐसी स्थिति केवल डॉ. बाबासाहेब के साथ ही नहीं हुई है अपितु उन सभी क्रान्तिकारी महापुरुषों के साथ हुई है जो पूरी व्यवस्था में आमूल-चूल परिवर्तन लाना चाह रहे थे। इसलिए केवल बाबासाहेब के अनुयायियों को दोष देकर बात नहीं बनती। दुख इस बात का है कि एक क्रान्तिकारी दर्शन देनेवाले व्यक्ति के अनुयायियों के साथ भी यही हुआ।

समाज-परिवर्तन की प्रक्रिया कई स्तरों पर और कई पद्धतियों से चलने वाली एक अखंड प्रक्रिया है। व्यक्ति या वर्ग के समूह से जब समाज बनता है तो धीरे-धीरे कुछ नियम-उपनियम बनाए जाते हैं। इन नियम-उपनियमों को समूहमन बनाता है। इसके मूल में दृष्टि केवल इतनी ही होती है कि उस समाज में स्थित प्रत्येक व्यक्ति को व्यक्तित्व विकास के अवसर प्राप्त हों, मूलभूत आवश्यकताओं की पूर्ति करा लेने के लिए किसी और पर जबरदस्ती न हो अथवा एक व्यक्ति दूसरे व्यक्ति पर, एक गुट दूसरे गुट पर हावी न हो। प्रत्येक को विकास के अवसर उपलब्ध करा देना किसी भी समाज की पहली और अन्तिम नैतिक जिम्मेदारी होती है। अवसरों को प्राप्त करा देने हेतु धीरे-धीरे नियम, उपनियम और नियंत्रण की एक चौखट

बनने लगती है। उसके समर्थन के लिए शास्त्र बनता है, धर्म और नैतिकता का उपयोग भी इस चौखट को मजबूत बनाए रखने के लिए किया जाता है। जब यह कार्य समाज मन से नहीं हो पाता अथवा पारम्परिक चौखट व्यक्तित्व विकास में बाधा बनने लगती है तब उनमें से कोई संवेदनक्षम व्यक्ति नई चौखट की घोषणा ईश्वर या धर्म के नाम पर कर देता है। धर्म-संस्थापक के रूप में वह वास्तव में व्यक्ति और समाज की पशुवत आकांक्षाओं को नियंत्रित करने का काम करता है। यह बनी बनाई चौखट सैकड़ों वर्षों तक उपयोगी सिद्ध हो जाती है। बाद में यह चौखट व्यक्ति-विकास में बाधा उपस्थित करती है। परिणामत: कोई और संवेदनक्षम व्यक्ति इस चौखट के विरोध में विद्रोह कर एक नई चौखट देता है। प्रत्येक युग के अनुसार व्यक्ति की आवश्यकताओं में, आशा-आकांक्षाओं में और महत्त्वाकांक्षाओं में परिवर्तन होने लगता है। नई आकांक्षाएँ पुरानी चौखट द्वारा पूर्ण करना सम्भव नहीं हो पाता इसलिए विद्रोह अनिवार्य-सा हो जाता है। इस कारण प्रत्येक देश, समाज और धर्म में विद्रोही और क्रांतिकारी महापुरुष जन्म लेते हैं। तत्कालीन समाज को नई दिशा देते हैं। डॉ. आंबेडकर जी इसी परम्परा के विद्रोही महापुरुष हैं।

एक दूसरी स्थिति भी होती है कि सामाजिक चौखट बनने की प्रक्रिया में कुछ विशिष्ट लोग या वर्ग अधिक सक्रिय और महत्त्वपूर्ण भूमिका निभाने लगते हैं। इस चौखट में वे अपने हितसम्बन्धों को अधिक-से-अधिक सुरक्षित रखने की कोशिश करने लगते हैं। ऐसा करते समय वह मनुष्य मात्र को केन्द्रबिन्दु न बनाते हुए विशिष्ट वर्ण या वर्ग को केन्द्रबिन्दु बनाने लगते हैं। हारे हुए, पराजित श्रमिक, शोषित, अन्य धर्मी अथवा आदिवासी, विमुक्त आदि समूह या वर्गों के प्रति वह अपनी कोई प्रतिबद्धता स्वीकार नहीं करते। विशेषत: आज से तीन-साढ़े तीन हजार वर्ष पहले का जो समय था उसमें पराजितों और अन्य धर्मियों के प्रति नफरत और तिरस्कार की ही भावना थी। विजित वर्ग जब नियम-उपनियम और नियंत्रण की चौखट बना रहा था, तब उसने अपने वर्णीय और वर्गीय स्वार्थ को सर्वोपरि माना। भारतीय इतिहास में महात्मा बुद्ध पहले व्यक्ति थे जिन्होंने इस चौखट के विरोध में विद्रोह किया। वे मनुष्य को केन्द्रबिन्दु बनाकर समता, बन्धुता और मैत्री को मूल्य मानकर व्यवस्था के पुनर्रचना की बात कह रहे थे। इस कारण हजारों-लाखों लोग उनके विचारों के शरण में गए। पचास-साठ वर्ष के भीतर अधिकांश भारत बौद्धमय हो गया, इस कारण जिनके हितसम्बन्ध खतरे में आए वे पुरानी चौखट को अधिक मजबूत बनाने का प्रयत्न करने लगे। कालप्रवाह के चक्र में उन्हें इसमें सफलता

भी मिली। फिर से एक वर्ग उपेक्षित और अस्पृश्य घोषित किया गया, मानवीय अधिकारों से उन्हें वंचित किया गया। यह उपेक्षित वर्ग नेतृत्वहीन था। धीरे-धीरे उनके प्रति अधिक क्रूरता का व्यवहार शुरू हुआ। ज्ञान के दरवाजे तो उनके लिए बन्द हो ही चुके थे, उनके सामाजिक और आर्थिक अधिकारों को भी छीना गया। अज्ञान और दरिद्रता की लम्बी परम्परा के कारण धीरे-धीरे यह वर्ग संवेदनशून्य होने लगा। 'कर्मवाद' और 'भाग्य' के सिद्धान्त उन तक पहुँचाकर सवर्णों ने उन्हें मानसिक दृष्टि से भी गुलाम बना दिया। धर्म और अध्यात्म का अमानवीय दर्शन प्रस्तुत कर उनके विद्रोह को कुंठित किया गया। ढाई हजार वर्ष की परम्परा में चौदहवीं शती के कबीर पहले व्यक्ति थे जिन्होंने इस व्यवस्था के खिलाफ आवाज बुलन्द की। कबीर का यह प्रयत्न अध्यात्म और भक्ति के स्तर का था। उनके एतराफ भी हजारों उपेक्षित इकट्ठे हुए। इस समूह शक्ति के बावजूद व्यवस्था-परिवर्तन की सम्भावना नहीं थी, क्योंकि व्यवस्था का नियंत्रण राजाओं के अर्थात् सवर्णों के हाथों में था। फिर भी एक नया दर्शन प्रस्तुत करने में उन्हें सफलता मिली। इस दर्शन को लेकर परिवर्तन की प्रक्रिया जारी नहीं रह सकती थी। कबीरपंथियों तक वह सीमित हो गई। सैकड़ों वर्षों तक एक सम्पूर्ण वर्ग संवेदनशून्य और यातनाओं की अँधेरी गुफाओं से गुजर रहा था। इन अँधेरी गुफाओं को ही वह अपनी नियति समझ बैठा था। उनकी असहाय स्थिति का कोई प्रभाव सवर्णों के तथाकथित संवेदनक्षम मन पर नहीं हो पा रहा था। अद्वैत सिद्धान्त जैसे एक तेजस्वी सिद्धान्त देनेवाला धर्म इस वर्ग को लेकर या तो मौन था अथवा अपनी इस अमानवीय व्यवस्था का शास्त्रशुद्ध समर्थन दे रहा था। शक, हूण, पठान, मंगोल आदि विविध ताकतें यहाँ आईं, जम गईं, परन्तु किसी ने भी इस व्यवस्था में आमूल परिवर्तन की बात नहीं की। कारण स्पष्ट था। आनेवाले सत्ता और सम्पत्ति की चाह से आए थे, परिवर्तन की आकांक्षा से नहीं। ऐसे ही किसी प्रवाह में यहाँ अंग्रेज भी आए। 1607 रो 1857 तक के ईस्ट इंडिया कम्पनी का कारोबार भी यथास्थितिवादी था। अंग्रेज यहाँ आधुनिक ज्ञान-विज्ञान को लेकर आए। वे जनतांत्रिक देश से आए थे। उन्हें अपनी सत्ता चलाने के लिए सेना की, बाबुओं की तथा प्रशासकों की आवश्यकता थी। उन्होंने जो स्कूल खोले उनमें उन्होंने सबको प्रवेश देना शुरू किया। वे नया ज्ञान लेकर आए थे। इस अंग्रेजी शिक्षा का सबसे बड़ा परिणाम यह हुआ कि इस देश का व्यक्ति अपने परिवेश के प्रति अधिक सजग हो गया। परिवेश के प्रति इसी सजगता के कारण स्वतंत्रता और समता की माँग की जाने लगी। ईसाई धर्म-प्रचारकों के कारण यहाँ के धर्म-प्रमुख

अथवा धर्मज्ञानी यह समझ गए कि वर्ग या जाति व्यवस्था की क्रूरता से आतंकित वर्ग ईसाई धर्म की ओर आकृष्ट हो रहा है। इसलिए 'ब्राह्मो' और 'आर्यसमाज' ने सामाजिक सुधार के अभियान शुरू किए। परन्तु आर्य समाज का सामाजिक सुधार आन्दोलन शब्दों के अर्थों को बदलने और वेदों की प्रामाणिकता को सिद्ध करने में ही उलझा रहा। वर्ण-व्यवस्था की वैज्ञानिकता के मोह से वे तब भी मुक्त नहीं थे और आज भी नहीं हैं। हजारों वर्षों से आए हुए शब्दों के प्रयोग से मानसिकता में परिवर्तन सहज रूप से सम्भव नहीं है। उन दिनों करीब-करीब सभी विवेकशील और बुद्धिवादी सवर्ण जाति और वर्ण व्यवस्था की क्रूरता का विरोध कर रहे थे, परिवर्तन चाह रहे थे। उनके 'अस्पृश्य-सुधार' के आन्दोलनों के मूल में 'दया' की वृत्ति थी, 'मानवीयता' की नहीं। भीतरी व्यवस्था जैसी की तैसी बनाए रखकर, धर्मशास्त्रों की प्रामाणिकता को स्वीकार कर वे परिवर्तन पर विश्वास प्रकट कर रहे थे। शास्त्रों की प्रामाणिकता के प्रति उनमें मोह भी था।

इन्हीं दिनों महाराष्ट्र में एक ओर तेजस्वी, प्रतिभा-सम्पन्न, विद्रोही और आक्रामक व्यक्तित्व का जन्म हुआ, जिसने शास्त्रग्रन्थों को नकारा। व्यवस्था में आमूल-चूल परिवर्तन की माँग की, स्त्री और दलित इन दो के लिए विद्यालय खोले। जोतिबा फुले नाम से, महाराष्ट्र में परिचित इस व्यक्ति ने महाराष्ट्र की सीमा में अपने क्रान्तिकारी कार्य का आरम्भ किया। इन्हीं से प्रेरणा लेकर कोल्हापुर के छत्रपति शाहू महाराज ने अपने प्रशासन में नकारे गए इस वर्ग को पूरे सम्मान के साथ स्थान दिया। समाज व्यवस्था में आमूल परिवर्तन की इस प्रक्रिया को और गति के साथ डॉ. आंबेडकर जी ने आगे बढ़ाया।

व्यवस्था-परिवर्तन का कार्य हमेशा तीन स्तरों पर चलता है। इन तीन स्तरों पर सतत क्रियाशील होने के बाद ही परिवर्तन की सम्भावना होती है। यह जरूरी नहीं है कि एक ही व्यक्ति तीन स्तरों पर काम करे। परन्तु तीन स्तरों के अभाव में परिवर्तन स्थायी नहीं हो सकता। पहला स्तर बौद्धिक क्षेत्र का है। इसमें जो शास्त्र-ग्रन्थ स्थितिशील समाज का समर्थन करते हैं, जो परिवर्तन-विरोधी होते हैं, उनकी अवैज्ञानिकता तर्क और प्रमाणों के आधार पर सिद्ध करने की होती है। इन शास्त्र-ग्रन्थों से एक विशिष्ट प्रकार की मानसिकता बन चुकी होती है। जो परिवर्तन-विरोधी होती है। इस सनातनी मानसिकता के खिलाफ पहली लड़ाई बौद्धिक स्तर पर लड़नी पड़ती है। यह काम परिश्रम, अध्ययन, प्रतिभा और बौद्धिकता की माँग करता है। 'क्षुद्र कौन थे?', 'अस्पृश्य कौन थे और वे कैसे बनाए गए', 'जाति-

व्यवस्था की निर्मिति, कार्य और पद्धति और उसे नष्ट करने के उपाय' इन विद्वत प्रचुर ग्रन्थों, अनेक निबन्धों, लेखों और भाषणों द्वारा आंबेडकर जी इस स्तर पर क्रियाशील थे। अखंड ज्ञानसाधना के कारण सवर्णों की प्रत्येक बौद्धिक चुनौती का वे तर्कशुद्ध उत्तर दे रहे थे।

दूसरे स्तर या दूसरे मोर्चे पर की लड़ाई उपेक्षित और नकारे गए तथा परिवर्तनवादी शक्तियों के संगठन से जुड़ी होती है। ऐसे संगठन के अभाव में परिवर्तन की प्रक्रिया गतिमान नहीं हो सकती। 'बहिष्कृत हितकारिणी सभा', 'स्वतंत्र मजदूर पार्टी', 'सेड्यूल कास्ट फेडरेशन' तथा अन्त में 'रिपब्लिकन पार्टी' उनके इस दूसरे स्तर पर के प्रयत्न को स्पष्ट करते हैं।

तीसरे मोर्चे की लड़ाई अधिक कठिन, अधिक साहसपूर्ण और बहुत बड़ी कीमत माँगनेवाली होती है। यहाँ संगठित शक्ति को संघर्ष के लिए, परिवर्तन के लिए मैदान में उतारना पड़ता है। संगठित शक्ति का दबाव व्यवस्था पर लाकर परिवर्तन के लिए उसे विवश करना पड़ता है।

इन तीन भिन्न मोर्चे पर संघर्ष करते हुए परिवर्तन लाने के प्रयत्न परम्परा में हुए हैं। जनतांत्रिक व्यवस्था में परिवर्तन के लिए दो और मोर्चे उपलब्ध होते हैं। एक मोर्चा : पत्रकारिता का और दूसरा : विधान-सभा या संसद में प्रतिनिधि बनकर परिवर्तन के अनुकूल वातावरण तैयार कर संविधान और कानून द्वारा अपेक्षित परिवर्तन लाना। परिवर्तनवादी शक्तियाँ इन विभिन्न मोर्चों पर आज भी संघर्षशील हैं। उन दिनों यह शक्तियाँ इतनी अधिक मात्रा में नहीं थीं। इस कारण बाबासाहेब इन अनेक मोर्चों पर अकेले ही जूझते रहे। 'बहिष्कृत भारत', 'मूक नायक', 'जनता', ये उनके विविध पत्र हैं। मुम्बई विधान सभा और बाद में संसद और राज्यसभा में वे सदस्य बनकर गए और पूरी निष्ठा के साथ अपेक्षित परिवर्तन के लिए वे जूझते रहे।

भारतीय संविधान में दलितों को आरक्षण और संरक्षण देने के मूल में उनकी यह नीति थी कि अगले कुछ वर्षों में समाज समता के निकट आ जाएगा। शिक्षा की सुविधाएँ उपलब्ध होने के कारण समाज के सभी वर्गों में अधिक सामंजस्य प्रस्थापित होगा। इसमें कोई सन्देह नहीं कि स्वातंत्र्योत्तर काल में देश के सभी हिस्सों में से दलित शिक्षा के क्षेत्र में आ रहे हैं। जितनी तेजी से उनमें शिक्षा का प्रचार-प्रसार होना चाहिए था वह हो नहीं पाया है। पर यह स्थिति सभी के सन्दर्भ में है। चुनाव की प्रक्रिया के कारण इस वर्ग की आकांक्षाओं को नकारकर आगे बढ़ना अब किसी को भी सम्भव नहीं है। एक ओर संसद और विधानसभाएँ हैं, जो

दलितों के हित और कल्याण की योजनाएँ बना रहे हैं। दूसरी ओर सवर्णों से भरा हुआ प्रशासन है जो पूरी ईमानदारी से इस वर्ग तक योजनाएँ जाने नहीं देता। तीसरी ओर एक बृहद् समाज है जिसकी मानसिकता से वर्ण और जाति के संस्कार अभी भी समाप्त नहीं हुए हैं। डॉ. बाबासाहेब ने संवैधानिक सुरक्षितता तो दी परन्तु सवाल उनके कार्यान्वयन का है। आज शासक मतों के कारण दलित शक्ति को नकार नहीं सकते। उनकी आकांक्षाओं को मूर्त रूप देने के लिए वे योजनाएँ बनाते हैं। बावजूद इसके आंबेडकर जी के स्वप्न अधूरे ही रहे। जिस मानसिकता के विरोध में वे लड़ रहे थे उसमें परिवर्तन नहीं हो पाया है। पिछले कुछ वर्षों से तो सनातनी, प्रतिगामी और परिवर्तन-विरोधी शक्तियाँ अधिक तेजी के साथ संगठित होती जा रही हैं। धर्म-निरपेक्षता के स्थान पर धर्मराज्य का आग्रह चल रहा है। पिछले कुछ वर्षों से देश की आर्थिक समस्याएँ इतनी उलझ गई हैं कि जिससे आर्थिक विषमता बढ़ती जा रही है। प्रतिवर्ष अठारह लाख बेरोजगार तैयार हो रहे हैं। युवक सभी ओर से उद्ध्वस्त और बेचैन होता जा रहा है। इस युवक को यह कहा जा रहा है कि उसकी इस बेरोजगारी और असहाय स्थिति के लिए आरक्षण की नीति कारणीभूत है। परिणामत: वर्ण और जाति-व्यवस्था तथा आर्थिक विषमता के विरोध में लड़ाई लड़ने के बजाय वह दलित-विरोधी बनता जा रहा है। उसकी इस दलित-विरोधी मानसिकता बनाए रखने का काम पत्रकारिता और धर्म के मुखौटे लगाकर राजनीति करने वाले लोग कर रहे हैं। ऐसी स्थिति में आंबेडकर जी के स्वप्नों का भारत और दूर निकल जा रहा है।

जिस संविधान को पूरी निष्ठा और परिश्रम के साथ उन्होंने बनाया था, उसमें बार-बार संशोधन किए जा रहे हैं। अर्थात् संशोधनों की आवश्यकता तो थी और है भी परन्तु भय यह है कि अगर प्रगति विरोधी शक्तियाँ अधिक प्रबल हो गईं तो वे संविधान की आत्मा को ही बदल देंगे। यह सही है कि हिन्दू कोड बिल के अनेक प्रावधान जो आंबेडकर जी के समय स्वीकृत नहीं हो सके वे बाद में स्वीकृत हुए। मजदूरों, श्रमिकों और दलितों को और अधिक संरक्षण बाद के वर्षों में अनेक कानूनों द्वारा दिया गया। जहाँ तक संविधान का प्रश्न है, वह आंबेडकर जी के सपनों के और आगे चला गया है। परन्तु दूसरी ओर दलितों पर होनेवाले अत्याचारों की संख्या भी बढ़ रही है। एक विचित्र विसंगति स्पष्ट दिख रही है कि संविधान में हम अधिक प्रगतिशील हैं, कानून बनाते समय हम समता, मैत्री और बन्धुभाव के मूल्यों को महत्त्व दे रहे हैं। परन्तु प्रत्यक्ष आचरण में, प्रशासन में स्थितियाँ ठीक उलटी हैं।

डॉ. आंबेडकर का प्रभाव : आज के सन्दर्भ में

भारतीय राजनीति पर डॉ. आंबेडकर जी का प्रभाव आज भी स्पष्ट है। यह प्रभाव घट नहीं रहा है। उलटे बढ़ रहा है। इस अर्थ में कि शिक्षा के प्रचार-प्रसार और सुविधाओं के कारण दलितों की आशा-आकांक्षाएँ बढ़ रही हैं। उन्हें मूर्त रूप देने हेतु वे दबाव की राजनीति का उपयोग कर रहे हैं। उनका गुट नाराज न हो इसलिए उनके साथ समझौते किए जा रहे हैं।

दलितों के इस दबाव की राजनीति के कारण, उनके मतों के आकर्षण के कारण प्रत्येक पार्टी उन्हें अधिकाधिक सुविधाएँ देने की घोषणा कर रही है, अथवा उनके आरक्षण और संरक्षण को बनाए रखने का आश्वासन दे रही है। इस प्रकार की सुविधाएँ या आरक्षण-संरक्षण से दलितों की सर्वांगीण प्रगति सम्भव नहीं है, ऐसा स्वयं बाबासाहेब कहा करते थे। ये सुविधाएँ विशिष्ट काल तक दी जाएँ उसके बाद उन्हें खुली स्पर्धा में लाया जाए, ऐसा वे कहा करते थे। परन्तु ऐसा हो नहीं पाया, इसके लिए दलित और सवर्ण दोनों ही जिम्मेदार हैं। तुलना ही की जाए तो सवर्ण ही इसके लिए अधिक दोषी ठहराये जा सकते हैं। बाबासाहेब वर्ण-व्यवस्था की मानसिकता को बदलना चाहते थे। उसे मिटाना चाहते थे। समाज के सभी तबके वर्ण और जाति के दड़बों से बाहर आएँ और मनुष्य को मनुष्य के रूप में देखें—ऐसा उनका स्वप्न था। कल्याणकारी राज्य दलितों की शिक्षा के लिए विशेष सुविधाएँ प्रदान करेगा, केवल दलित ही नहीं सम्पूर्ण समाज शिक्षित हो जाएगा, उसमें प्रखर वैज्ञानिक और जनतांत्रिक दृष्टि विकसित होगी, ऐसी उनकी आशा थी। आरक्षण के कारण प्रशासन के सभी क्षेत्रों में अब तक नकारे गए वर्ग के लोग आएँगे और अधिकार तथा प्रतिष्ठा प्राप्त हो जाने के बाद भी वे अपने वर्ग के प्रति प्रतिबद्ध रहेंगे, ऐसी उनकी धारणा थी। जनतंत्र और शिक्षा के कारण सार्वजनिक जीवन में से विशिष्ट जाति या धर्म का महत्त्व घटेगा और इस बदली हुई मानसिकता में व्यक्ति, वर्ण, जाति, धर्म और लिंग के परे जाकर औरों को पहचानेगा—ऐसी उनकी धारणा थी। उनका सारा लेखन, उनके भाषण, उनके ग्रन्थ, उनका राजनीतिक और सामाजिक जीवन इसी दिशा में अग्रसर था। स्वतंत्र भारत में राज्य और केन्द्र शासन, राज्यशासन, प्रशासन, शिक्षा और सामाजिक परिवेश इतना बदल जाएगा कि मनुष्य को विशुद्ध मनुष्य के रूप में ही देखा जाएगा और तब सभी सम्मान के साथ जी सकेंगे। उनकी मृत्यु के 34 वर्ष बाद उनकी उस आशा को, स्वप्नों को जब हम आज के सन्दर्भ में देखते हैं तब क्या दिखलाई देता है? इस देश की सरकारें प्रशासन, शिक्षा क्षेत्र तथा अन्य सभी इकाइयों में सभी वर्गों और जातियों, धर्मों के

लोग आज भी दिखलाई नहीं देते। प्रसिद्ध समाजवादी विचारक श्री मधु लिमये के शब्दों में, "व्यवस्था पर नियंत्रण मुट्ठी भर लोगों का है। हजारों वर्षों से जो स्थिति थी उसमें मौलिक परिवर्तन नहीं आया है। केवल शब्द बदले हैं, व्यवस्था का ढाँचा बदला है परन्तु उसे नियंत्रित करनेवाली शक्तियों में कोई अन्तर नहीं आया है।"[1] ऐसी स्थिति में संवैधानिक संरक्षण और आरक्षण के बावजूद दलितों को उनके न्याय अधिकारों से वंचित किया गया है। "केन्द्र और राज्य की सभी सेवाओं में 22.5 प्रतिशत स्थान इस वर्ग के लिए आरक्षित किए गए हैं। जुलाई 90 के संसद अधिवेशन में श्री शरद यादव ने यह स्पष्ट किया कि "केन्द्रीय सेवाओं में केवल आठ प्रतिशत दलित काम करते हैं।"[2] दो-चार प्रदेशों का अपवाद अगर छोड़ दें तो बाकी किसी भी प्रदेश में दलितों के न्याय हकों की 22.5 प्रतिशत जगहें नहीं दी गई हैं। जिन आठ प्रतिशत स्थानों पर वे हैं उनमें से अस्सी प्रतिशत स्थान तृतीय या चतुर्थ श्रेणी के हैं। ऐसा इसलिए हुआ क्योंकि योग्यता प्राप्त दलित मिलते नहीं। इसलिए नहीं मिल पाते क्योंकि शिक्षा की सुविधाएँ उन्हें उपलब्ध नहीं कराई गईं अथवा शिक्षा लेने के लिए आवश्यक वातावरण अथवा आर्थिक आधार उन्हें नहीं दिया गया। दक्षिण भारत की तुलना में उत्तर भारत में उन्हें शिक्षा के लिए प्रोत्साहित नहीं किया गया। परिणामत: शिक्षा के विभिन्न क्षेत्रों में वे जा नहीं पाये। देहातों में यह स्थिति अधिक भयावह और क्रूरतम अवस्था तक पहुँच गई है।

समाज की मानसिकता को बदलने योग्य वातावरण तैयार करने में सरकार, सार्वजनिक संस्थाओं से लेकर पाठ्यक्रम तथा अन्य इकाइयाँ असफल रहीं। वास्तव में इस दिशा में उन्होंने प्रयत्न ही नहीं किया। चुनावों में वर्ण और जाति व्यवस्था को मिटाने की अपेक्षा उन्हें अधिक संगठित किया गया है। जाति और वर्ण के संगठन से जब व्यक्ति अधिक सुरक्षितता महसूस करने लगता है, जब उसके व्यक्तिगत स्वार्थ सहजता से पूर्ण होने लगते हैं, जाति और वर्ण के कारण जब उसे प्रतिष्ठा मिलने लगती है तब जाति और वर्ण की ताकत बढ़ने लगती है। इनमें वे अधिक संगठित और शक्ति-सम्पन्न होते जाएँगे जो आर्थिक, शैक्षणिक और सामाजिक दृष्टि से अधिक प्रतिष्ठित और विकसित हैं। ऐसी जातियाँ अथवा ऐसे वर्ग उन जातियों या वर्गों को कभी भी संगठित नहीं होने देंगे जिनके संगठन से इनके हितसम्बन्धों में खतरे पैदा होते हों। इस कारण एक ओर वे खुद का संगठन बढ़ाएँगे और दूसरों को कमजोर करते जाएँगे। अशिक्षित, अज्ञानी और अन्धश्रद्धालु जनता का संगठन एक चुनौतीपूर्ण काम होता है। किसी गांधी या आंबेडकर को ही यह सम्भव है। परिणामत:

बाबासाहेब के 'संगठन करो' की घोषणा प्रत्यक्ष रूप में अवतरित नहीं हो सकी।

'शिक्षा ग्रहण करो' यह उनका एक और आदेश था। परन्तु देहातों में अगर सुविधाएँ ही न हों तो वे क्या कर सकते हैं? सुविधा हों तो प्रवेश नहीं और सुविधा हों, प्रवेश भी मिलता हो परन्तु आर्थिक दृष्टि से प्रवेश लेना सम्भव ही नहीं, तो शिक्षा सुविधाएँ बेमतलब की हो जाती हैं। शहर के कुछ हिस्सों के दलित इन सुविधाओं को लेते रहे। परन्तु भारत के अधिकांश प्रदेशों में स्थिति दलितों की शिक्षा के अनुकूल नहीं है। परिणामतः इनके भीतर शिक्षा का प्रतिशत बहुत धीमी गति से बढ़ रहा है।

'संघर्ष करो' यह उनके आदेश का तीसरा सूत्र था। संघर्ष के लिए कार्यक्रम और नेतृत्व की आवश्यकता होती है। बाबासाहेब के बाद के नेतृत्व के सम्बन्ध में कुछ अधिक कहना योग्य नहीं है। सारी वास्तविकता से पाठक परिचित हैं। बाबासाहेब ने मृत्यु के कुछ दिनों पूर्व 'रिपब्लिकन पार्टी' को जन्म दिया था। उनकी इच्छा थी कि भारत की सभी प्रगतिशील पार्टियाँ इस झंडे के नीचे आएँगी। पर दलितों के सिवा इसमें कोई नहीं गया। इसके लिए दलित नेतृत्व ही कारणभूत रहा। पार्टी की स्थापना के कुछ ही दिनों बाद गायकवाड़ और उनकी मृत्यु के बाद गवई, खोब्रागडे, और बी. सी. कांबळे इन तीन गुटों में पार्टी बँट गई। दलित, शोषित, श्रमिक, आदिवासी, विमुक्त और पिछड़ी हुई अन्य जातियाँ, संगठित होकर अन्याय के विरोध में अपनी आवाज बुलन्द करें और अपने अधिकारों की लड़ाई लड़ें ऐसी उनकी इच्छा थी। परन्तु इस व्यापक धरातल पर ये सभी संगठित होना नहीं चाह रहे हैं, क्योंकि प्रश्न नेतृत्व का है। व्यवस्था भी नहीं चाहती कि वे संगठित हों। आज का दलित नेतृत्व संघर्ष से बचता है। संघर्ष के बजाय समझौते कर अपने व्यक्तिगत स्वार्थों की पूर्ति वह कर रहा है। परिणामतः 'संघर्ष करो' यह आदेश भी खाली ही गया। 'पढ़ो, संगठित हो, और संघर्ष करो'—आंबेडकर जी द्वारा दिये गए ये तीन सूत्र न केवल दलितों के लिए अपितु सभी के लिए आज भी उपयोगी हैं; परन्तु इन सूत्रों का क्या हश्र हुआ यह उपर्युक्त विवेचन से स्पष्ट है।

बाबासाहेब के जीवन का अन्तिम लक्ष्य बौद्ध धम्म के प्रचार-प्रसार का था। बौद्ध धर्म अधिक वैज्ञानिक, अधिक समतावादी, अधिक जनतांत्रिक है, इस कारण अगले कुछ वर्षों में यह देश बौद्धमय हो जाएगा, ऐसी उनकी धारणा थी। 1956 से सितम्बर 1990 तक के आँकड़े इस बात को स्पष्ट करते हैं कि बौद्ध धर्म में प्रवेश करने वालों की संख्या केवल महाराष्ट्र में बढ़ी है। 1951 में महाराष्ट्र में 2,487 बौद्ध थे। 1971 में उनकी संख्या 32,64,233 हो गई। 1990 तक आते-आते यह

संख्या चालीस लाख हो जाती है। यह संख्या भारत में 1951 में 1,80,767 है और 1990 में 42 लाख के करीब। इनमें से महाराष्ट्र की संख्या निकाल दें तो देशभर में बौद्धों की संख्या नाममात्र बढ़ी है। महाराष्ट्र में भी धर्म-परिवर्तन की यह प्रक्रिया दलितों को सभी जाति-उपजातियों में समान नहीं है। स्पष्ट है कि बौद्ध धर्म के प्रति उनके स्वप्न को भी हम पूर्ण नहीं कर पाए हैं परन्तु अक्तूबर 1990 से उत्तर भारत से जो समाचार आ रहे हैं वे उत्साहवर्धक हैं। अक्तूबर से दिसम्बर 90 तक उ. भा. के 30 लाख से अधिक दलित बौद्ध धर्म में प्रवेश करने जा रहे हैं।

उपर्युक्त विवेचन को पढ़कर एक गहरी निराशा पैदा हो सकती है। सचमुच आंबेडकर जी के विचारों का प्रभाव इस देश की मानसिकता पर हो नहीं सका है क्या? अगर इतनी विपरीत स्थितियाँ हैं तो क्या हम समता, बन्धुता और मैत्री के लक्ष्य तक क्या पहुँच नहीं सकेंगे? क्या आंबेडकर जी का सारा संघर्ष बेमतलब का साबित होनेवाला है? पूरी स्थिति पर तटस्थता से विचार करते जाएँगे तो यह स्पष्ट होगा कि स्थितियाँ विपरीत होते हुए भी परिणाम इतने निराशाजनक नहीं हैं। दलितों की प्रगति के सन्दर्भ में देश स्पष्टत: दो हिस्सों में बँट चुका है। विंध्याचल के नीचे के प्रदेश में दलितों को अधिकाधिक सुविधाएँ दी जा रही हैं। जीवन के सभी क्षेत्रों और ज्ञान-विज्ञान की सभी शाखाओं, उपशाखाओं में यह वर्ग तेजी के साथ प्रगति कर रहा है। व्यावसायिक पाठ्यक्रमों के प्रवेश के लिए जो स्पर्धाएँ होती हैं, उनमें दलित छात्र सवर्णों की तरह अंक मिला रहे हैं। इतना ही नहीं कई बार तो उनसे भी अधिक अंक वे मिलाते हैं। महाराष्ट्र की मैट्रिक परीक्षाओं में दलित छात्र-छात्राएँ सर्वाधिक गुण 90 से 95 के बीच पाते हैं। दक्षिण भारत तथा महाराष्ट्र में व्यावसायिक शिक्षा संस्थाओं में प्रवेश के लिए जो स्पर्धा परीक्षाएँ होती हैं उनमें इस वर्ग के छात्र-छात्राओं का प्रतिशत सवर्णों के बराबर का होता है। यह चमत्कार सवर्णों की बदली हुई मानसिकता, शिक्षा की सुविधाएँ और केवल मनुष्य के रूप में उनको दी गई स्वीकृति के कारण हुआ है। विंध्याचल के उस ओर क्या स्थिति है, नहीं मालूम। कुछ अपवादात्मक स्थानों को छोड़ दें तो देहातों तक में इनके प्रति आत्मीयता, सहानुभूति और मानवीयता की दृष्टि से देखा जाता है।

पत्रकारिता के क्षेत्र में इस वर्ग की प्रतिभा पूरी निष्ठा के साथ संघर्षशील है। महाराष्ट्र में तो 'दलित पत्रकारिता' ने अपना स्वतंत्र स्थान बना लिया है। गुजरात, कर्नाटक, आंध्र, केरल और तमिलनाडु में पत्रकारिता के क्षेत्र में इस वर्ग की कई प्रतिभाएँ क्रियाशील हैं। दलितों पर हुए अन्याय और अत्याचार के खिलाफ वे जिहाद

छेड़ देते हैं। सवर्ण पत्रकारिता ने इन्हें पूरे सम्मान के साथ स्वीकार किया है।

साहित्य के क्षेत्र में मराठी में 'दलित साहित्य' नाम से अभिव्यक्ति का स्वतंत्र विश्व ही इन्होंने खड़ा कर दिया है। साहित्य की परम्परा में पहली बार इस उपेक्षित वर्ग की यातना को शब्द-बद्ध किया गया। श्रेष्ठ साहित्य के किसी भी मानदंड पर खरे उतरने की क्षमता इन कृतियों में है। 1984 से 1990 इस कालखंड में साहित्य अकादमी ने मराठी की जिन कृतियों का सम्मान किया उनमें से तीन आत्मचरित्र हैं और वे दलित और आदिवासी विमुक्त समाज से जुड़े हुए हैं। अत्यन्त सशक्त और जीवंत कविता इस साहित्य प्रकार की विशेषता है। कविता, आत्मकथा, नाटक और कहानी इन चार विधाओं में दलित संवेदनाओं की अभिव्यक्ति हो रही है। पारम्परिक साहित्य की मान्यताओं को तोड़कर उन्होंने लेखन किया है। इस साहित्य ने एक नया सौंदर्यशास्त्र दिया है। नई समीक्षा पद्धति दी है। स्वतंत्र भाषिक चेतना को उभारा है। इन सभी साहित्यकारों ने आंबेडकर जी को ही अपने प्रेरणास्रोत के रूप में देखा है। उनके व्यक्तित्व और विचारों के कारण ही इसका पहला विस्फोट मराठी में हुआ। हिन्दी में अकेले प्रेमचन्द दलित संवेदना की अभिव्यक्ति कर रहे थे। परन्तु हिन्दी में यह अभिव्यक्ति दलितों द्वारा नाममात्र हुई है। आज भी हिन्दी में इस वर्ग के बहुत कम लेखक हैं। साहित्य को इस प्रकार जाति या वर्ण के चश्मे से देखना गलत या अवैज्ञानिक है, परन्तु परम्परा से नकारे गए एक वर्ग में अभिव्यक्ति करनेवाले मिले ही नहीं यह भी अवैज्ञानिक और अशास्त्रीय है।

शिक्षा के प्रचार-प्रसार के लिए दलितों द्वारा स्थापित कई संस्थाएँ महाराष्ट्र में सक्रिय हैं। शिक्षा संस्थाओं को स्थापित करने का कार्य स्वयं आंबेडकर जी ने शुरू किया था। उसका आज काफी विस्तार हो चुका है।

अपने पारम्परिक व्यवसायों को छोड़कर दलित युवक नए-नए व्यवसायों में प्रवेश कर रहे हैं। उद्योग-व्यवसाय, वस्तुओं का उत्पादन, मुद्रण तथा अन्य छोटे-बड़े व्यवसायों में वह उतर रहा है। सवर्णों से धीरे-धीरे इन व्यवसायों में वह पूरी जिद के साथ स्पर्धा कर रहा है। कृषि उत्पादन में भी वह फैलता जा रहा है। सरकारी नीतियों के कारण प्रशासन में थोड़ी संख्या में क्यों नहीं वह दिखलाई दे रहा है। इस प्रकार बाबासाहेब के सपनों के अनुसार जीवन के विभिन्न क्षेत्रों में वह पूरी ताकत के साथ खड़ा है।

बाबासाहेब का इससे भी बड़ा स्वप्न था सवर्णों की मानसिकता में परिवर्तन। उनके जीते जी इस प्रकार का परिवर्तन उन्हें दिखलाई नहीं दिया। परन्तु पिछले

पैंतीस वर्षों में सवर्णों में बदलाव आ रहा है। वामपंथी और प्रगतिशील पार्टियों, विचारकों, लेखकों और कलाकारों ने इस दृष्टि से बहुत महत्त्वपूर्ण कार्य किया है। स्पर्धा के इस युग में जो टिक पाता है उसे समाज स्वीकार करता है। विंध्याचल के इस ओर की प्रौढ़ और युवा मानसिकता में इस दृष्टि से काफी अन्तर आया है। छुआछूत की भावना तो मिट ही गई। सार्वजनिक स्थानों पर पूरी आत्मीयता के साथ इन्हें स्वीकार किया जा रहा है। कुछ पुरानी पीढ़ी के शिक्षित और तथाकथित बुद्धिमान लोग अभी भी इन्हें स्वीकार करना नहीं चाहते। उनका अपवाद छोड़ दें तो अधिकांश समाज अब उन्हें स्वीकार कर रहा है।

राजनीति के अन्तर्गत बाबासाहेब का प्रभाव अमिट है। भारतीय राजनीति दलित शक्ति को नकार कर न सत्ता पर आ सकती है और न कोई कार्यक्रम कार्यान्वित कर सकती है। इन्हें नकारने का अर्थ है अपनी या अपनी पार्टी की राजनीतिक हत्या। इस कारण प्रतिगामी शक्तियाँ भी इन्हें मन मारकर क्यों न हो, स्वीकारती हैं। प्रौढ़ मताधिकार और संसद और विधानसभा के स्थानों में आरक्षण—ये दो ऐसी व्यवस्थाएँ हैं जिनके कारण राजनीति में इस वर्ग को नकार कर कोई आगे बढ़ ही नहीं पाता। 'जाति निर्मूलन यह असम्भव प्रक्रिया नहीं है'—ऐसा बाबासाहेब का विचार था। लाहौर के जात-पात तोड़ो अधिवेशन के अध्यक्ष पद से दिए जाने वाले उनके विद्वत्ताप्रचुर भाषण में उन्होंने यह सिद्धान्त रक्खा था कि आन्तरजातीय विवाह ही जाति-व्यवस्था को कमजोर बना सकते हैं। ऐसे विवाह अगले सौ-दो सौ वर्षों में अगर तेजी से होने लगे तो जातियाँ टूट सकती हैं, ऐसा उनका कहना था। इसके लिए उन्होंने कई प्रमाण दिए हैं। पिछले चालीस वर्षों में ऐसे विवाहों की संख्या बढ़ती जा रही है। प्रदेश की सरकारें इन्हें बढ़ावा दे रही हैं। महाराष्ट्र में तो ऐसे दाम्पत्यों का सार्वजनिक सत्कार किया जाता है। ऐसे विवाहों के लिए कई संस्थाएँ, संघटनाएँ प्रयत्न कर रही हैं। समाज भी अब इन दम्पतियों को पूर्ण संरक्षण दे रहा है। अर्थात् यहाँ भी अन्तर स्पष्ट है। दक्षिण में ऐसे विवाह अधिक होते हैं। उत्तर में इक्के-दुक्के विवाह हो रहे हैं। आर्य समाज का तो एक कार्यक्रम ही आन्तरज़ातीय विवाह का है। आज से पचास वर्ष पूर्व जो समाज आन्तरजातीय विवाह करनेवालों को जीना मुश्किल कर देता था, जिन्हें बहिष्कृत कर देता था, वही समाज अब उन्हें सम्मान के साथ स्वीकार कर रहा है, इसे आंबेडकर जी के स्वप्नों की पूर्ति ही कहेंगे। दक्षिण के देहातों में भी इस सम्बन्ध में मानसिकता बदल रही है। यह एक शुभ लक्षण है।

दलितों के भीतर अपनी अस्मिता के प्रति अहसास की एक चिनगारी डॉ. बाबासाहेब ने पैदा की है। यह चिनगारी धीरे-धीरे आग का रूप धारण कर रही है। यह चिनगारी दलितों के ही भीतर सुलग रही है। इसके प्रमाण आए दिन मिल रहे हैं। आज से 20 या 30 वर्ष पूर्व दलितों के अत्याचार के समाचार छपते नहीं थे। उन पर अत्याचार होते भी नहीं थे। इसलिए नहीं होते थे क्योंकि वे गुलामी का, पशु का जीवन जी रहे थे। वे अन्याय और अत्याचार को अन्याय-अत्याचार नहीं मानते थे। वे अपने को पशु से अधिक कुछ नहीं मानते थे। उनकी संवेदनक्षमता ही नष्ट की जा चुकी थी। बाबासाहेब के विचारों के कारण उन्हें उनकी संवेदनशीलता वापिस मिल गई है। अपनी अस्मिता का, स्वाभिमान का, मनुष्य होने का अहसास उन्हें अब हो चुका है। दुनिया की कोई ताकत उनमें पैदा हुई इस चिनगारी को बुझा नहीं सकती। इस चिनगारी के कारण ही वे अन्याय और अत्याचार के विरोध में पहली बार प्रतिक्रिया दे रहे हैं, संगठित हो रहे हैं। इसी कारण सवर्ण उनको रौंदने का प्रयत्न कर रहे हैं। इतिहास में पहली बार ऐसा हो रहा है कि यह वर्ग सवर्णों के खिलाफ आक्रामक मुद्रा धारण करके खड़ा है। इसलिए अत्याचार की खबरें छप रही हैं। यह खबरें इस बात को प्रमाणित करती हैं कि बाबासाहेब के विचार पुस्तकों में बंदिस्त नहीं है। इस देश के प्रत्येक दलित व्यक्ति के भीतर बाबासाहेब पहुँच चुके हैं। वे अब पीढ़ी-दर-पीढ़ी वहाँ चिनगारी बन कर बैठनेवाले हैं। सवर्ण अगर अपनी मानसिकता नहीं बदलेंगे, मनुष्य के रूप में उन्हें नहीं स्वीकारेंगे तो यह चिनगारी आग में बदल सकती है। चिनगारी आग में न बदले ऐसी इच्छा हो तो विशुद्ध मनुष्यता के धरातल पर इन्हें स्वीकारना होगा। आनेवाले युग का यह तकाजा है।

सन्दर्भ

1. महाराष्ट्र टाइम्स, सितम्बर, 90
2. वही

परिशिष्ट

सन्दर्भ ग्रन्थ सूची

मराठी

1. डॉ. बाबासाहेब आंबेडकर, धनंजच कीर, पॉप्युलर प्रकाशन, मुम्बई, 1984
2. डॉ. बाबासाहेब आंबेडकर, भालचन्द्र फड़के, श्री विद्या प्रकाशन, पुणे, 1985
3. डॉ. बाबा आंबेडकर यांच्या चळवळीची पार्श्वभूमि, चां. भ. खैरमोडे, श्री विद्या प्रकाशन, पुणे, 1980
4. आंबेडकर तत्त्वज्ञान : प्रचीती आणि आविष्कार, ताराचन्द खांडेकर, प्रज्ञा प्रकाशन, नागपुर, 1981
5. आंबेडकर आणि मार्क्स, रावसाहेब कसबे, सुगावा प्रकाशन, पुणे 1985
6. आंबेडकर : एक विचार मंथन, वा ना. कुबेर, लोकवाङ्मय गृह, मुम्बई 1982
7. महाराष्ट्रातील समाज विचार, डॉ. गोविन्द मो. रानडे, सुविचार प्रकाशन, नागपुर, 1971
8. पेशवेकालीन समाज व जातीय संघर्ष, डॉ. पी. ए. गवळी, प्रचार प्रकाशन, कोल्हापुर, 1982
9. पुरोहित वर्ग वर्चस्व व भारतीचा सामाजिक इतिहास, डॉ. सुमंत मुरंजन, प्राज्ञपाठशाळा, वाई, 1973
10. मार्क्स-एगेल्स-लेनिन यांचे भारतावरील लेख, मार्क्स लेनिन लोकवाङ्मय गृह, मुम्बई।
11. डॉ. आंबेडकर आणि धम्मक्रांति, वसन्त मून, मनोविकास प्रकाशन, मुम्बई, 1986
12. डॉ. आंबेडकर आणि त्यांचा धम्म, प्रभाकर वैद्य, शलाका प्रकाशन, मुम्बई, 1981
13. डॉ. बाबासाहेब आंबेडकर : चरित्र व कार्य, न. म. जोशी, गजेन्द्र रघुवंशी, पुणे, 1989
14. महामानव डॉ. बाबासाहेब आंबेडकर, प्रभाकर दिघे, गजेन्द्र रघुवंशी, पुणे, 1989
15. हिन्दूची जातिप्रथा आणि ती मोडण्याचा मार्ग, डॉ. बा. रा. आंबेडकर, गजेन्द्र रघुवंशी, पुणे 1989

16. अस्पृश्य मूळचे कोण आणि ते अस्पृश्य कसे बनले, डॉ. बा. रा. आंबेडकर, गजेन्द्र रघुवंशी, पुणे 1989
17. डॉ. आंबेडकरांची विलायतेहून आलेली पत्रे, डॉ. बा. रा. आंबेडकर, गजेन्द्र रघुवंशी, पुणे 1989
18. डॉ. आंबेडकरांचे प्रासंगिक विचार, डॉ. बा. रा. आंबेडकर, गजेन्द्र रघुवंशी, पुणे, 1989
19. गुलामगिरी : महात्मा जोतिबा फुले, गजेन्द्र रघुवंशी, पुणे, 1989
20. सन्त वाङ्मयाची सामाजिक फलश्रुति, गं. वा. सरदार
21. महाराष्ट्रातील सामाजिक पुनर्घटना, रा. शं. बाळिबे
22. जोतिबा फुले, मधुकर गिरी, सुयूदय प्रकाशन, 1990
23. मराठी तत्वज्ञान महाकोश, मराठी तत्त्वज्ञान महाकोश मंडळ, पुणे, 1974

अंग्रेजी

1. B. R. Ambedkar & Human Right, B. K. & Shastri Ahulwaliya, Vivek Publication Camp, 1981
2. A Cultural History of India, Ed., A. K. Basham, Oxford University Press, 1975
3. A Social, Cultural & Economic, Ed., P. N. Chopra, B. N. Puri, History of India : M. N. Das, MacMillan, 1974

हिन्दी

1. संस्कृति के चार अध्याय, रामधारीसिंह 'दिनकर', उदयाचल प्रकाशन, पटना, 1970
2. डॉ. आंबेडकर का समाजदर्शन, डॉ. डी. आर. जाटव।

जीवन : तिथि-क्रम एवं कृतियाँ

- 14 अप्रैल, 1891 में जन्म।
- 1907 में मैट्रिक तथा 1912 में बी.ए.।
- जुलाई 1913 में उच्च शिक्षा हेतु अमरीका प्रयाण।
- 1915 में प्राचीन भारत का व्यापार' इस शोध-प्रबन्ध पर एम.ए. उपाधि।
- 1916 में डॉ. गोल्डन बेझर द्वारा आयोजित संगोष्ठी में आलेख वाचन।
- 21 अगस्त, 1917 मुम्बई वापिस।
- 31 जनवरी, 1920 'मूक नायक' पाक्षिक का सम्पादन।
- मई, 1920 नागपुर में 'बहिष्कृत समाज परिषद' की स्थापना।
- जून, 1921 एम. एस. सी. उपाधि प्राप्त।
- 1922 बैरिस्टर की उपाधि।
- 1923 में पी-एच.डी. और डी.एस.सी. उपाधियाँ
- दिसम्बर, 1923 'दि प्रॉब्लेम ऑफ रूपी' प्रबन्ध प्रकाशित।
- जुलाई, 1923 बैरिस्टरी की शुरुआत।
- मार्च, 1924 'अस्पृश्य समाज परिषद' की स्थापना।
- जुलाई, 1924 'बहिष्कृत हितकारिणी सभा' की स्थापना।
- दिसम्बर, 1925 से 1928 बाटलीबांय अकाउंटसी ट्रेनिंग इंस्टीटयूट में शिक्षक।
- 20 मार्च, 1927 महाड के चवदार तालाब सत्याग्रह का निर्णय।
- 3 अप्रैल, 1927 'बहिष्कृत भारत' पाक्षिक का आरम्भ।
- 25 दिसम्बर, 1927 महाड़ सत्याग्रह।
- जून, 1928 शासकीय विधि महाविद्यालय में प्राध्यापक।
- अगस्त, 1928 मुम्बई प्रांतिक समिति पर चुनाव।
- अक्तूबर, 1928 मुम्बई प्रांतिक समिति की ओर से 'साइमन कमीशन' के सम्मुख दलितों के प्रश्नों पर गवाही।
- मार्च 1930 नासिक में कालाराम मन्दिर सत्याग्रह।

- सितम्बर-अक्तूबर, 1930 भारतीय दलित नेता के रूप में गोलमेज परिषद के लिए निमंत्रण और उस हेतु लन्दन प्रस्थान।
- फरवरी, 1931 मुम्बई को वापिस।
- फरवरी, 1932 मद्रास में शानदार स्वागत।
- मई, 1932 इंग्लैंड के लिए प्रस्थान। दलितों के लिए 'स्वतंत्र मतहार' संघ की माँग।
- सितम्बर, 1932 गांधीजी के उपोषण पर, पुणे करार।
- नवम्बर, 1932 गोलमेज परिषद हेतु तीसरी बार लन्दन प्रस्थान।
- 27 मई, 1935 पत्नी रमाबाई की मृत्यु।
- जून, 1935 शासकीय विधि महाविद्यालय के प्राचार्य के रूप में नियुक्ति।
- 13 अक्तूबर, 1935 येवला के दलित परिषद में धर्म-परिवर्तन की घोषणा।
- नवम्बर, 1936 स्वास्थ्य हेतु यूरोप को प्रस्थान।
- जनवरी, 1937 मुम्बई को वापिस।
- 1936 स्वतंत्र मजदूर दल की स्थापना।
- फरवरी, 1937 विधिमंडल के चुनाव में स्व. म.द. की विजय। आंबेडकर जी विजयी।
- मई, 1938 प्राचार्य पद से त्यागपत्र।
- जनवरी, 1939 पुणे के गोखले अर्थसंस्था में भाषण।
- जून, 1940 आंबेडकर-सुभाषचन्द्र बोस भेंट।
- 1940 'थॉट्स ऑन पाकिस्तान' प्रकाशित।
- मार्च, 1942 क्रिप्स-आंबेडकर भेंट।
- जुलाई, 1942 श्रममंत्री पद की स्वीकृति।
- नवम्बर, 1945 हिन्द कामगार परिषद के अध्यक्ष।
- जून, 1946 मुम्बई में सिद्धार्थ कॉलेज की स्थापना।
- जुलाई, 1947 संविधान समिति पर बंगाल विधान-सभा से चुनाव।
- अगस्त, 1947 संविधान प्रारूप लेखन समिति के अध्यक्ष, स्वतंत्र भारत के प्रथम न्याय और विधि मंत्री के रूप में नियुक्ति।
- 15 अप्रैल, 1948 डॉ. शारदा कबीर से पुनः विवाह।
- 20 नवम्बर, 1948 संविधान की ग्यारहवीं धारा स्वीकृत। अस्पृश्यता कानूनन समाप्त।
- मई, 1950 'बुद्धा एंड हिज धम्मा' का लेखन पूर्ण।
- जून, 1950 औरंगाबाद (महाराष्ट्र) में मिलिंद कॉलेज की स्थापना।
- 20 सितम्बर, 1951 मंत्रीपद से त्यागपत्र।
- नवम्बर, 1951 मुम्बई में स्थायी निवास हेतु दिल्ली से प्रस्थान।
- जून, 1952 कोलम्बिया विश्वविद्यालय से 'डाक्टर ऑफ लाज' की उपाधि से सम्मानित।
- जनवरी, 1953 उस्मानिया वि.वि. से डाक्टर ऑफ लिटरेचर (डी.लिट.)
- दिसम्बर, 1954 विश्व बौद्ध परिषद हेतु रंगून प्रस्थान।

- 14 नवम्बर, 1956 बौद्ध धर्म में प्रवेश।
- 6 दिसम्बर, 1956 दिल्ली में महानिर्वाण।

कृतियाँ

- Annihitation of Caste.
- Budha and his Dhamma.
- Pakistan or Partition of India.
- Ranade, Gandhi & Jinnah.
- States & Minorities.
- The Untouchables.
- What Congress & Gandhiji have done for Untouchables.
- Who were sudras?